MW01712072

# COMMENT DESSINER
# DES ANIMAUX

Jack Hamm

# COMMENT DESSINER
# DES ANIMAUX

Des conseils simples et clairs pour dessiner des animaux
avec plus d'un millier d'illustrations étape par étape.

Des notions fondamentales pour le débutant,
des principes et des techniques nouvelles pour le professionnel.

Un guide détaillé pour tous ceux qui aiment
ou qui veulent dessiner.

VIGOT

**Traduit de l'anglais** par Simone Honnorat.



ISBN 10 : 2-7114-1443-4
ISBN 13 : 978-2-7114-1443-7
Dépôt légal : juin 2006

*Achevé d'imprimer en Chine en mai 2006*
*sur les presses de C & C Offset Printing Co., Ltd., Shenzhen.*

# PRÉFACE

Le but de cet ouvrage est contenu dans son titre. Le « comment » de quelque chose implique un processus. Il ne suffit pas de placer des dessins d'animaux terminés et aussi vrais que nature devant quelqu'un qui souhaite dessiner des animaux. Ceci a une certaine valeur, certes, mais elle est limitée. Même des visites au zoo ou à la ferme, bien que chaudement recommandées, peuvent embarrasser un élève, à moins qu'il ne fasse des efforts longs et répétés dans ses recherches. Bien sûr de tels efforts ne sont pas condamnables - ils sont au contraire tout à fait louables - mais il serait dommage d'ignorer les principes et les règles qui régissent le dessin et qui le rendent plus facile. Tous les animaux ont des points communs, qu'il est utile de connaître dès le début, afin que le divertissement soit agréable et ait toutes les chances d'être couronné de succès.

Il y a de nos jours un regain d'intérêt pour les animaux. Ils fascinent beaucoup de téléspectateurs et il arrive souvent que l'on en trouve hors des reportages animaliers, comme par exemple dans les émissions où les vedettes présentent leur animal favori.

Beaucoup de villes, plus ou moins grandes, s'enorgueillissent de leur parc zoologique. On a pris conscience que, pour leur développement et leur éducation, les enfants doivent voir des animaux de près, et le succès des zoos et des parcs animaliers, résultat de méthodes nouvelles et améliorées d'élevage des pensionnaires, fait suite aux échecs du passé. Les conservateurs de plus de 300 grands zoos de 70 pays s'occupent 24 heures sur 24 de leur « progéniture ». De même que les efforts pour sauver les espèces en voie de disparition commencent à donner des fruits grâce à l'écologie et la réinsertion en milieu naturel.

Puisque dans le monde entier on prête de plus en plus attention aux animaux, on leur assigne un nouveau rôle : les campagnes publicitaires associent des produits à certaines créatures et de plus en plus d'écoles incluent la zoologie dans leurs programmes. Il y a donc aujourd'hui une demande grandissante pour savoir comment dessiner des animaux.

Cet ouvrage a été conçu pour l'élève et l'artiste, mais pas pour le zoologue, ni pour le naturaliste. Les animaux n'ont été classés ni par famille, ni par espèce, car il y a de bons ouvrages traitant de l'aspect scientifique et historique du sujet; il est d'ailleurs souhaitable que les artistes animaliers vraiment passionnés les consultent. L'auteur est également conscient du fait que « mammifères » serait plus approprié qu'« animaux », mais, ce livre s'adressant aux profanes, ce dernier terme est plus parlant. Pendant sa préparation nous avons souvent été tentés de mentionner certains comportements intéressants des animaux, mais cela aurait pris trop de place, aux dépens du sujet qui nous préoccupe, l'artiste étant concerné en premier lieu par l'apparence de l'animal et par la façon la plus efficace de la dessiner.

Avant d'entrer dans le vif du sujet, plusieurs pages ont été consacrées à des guides, des méthodes et des comparaisons; elles sont très importantes pour l'artiste animalier qui veut compléter sa connaissance du sujet. À chaque fois que c'était possible, la terminologie la plus simple a été employée pour décrire telle ou telle partie de l'animal, mais parfois, pour plus de précision, le nom scientifique a été utilisé. Ceci n'interfère cependant pas avec les schémas pas à pas qui peuvent être suivis par les élèves les plus jeunes. Il est en effet impossible de devenir un artiste animalier accompli sans une certaine familiarité avec le squelette et la musculature : il faut un peu plus que du « remplissage » pour que les animaux n'aient pas l'air empaillés. Il vaut mille fois mieux construire une créature à partir de son squelette.

La tentation a également été grande de faire une interprétation toute personnelle de l'animal, mais il serait erroné et injuste vis-à-vis de l'étudiant de lui donner des concepts non représentatifs. Il est en effet plus facile de dévier de la norme si on la connaît, et en conséquence tous les efforts ont été faits pour dessiner l'animal comme il est en réalité. Dans la plupart des cas l'environnement des animaux, qui n'est pas d'une absolue nécessité pour l'artiste, a été omis, faute de place, mais on peut facilement se documenter dans un dictionnaire ou une encyclopédie.

Notre monde comporte plus de 12 000 espèces animales (mammifères), et aucun ouvrage ne les traite toutes, mais par contre, toutes les espèces familières, qu'elles soient sauvages ou domestiques sont représentées dans ces pages. Un index facilite la recherche d'animaux particuliers. Notre but principal est que vous sachiez vite *comment dessiner des animaux*.

Jack HAMM

# SOMMAIRE

# UN LÉVRIER EN SEPT ÉTAPES

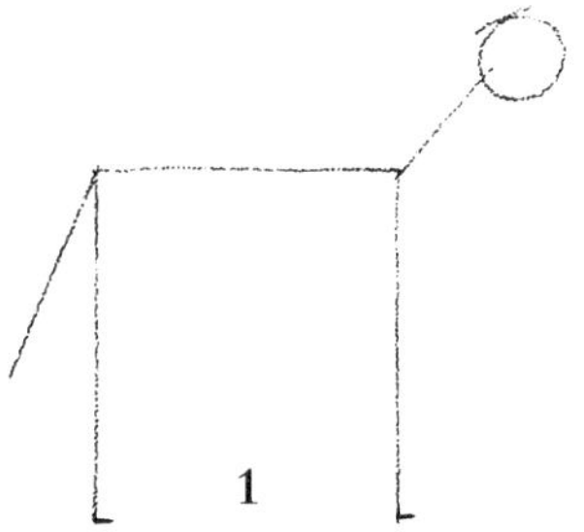


Fig. **1** Quelques traits simples pour suggérer l'animal, comme le ferait un enfant avant de savoir écrire. Deux pattes, le dos, le cou, la tête et la queue. Commençons ainsi, puis apportons quelques modifications qui transformeront ces traits rigides en un élégant lévrier. Nous apprendrons en même temps quelques faits sur l'anatomie de cet animal.

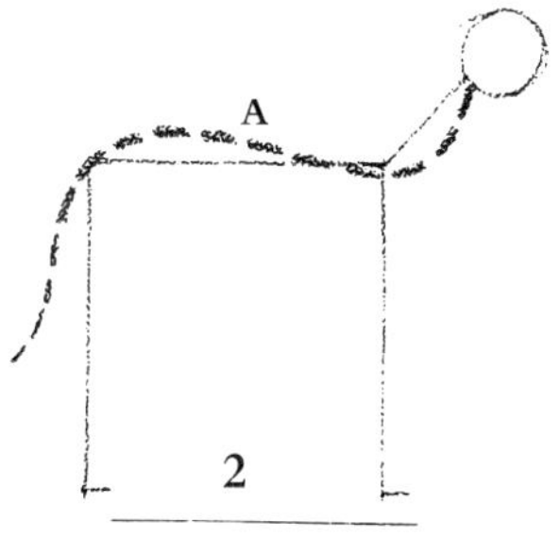


Aucun animal n'a le dos droit. Si la tête est en position normale, la colonne vertébrale **A** s'incurve entre la tête et la queue, comme ici.

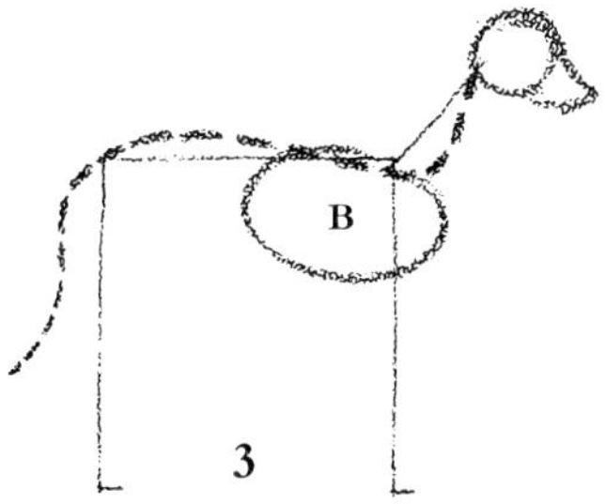


On considère ensuite la cage thoracique **B**, zone la plus volumineuse de l'animal. Une partie s'étend au-delà des pattes antérieures qui supportent plus de poids que les postérieures (le cou et la tête étant devant). Elle prend au moins la moitié du corps chez pratiquement toutes les espèces.

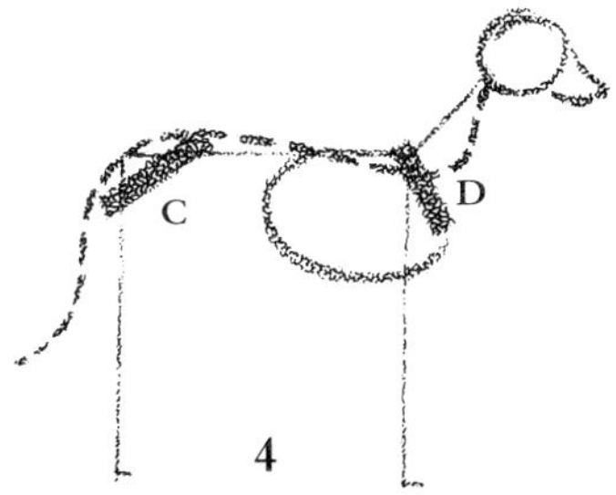


Fig. **4** On ajoute les os d'où partent les pattes **C** et **D** (simplifiés). De profil, l'os iliaque **C** et l'omoplate **D** descendent de la partie centrale du corps. Alors que **C** parcourt les hanches, les omoplates sont de chaque côté de la cage thoracique.

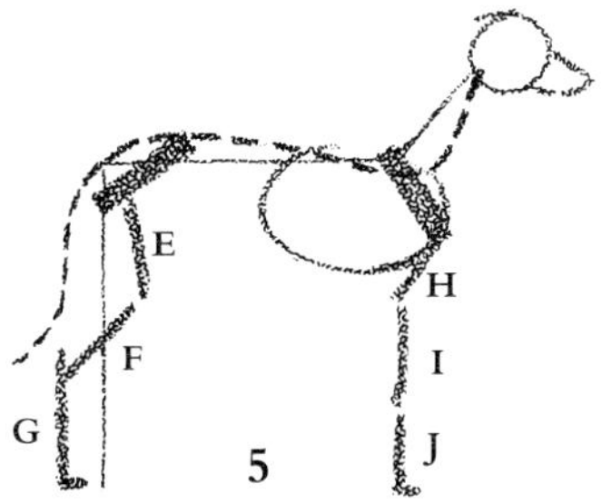


Chez presque tous les animaux, les pattes antérieures sont plus courtes que les postérieures ; elles ressemblent plus à la ligne droite de la fig. **1** et agissent plus comme des piliers de soutien, étant plus proches du centre, que les postérieures. Plus la partie centrale de l'animal est importante (bison), plus les pattes antérieures sont courtes. **I** et **J** sont directement l'un sous l'autre. **E** (fémur) et **H** (humérus) s'inclinent à partir de la pente externe de **C** et **D** (apportés à la fig. **4**). Il faut s'en souvenir. Remarquez le rapport entre la patte postérieure **EFG** et la ligne droite de la fig. **1**. C'est la patte « poussante », le ressort.

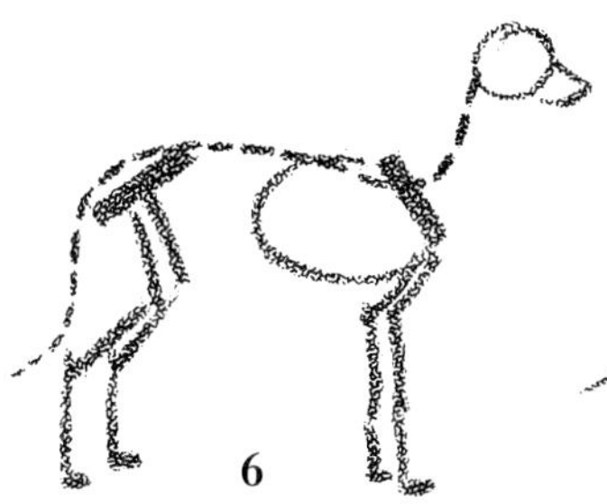


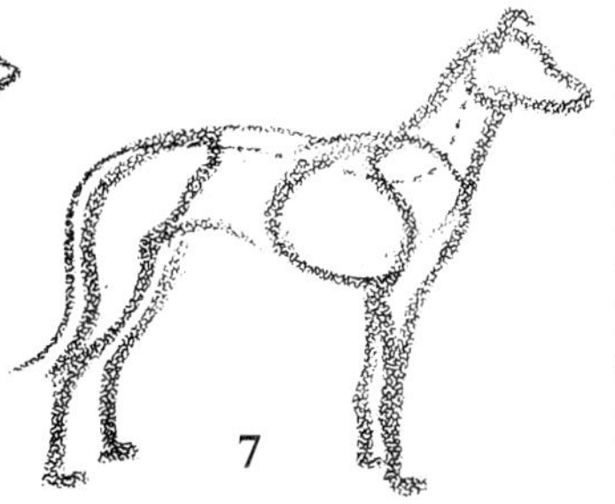


Fig. **6** Les autres pattes ont été ajoutées. Fig. **7** Les principales sections du lévrier sont esquissées au crayon. Ce sont les parties clés qui se retrouvent chez pratiquement toutes les espèces. Elles ne sont pas si difficiles à apprendre qu'il y paraît. Entraînez-vous à « voir » les animaux en termes de sections vitales, cela vous aidera immensément à comprendre leur structure.

# SIMPLIFIER L'ANIMAL

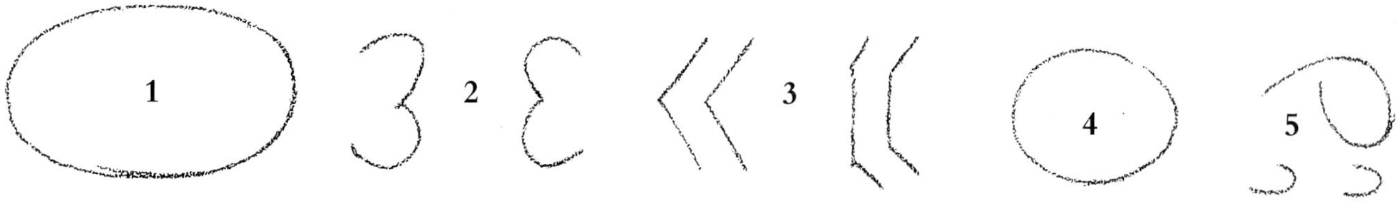


Voici une autre approche élémentaire du dessin qui ne fait référence à aucun animal en particulier. Vous trouverez ci-dessus les parties que nous allons utiliser. L'ovale (fig. **1**) représente le corps sans tête ni pattes. Évidemment il sera modifié ultérieurement, mais certains animaux à fourrure épaisse, donnent l'impression d'avoir le corps ovale. Fig. **2** Deux « 3 », dont l'un est à l'envers. Ce seront les muscles simplifiés des hanches et des épaules de notre schéma. Les lignes parallèles de la fig. **3** représenteront les pattes les plus proches de nous. Un cerf aurait les pattes plus minces et celles d'un ours polaire seraient plus grosses. Fig. **4** Autre ovale pour la cage thoracique, dans la partie avant du corps. Le « 9 » à l'envers de la fig. **5** servira de cou et de tête et les « U » de travers feront les pieds.

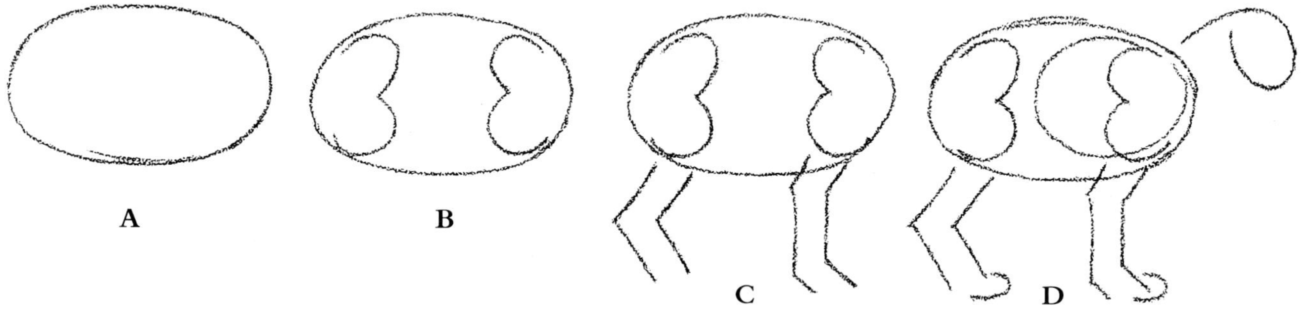


Assemblez maintenant ces parties toutes simples. Commencez par l'ovale **A** et insérez-y les « 3 » comme indiqué. Parfois, chez un animal réel, le haut des « 3 » fait saillie sur le dos. Ajoutez les pattes antérieures et postérieures comme en **C**. Enfin, insérez la cage thoracique; tracez le cou, la tête et les pattes **D**.

Cherchez les parties du corps (mentionnées plus haut) dans ces animaux simplifiés. Après avoir esquissé la créature **ABCD**, essayez de fondre les hanches et les épaules aux pattes qui sont dessous.

# LES TROIS ÉLÉMENTS CORPORELS

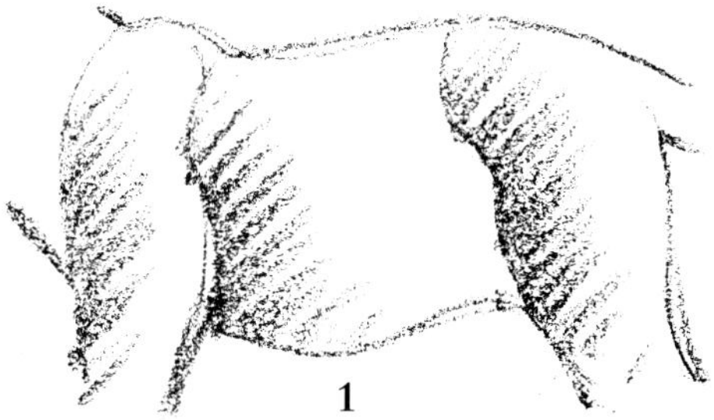

1

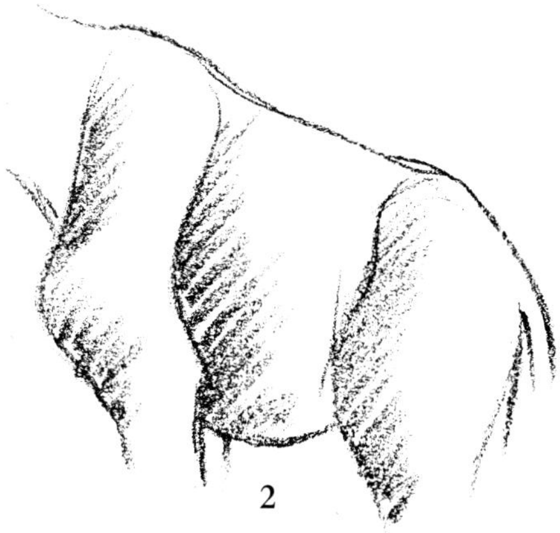

2

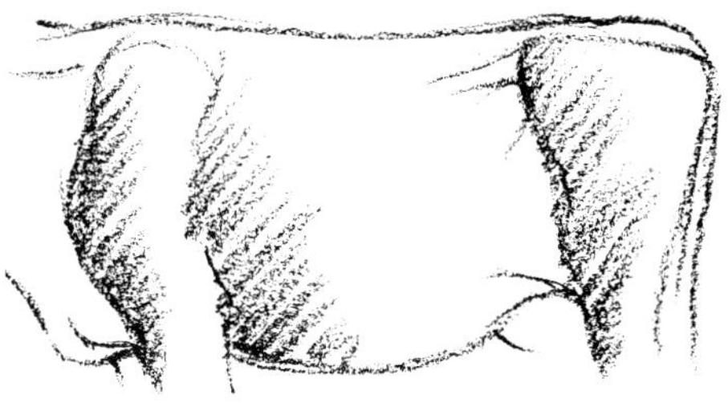

3

4

Les illustrations de cette page sont particulièrement significatives. Au premier abord, on pense que la plupart des croquis sont semblables; on peut à peine dire à qui appartiennent certains de ces torses, car ils ont été dépouillés de leurs caractéristiques particulières, comme la tête, le cou, les pattes, les pieds, la queue et les dessins de la fourrure.

Certains éléments corporels des animaux sont remarquablement similaires, et en être conscient peut s'avérer tout à la fois utile et gênant. Utile dans le sens qu'une fois appris on sait sur quoi construire, et c'est ce que nous recherchons. Gênant, parce que des animaux apparentés peuvent être fâcheusement similaires. Cependant, de petits détails intéressants, que nous allons voir au fur et à mesure, peuvent marquer la différence nécessaire entre des espèces très proches, et la connaissance de ce qui précède peut être passionnante.

Commencez par observer les zones dont nous avons déjà parlé : l'avant-main, la section centrale et l'arrière-train. À chaque fois que l'on voit un animal, quel qu'il soit, en photo, au cinéma ou en chair et en os, on doit se concentrer sur ces parties « tandem » et les observer de près.

5

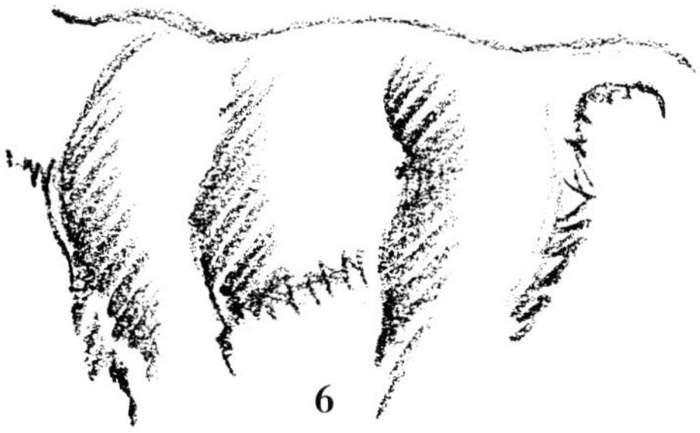

6

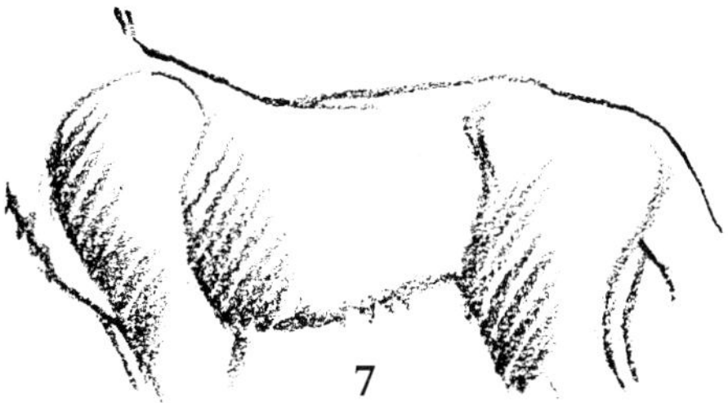

7

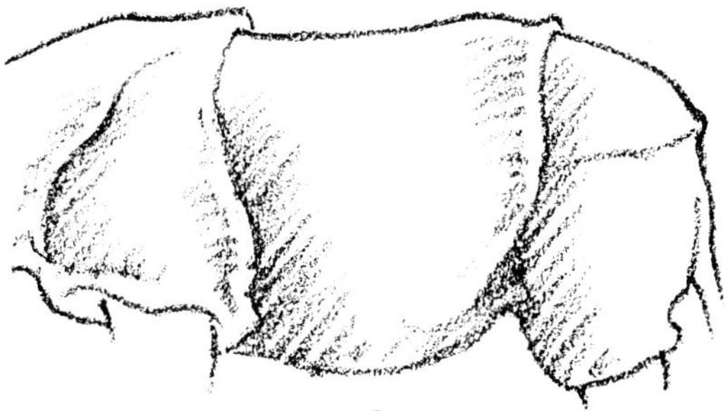

8

Fig. **1** Jaguar sans ses taches dénonciatrices — ce pourrait être n'importe quel grand félin. Fig. **2** Girafe. Ni long cou, ni pattes, ni robe révélatrice. Remarquez le contour du corps, surtout l'avant-main. Fig. **3** Pour la vache, c'est plus facile, et les trois éléments sont évidents. Fig. **4** Écureuil (agrandi). Fig. **5** Sanglier. Fig. **6** Singe pleureur. Fig. **7** Chacal. Chacun reconnaîtra le rhinocéros indien de la Fig. **8**. Remarquez comme sa peau épaisse fait des plis saillants qui abritent ces trois éléments importants.

# ABC DE LA STRUCTURE ANIMALE

Sans pattes, ni cou, ni tête, le corps de 99 % des animaux est deux fois plus long qu'il est haut. Aussi, afin d'en apprendre un peu plus sur leur forme générale, tracez un rectangle deux fois plus long que large.

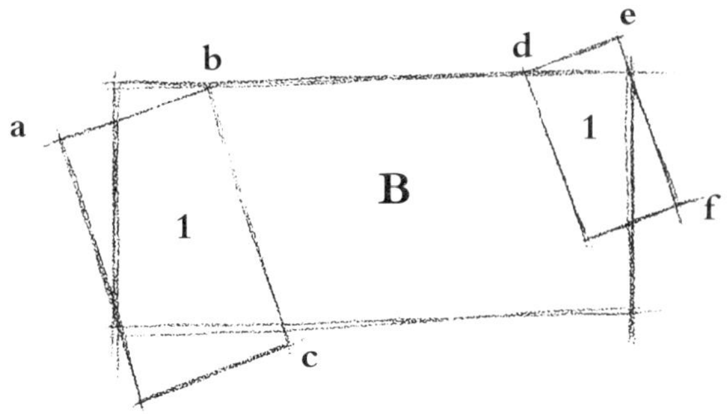


Ajoutez deux rectangles plus petits, le plus grand des deux chevauchant l'arrière et le bas ; l'autre s'étendant en haut de la partie avant. Ils doivent être de biais et parallèles ; **a-b** sera la pente des hanches ; **c** la rotule (légèrement sous le grand rectangle) ; **d-e** le haut de l'omoplate et **f** la pointe de l'épaule.

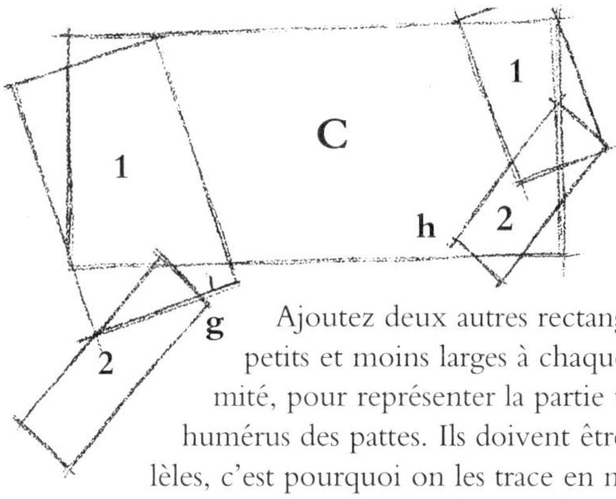


Ajoutez deux autres rectangles plus petits et moins larges à chaque extrémité, pour représenter la partie tibia et humérus des pattes. Ils doivent être parallèles, c'est pourquoi on les trace en même temps. Remarquez que le bas gauche du rectangle **1** coupe le haut du rectangle **2** à mi-hauteur ; **g** sera la saillie inférieure du genou et **h** le coude.

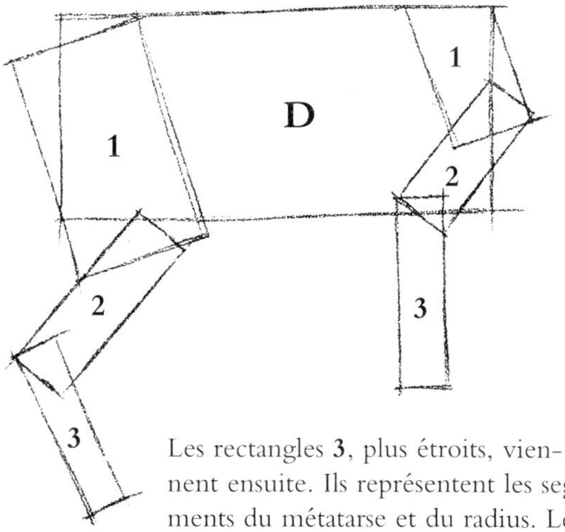


Les rectangles **3**, plus étroits, viennent ensuite. Ils représentent les segments du métatarse et du radius. Le **3** de l'arrière fait un angle interne et celui de l'avant est vertical.

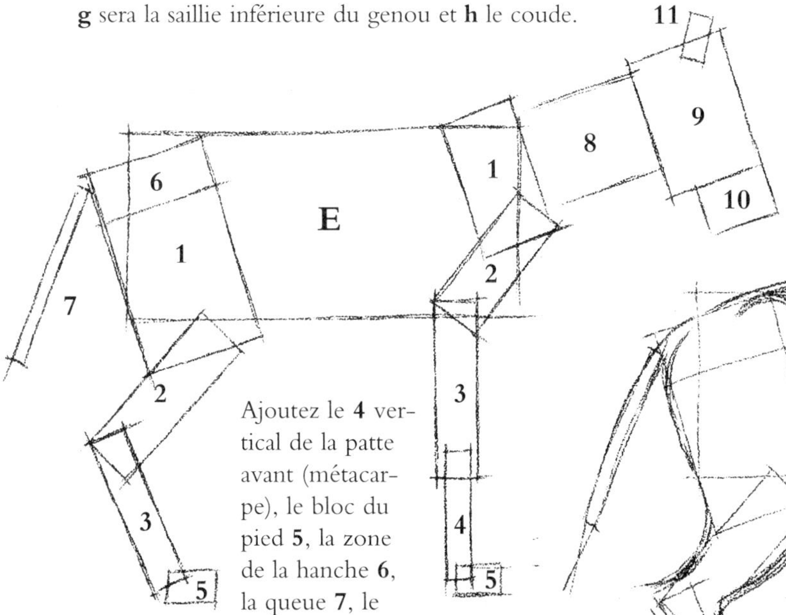


Ajoutez le **4** vertical de la patte avant (métacarpe), le bloc du pied **5**, la zone de la hanche **6**, la queue **7**, le cou **8**, la tête **9**, le museau **10** et l'oreille **11**. Les rectangles **8** et **9** sont alignés sur l'avant. Après être arrivé à **F** il sera bon de vous entraîner sur ces **ABC** un certain nombre de fois.

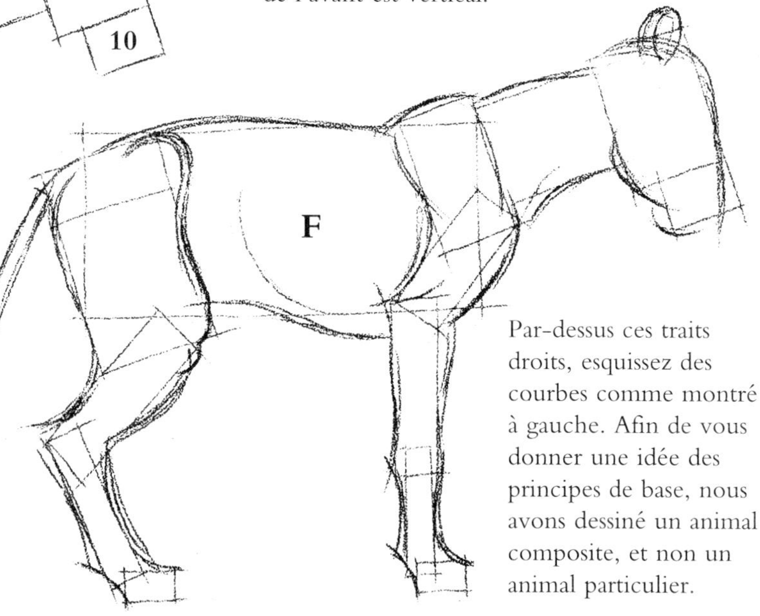


Par-dessus ces traits droits, esquissez des courbes comme montré à gauche. Afin de vous donner une idée des principes de base, nous avons dessiné un animal composite, et non un animal particulier.

# APPLIQUER L'ABC

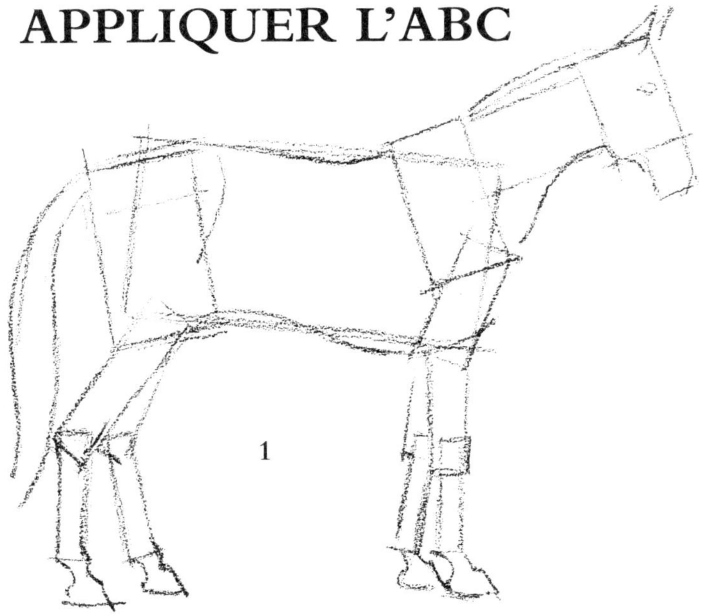

1

Lorsque vous aurez acquis une certaine habitude pour placer ces éléments corporels (page précédente), vous pourrez les expérimenter. De toute évidence on ne peut espérer dessiner chaque animal selon exactement le même modèle. On ne peut pas non plus disséquer un rectangle donné à un certain endroit, selon chaque espèce. D'une part le rectangle principal **A** sera souvent incliné (cheval, fig. **1** et chien fig. **2**). Les 2 rectangles **1** de la fig. **B** (p. 4) ne seront pas toujours parallèles, mais dans la plupart des cas ils auront tendance à s'aligner, comme dans le schéma **D** page précédente. La posture d'un animal comme le chien de la fig. **2** peut altérer considérablement l'arrière train.

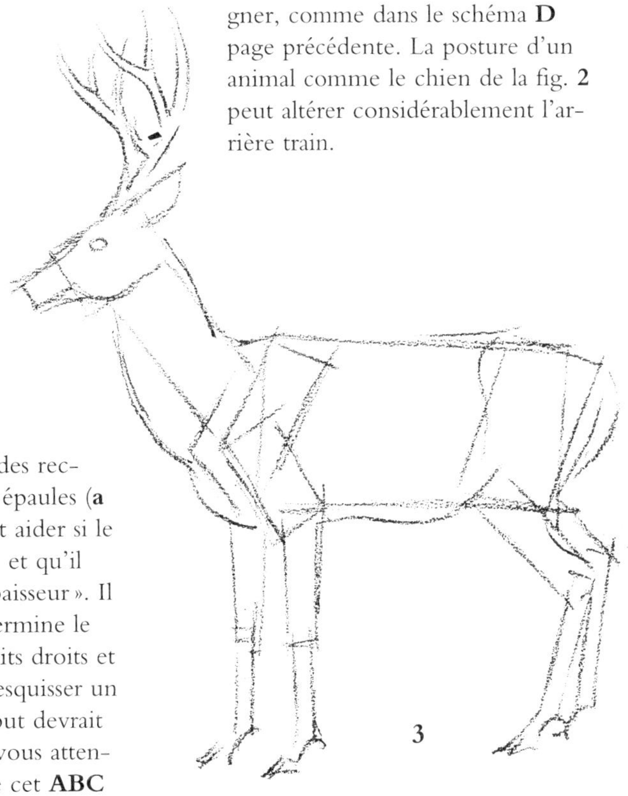

3

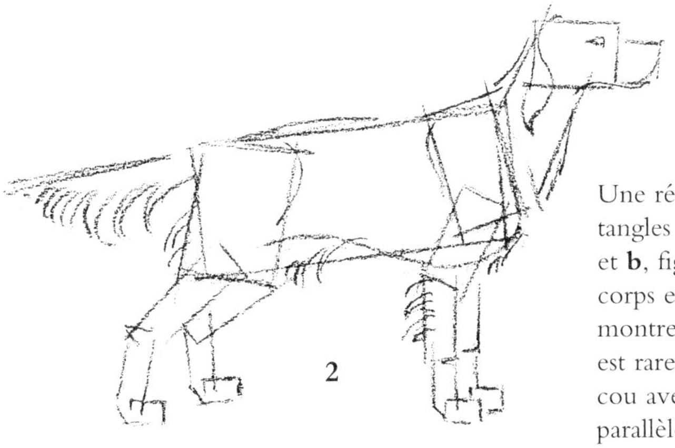

2

Une répétition des rectangles pour les épaules (**a** et **b**, fig. **3**) peut aider si le corps est tourné et qu'il montre de l'« épaisseur ». Il est rare qu'on termine le cou avec des traits droits et parallèles, mais esquisser un rectangle au début devrait vous aider. Ne vous attendez pas à ce que cet **ABC** fasse des miracles tant que vous ne serez pas familiarisé avec l'animal en question ou que vous ne l'aurez pas en face de vous, ou en photo. Ces exercices concernent les sujets de profil et non de trois-quarts. On demande beaucoup de vues de côté et il faut donc apprendre à les faire en premier. Les torses du cerf et de la vache se prêtent admirablement aux rectangles. Des animaux « repliés » comme l'écureuil de la fig. **4** peuvent être compliqués s'ils sont dessinés trop petits. Cependant en se souvenant des dimensions, on peut donner l'impression qu'une partie est en face de l'autre grâce à cette méthode d'entraînement. Il est suggéré de faire ce travail comme une esquisse, sans appuyer afin de pouvoir gommer.

4

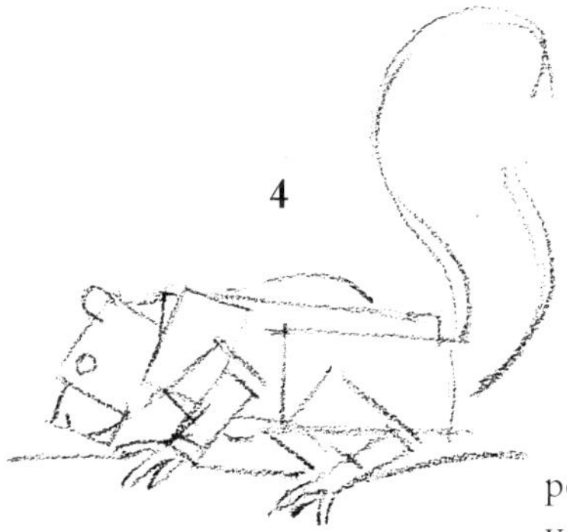

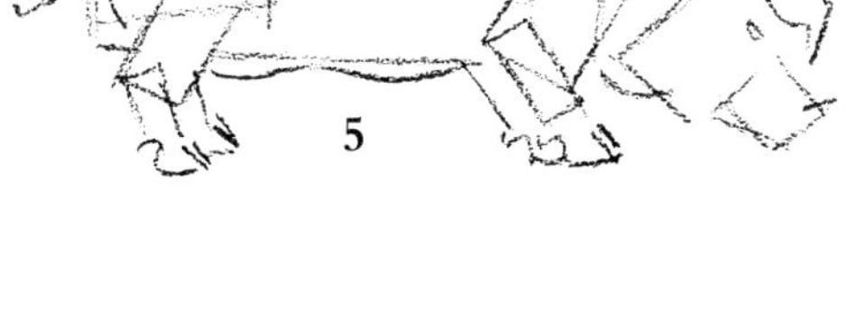

5

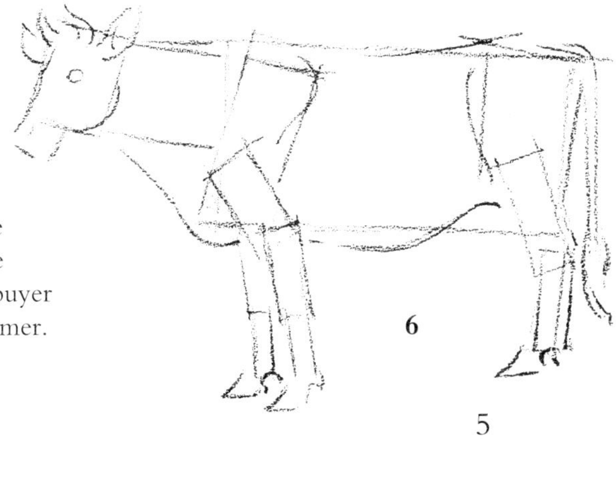

6

# ÉLÉMENTS IMPORTANTS DES PIEDS

La raison principale pour laquelle ce dessin figure en début d'ouvrage, est donnée en bas de page. Remarquez comment la lourde tête de ce bison est supportée par des muscles (en pointillés) qui partent des hautes épines de la colonne vertébrale. Lorsque l'animal broute, celles-ci se déploient pour qu'il puisse baisser la tête. La plupart des animaux ont un long cou, et

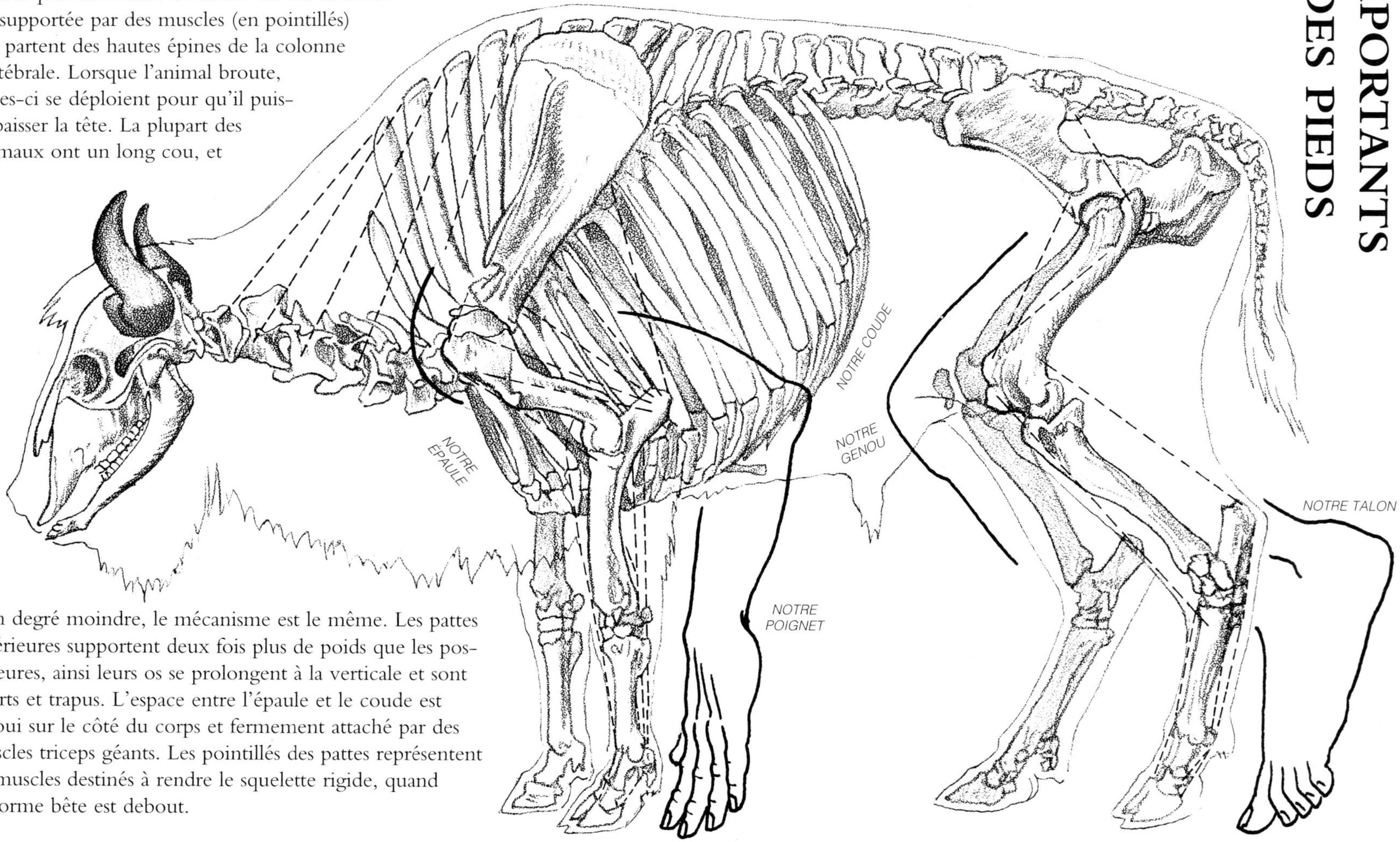


à un degré moindre, le mécanisme est le même. Les pattes antérieures supportent deux fois plus de poids que les postérieures, ainsi leurs os se prolongent à la verticale et sont courts et trapus. L'espace entre l'épaule et le coude est enfoui sur le côté du corps et fermement attaché par des muscles triceps géants. Les pointillés des pattes représentent les muscles destinés à rendre le squelette rigide, quand l'énorme bête est debout.

**BUT PRINCIPAL DE CE DESSIN :** Il est important pour l'étudiant de réaliser que pratiquement tous les animaux marchent sur les « doigts » et les « orteils » plutôt que sur les mains et les pieds. Ce bison européen marche en réalité sur ses deux doigts et ses deux orteils centraux. Ce que l'on pourrait prendre pour ses genoux antérieurs sont en fait ses poignets, et toute la partie inférieure visible de ses pattes postérieures correspond à notre pied. Étant donné que nos mains sont plus courtes que nos pieds, les articulations du poignet des animaux sont plus proches du sol que celles de leurs talons et de leurs chevilles. Savoir ceci aide énormément pour dessiner les pattes de tous les digitigrades (qui marchent sur les doigts). La plupart des animaux qui intéressent l'artiste entrent dans cette catégorie. **Il faut donc bien retenir ceci.**

# LE SQUELETTE SIMPLIFIÉ

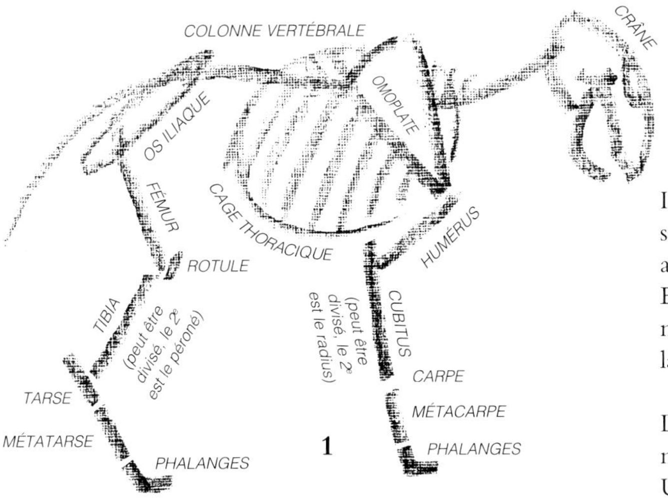

1

Il n'est pas nécessaire d'apprendre les détails infimes du squelette, mais il ne faut pas non plus faire l'impasse dessus avec l'ambition de dessiner quand même des animaux. Entre les deux on peut faire du bon travail et plus on examine et plus on compare les structures osseuses et musculaires, plus tout s'éclaire.

Le squelette simplifié sur la gauche comporte le strict minimum. C'est un croquis généralisé de n'importe quel animal. Une liste complète des os est donnée p. 12 pour le lévrier et il faut apprendre au minimum les noms donnés ci-dessus. En ce qui concerne les parenthèses : nous avons un os au-dessus du coude et du genou et deux au-dessous. Il en va de même chez les animaux, mais chez certaines espèces, les deux du dessous ont fusionné pour n'en faire plus qu'un. Dans les fig. **2** et **3** ils n'ont pas fusionné et en **4** et **5** ils le sont partiellement. Cette page comporte 4 squelettes de référence dont un animal qui marche sur la plante complète des pieds, l'ours (fig. **2**) ; un qui marche sur 4 doigts, le loup (fig. **3**) ; le plus gros animal terrestre, l'éléphant (fig. **4**) ; et l'animal le plus grand, la girafe (fig. **5**). Dans le torse, 4 jeux d'os sont essentiels : l'omoplate, l'os iliaque, la cage thoracique et la colonne vertébrale. Si l'on compare ces squelettes et celui de la page précédente, on remarque que l'omoplate est plus ou moins triangulaire ; que la patte antérieure (humérus) est attachée à la partie inférieure de l'omoplate ; que l'os iliaque s'étend des 2 côtés et qu'il comporte 2 bosses correspondant à nos propres hanches ; que l'os de la patte antérieure (fémur) est attaché à l'arrière de l'os du bassin à environ 1/3 de sa longueur.

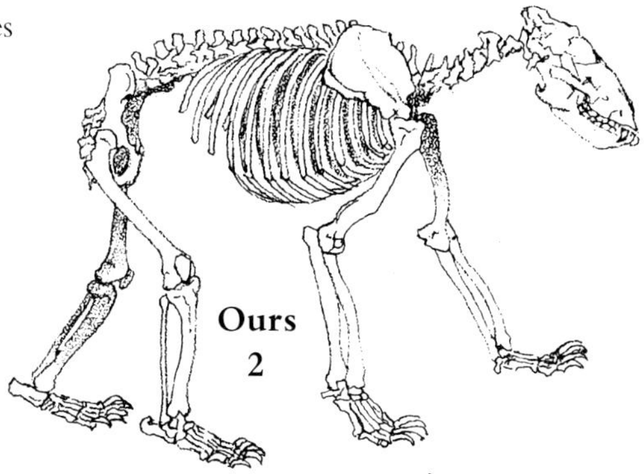
**Ours**
**2**

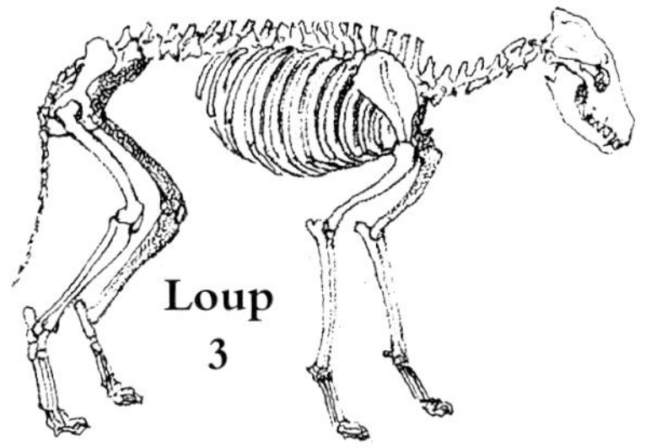
**Loup**
**3**

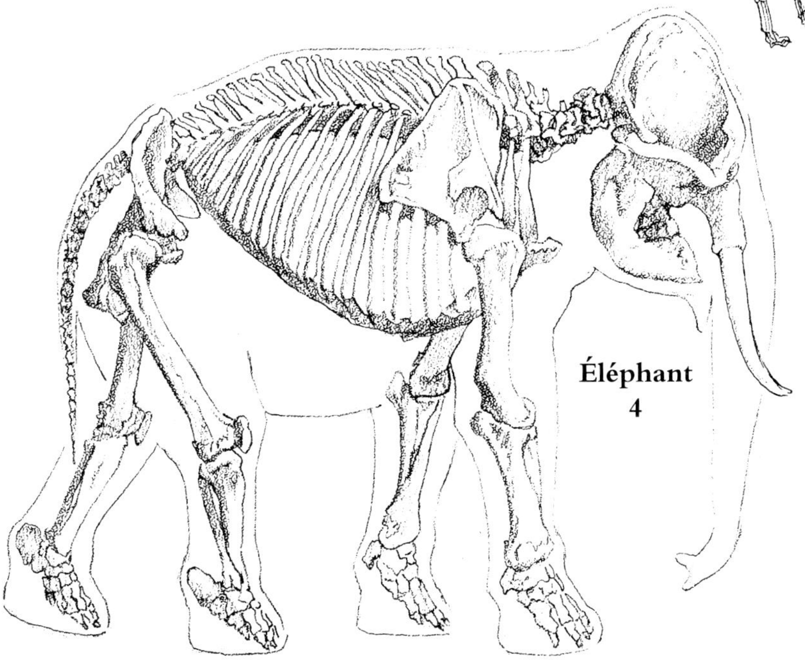
**Éléphant**
**4**

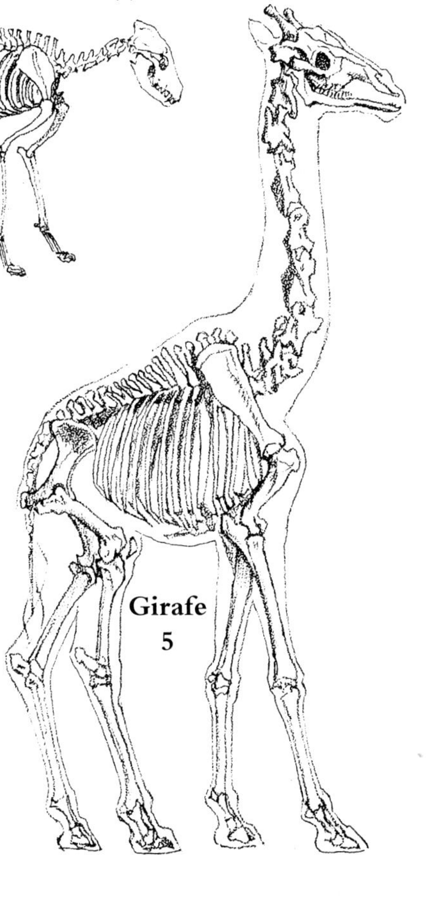
**Girafe**
**5**

# EMPLACEMENT DE L'ARTICULATION DU « GENOU » ANTÉRIEUR

La grosse flèche (à droite) indique le coude d'un animal, pointe de l'os olécrane (qui correspond à notre coude : tâtez-le puis tendez le bras; le jeu d'os suivants est le poignet). C'est la même chose chez les animaux : ce n'est donc pas un « genou » comme on dit parfois. Quelques directives peuvent-elles aider à localiser le poignet, jeu saillant d'articulations? Oui. Tout d'abord, gardez à l'esprit que dans ce tableau la distance entre les traits noirs du haut et du bas de la page, représente celle entre le coude d'un animal donné et le bas de la portion du pied antérieur ou « main » qui se pose sur le sol.

Comme toujours, l'artiste s'intéresse à la façon dont le sujet lui apparaît. Les positions **1**, **2**, **3** et **4** se chevauchent quelque peu, et à l'occasion on va trouver dans l'une de ces catégories un animal dont l'articulation est légèrement plus haute ou plus basse; par exemple, un bon cheval doit avoir un canon relativement court, os simple (métacarpe) entre l'ovale **2** et le sol, mais cette articulation ne sera jamais aussi bas que dans la position **4**.

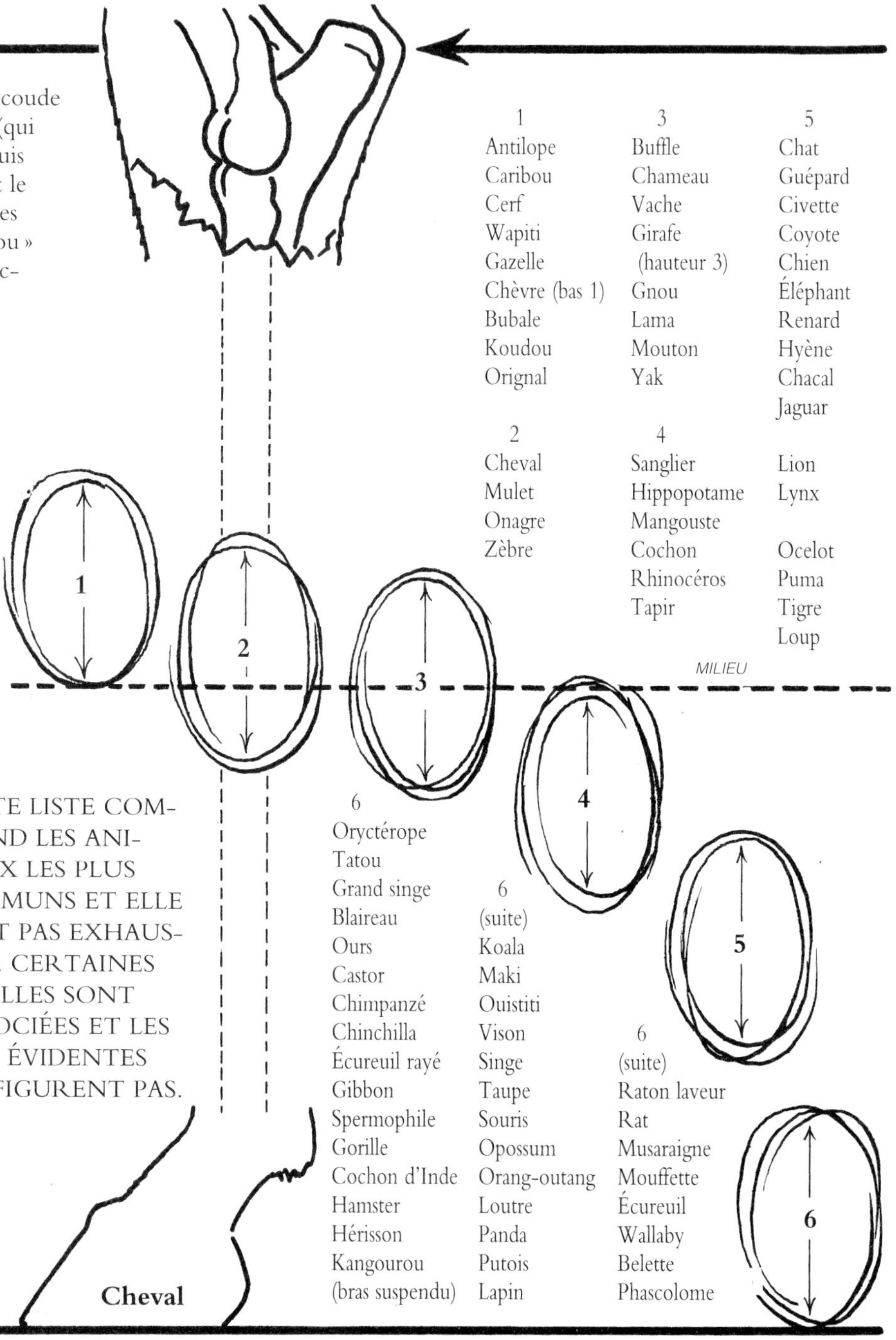


1
Antilope
Caribou
Cerf
Wapiti
Gazelle
Chèvre (bas 1)
Bubale
Koudou
Orignal

2
Cheval
Mulet
Onagre
Zèbre

3
Buffle
Chameau
Vache
Girafe
(hauteur 3)
Gnou
Lama
Mouton
Yak

4
Sanglier
Hippopotame
Mangouste
Cochon
Rhinocéros
Tapir

5
Chat
Guépard
Civette
Coyote
Chien
Éléphant
Renard
Hyène
Chacal
Jaguar

Lion
Lynx

Ocelot
Puma
Tigre
Loup

6
Oryctérope
Tatou
Grand singe
Blaireau
Ours
Castor
Chimpanzé
Chinchilla
Écureuil rayé
Gibbon
Spermophile
Gorille
Cochon d'Inde
Hamster
Hérisson
Kangourou
(bras suspendu)

6
(suite)
Koala
Maki
Ouistiti
Vison
Singe
Taupe
Souris
Opossum
Orang-outang
Loutre
Panda
Putois
Lapin

6
(suite)
Raton laveur
Rat
Musaraigne
Mouffette
Écureuil
Wallaby
Belette
Phascolome

CETTE LISTE COMPREND LES ANIMAUX LES PLUS COMMUNS ET ELLE N'EST PAS EXHAUSTIVE. CERTAINES FAMILLES SONT DISSOCIÉES ET LES PLUS ÉVIDENTES N'Y FIGURENT PAS.

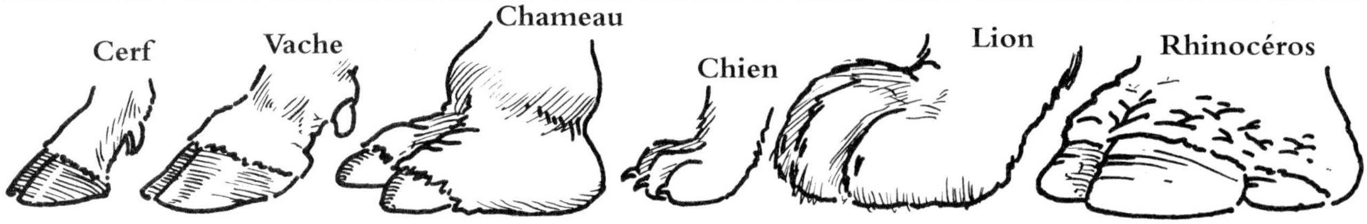


La patte modèle du centre de la page est celle d'un cheval avec le coude et le sabot. Alignés en bas de ces deux pages, différents pieds d'animaux. Il est impossible d'avoir une patte type dont la hauteur et la largeur s'appliqueraient à toutes les espèces, mais chaque patte a un point central (ligne pointillée centrale, parallèle au trait épais p. 8). Les 6 positions approxi-

# COMPARONS LES PATTES ANTÉRIEURES

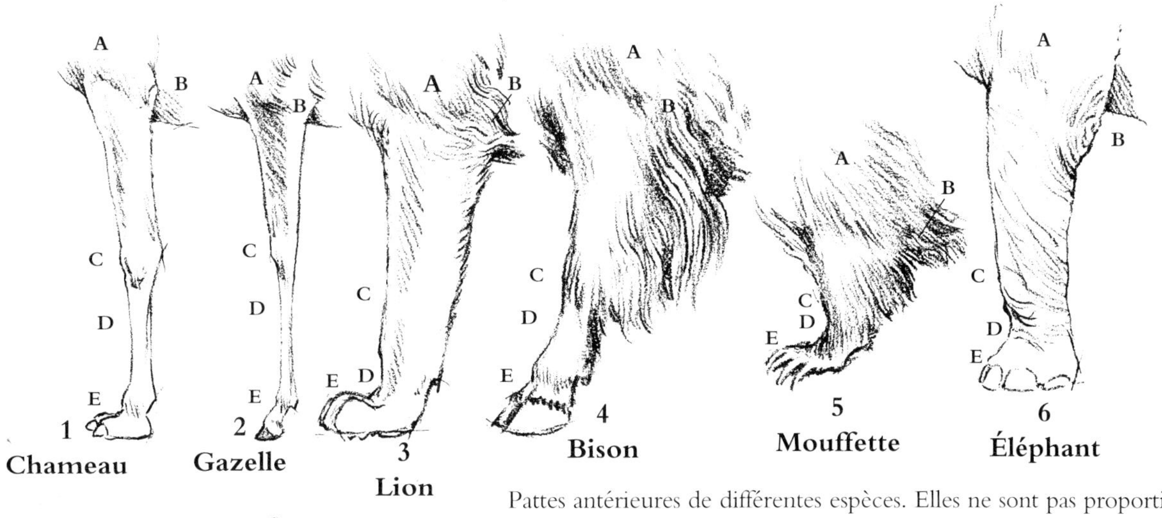


Pattes antérieures de différentes espèces. Elles ne sont pas proportionnelles, mais au contraire réduites ou agrandies pour mieux illustrer le propos. Comme **DE** le « véritable » genou de la patte postérieure est <u>sous</u> le corps (ou ligne de l'estomac) p. 10, **B**, le « véritable » coude de la patte antérieure est généralement juste <u>au-dessus</u> du corps (ligne du poitrail). L'exception est l'éléphant dont la peau plus lâche a tendance à pendre au coude. Certains chiens varient à cet égard. Ces observations s'appliquent aux animaux debout, souvent dessinés. Lorsqu'un sujet étire les pattes antérieures pendant l'action, le coude tombe sous la ligne de poitrail. Il faut donc se souvenir que les 2 saillies du genou (**DE** p. 10) sont <u>sous</u> la ligne de contour du corps, et que celle du coude **B** est généralement <u>au-dessus</u>. Pour bien illustrer ceci reportez-vous à la partie sur le cheval.

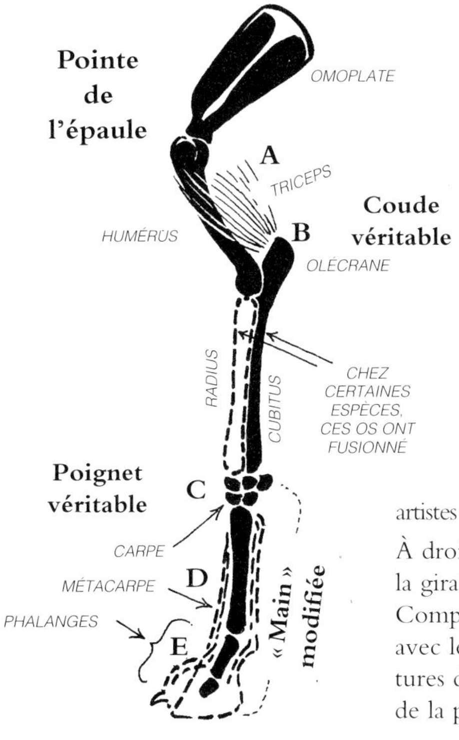


Ci-contre, un plan général de l'os de la patte antérieure. Seul le muscle triceps est indiqué, car il descend de l'os du coude et il se voit chez la plupart des animaux; il creuse le côté de la partie supérieure de la patte et est dans la plupart des cas dans l'ombre. Si un animal particulier a beaucoup de poils pendants, comme le bison **4** ou la mouffette **5** ci-dessus, le triceps sera peut-être invisible, mais la plupart des bons artistes animaliers indiqueront cette structure sous-jacente, même si la fourrure est abondante.

À droite : notes sur les articulations du poignet « véritable » des équidés, des canidés et de la girafe.

Comparez avec les jointures du haut de la page.

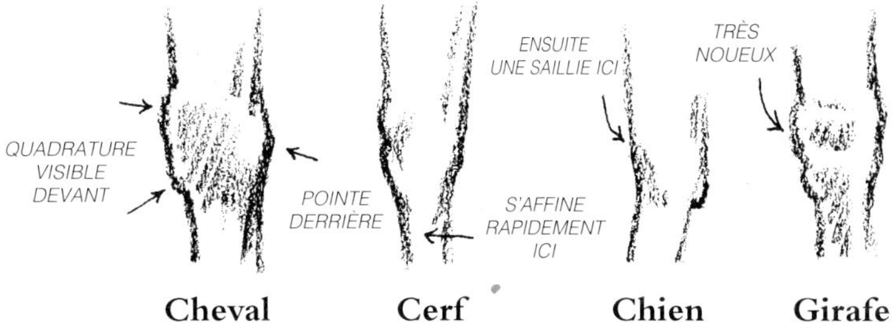


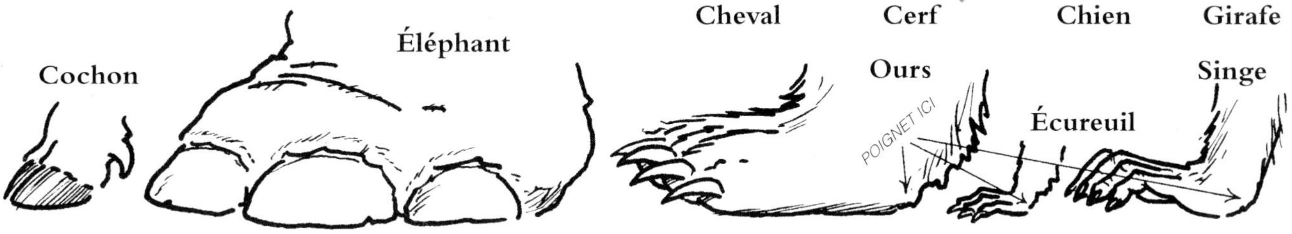


matives (ovales p. 8) de l'articulation de la patte antérieure (genou ou poignet) doivent être considérées comme étant en rapport avec le point central de la patte d'un animal particulier. Le pied d'ours, d'écureuil et de singe ci-dessus <u>comprend</u> l'articulation (colonne **6**, p. 8).

# COMPARONS LES PATTES POSTÉRIEURES

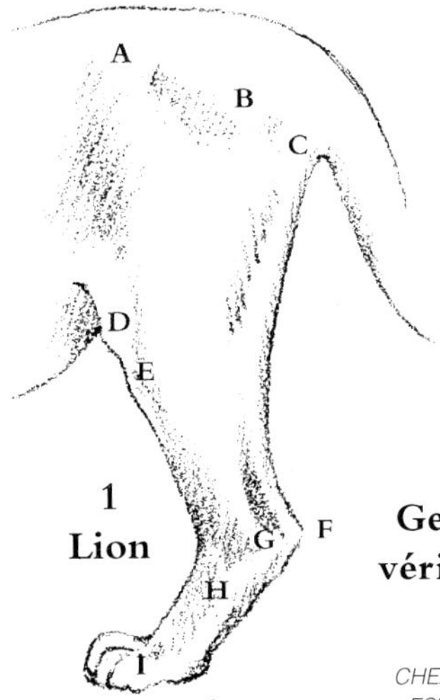


1
Lion

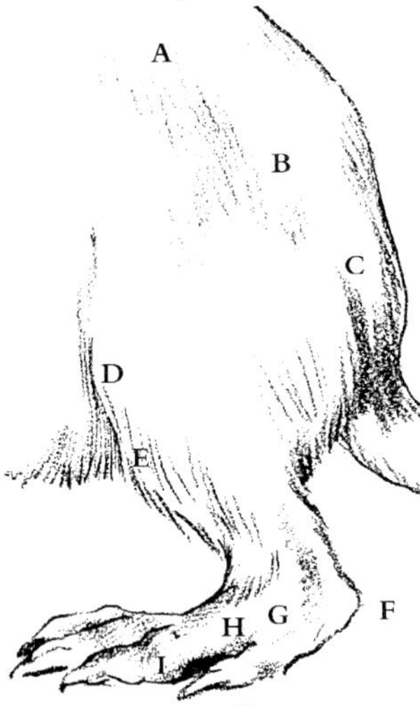


2
Spermophile

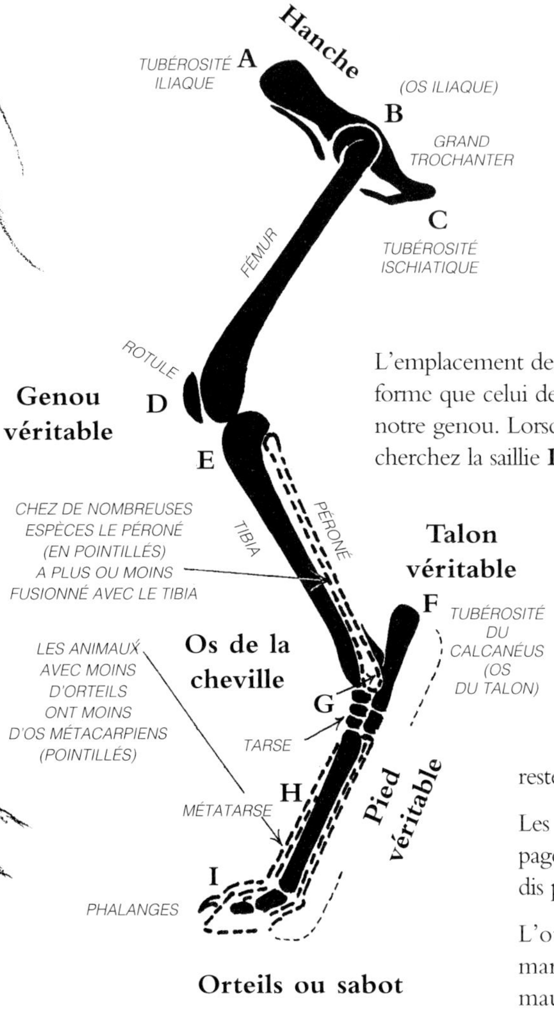


Bien que les différentes espèces aient une structure osseuse différente, les similitudes sont si prononcées qu'il est utile de les comparer. Les os visibles de ces arrière-trains sont notés de **A** à **I**. Le plan osseux général est schématisé ci-dessous.

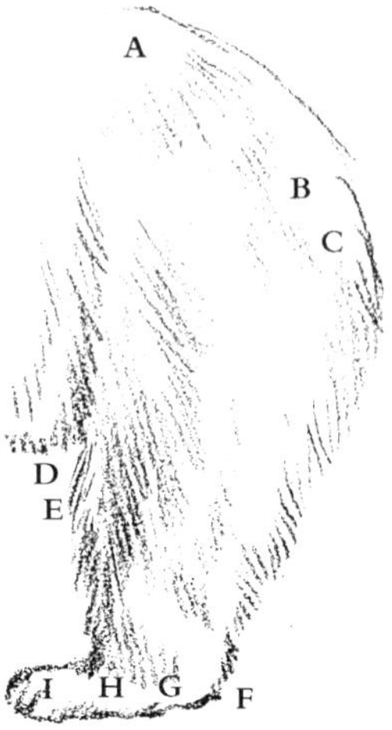


9 Ours polaire

L'emplacement des points **ABC** est plus uniforme que celui de **DE** qui correspond à notre genou. Lorsqu'un animal marche, cherchez la saillie **DE**. Sur la plupart des espèces, **DE** apparaît juste sous la ligne du corps; chez les chiens elle est plus basse que chez les chats. Comparez le genou **DE** sur **4** et **5** avec le reste des animaux.

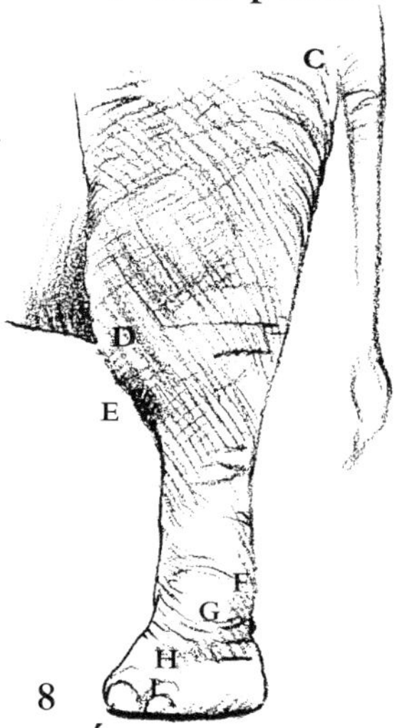


8
Éléphant

Les arrière-trains de cette page sont réduits ou agrandis pour la comparaison.

L'ours **9** et le singe **5** marchent plus sur le pied total **FGHI**. Chez les animaux qui s'assoient souvent c'est tout **FGHI** qui repose sur le sol (ex. **1**, **2**, **4** et **6**). Seul **I** touche le sol chez les animaux qui restent debout la plupart du temps (ex. **3**, **7** et **8**).

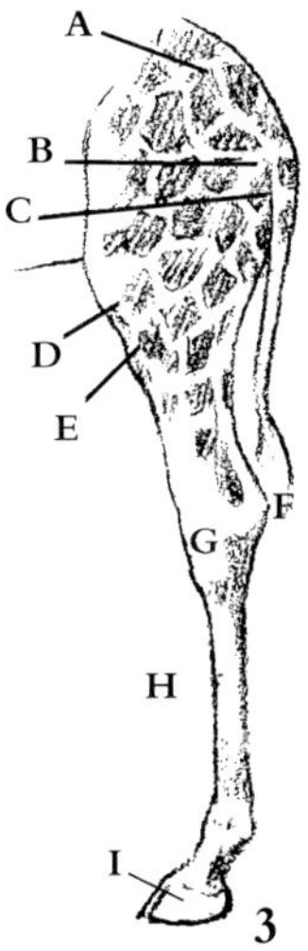


3
Girafe

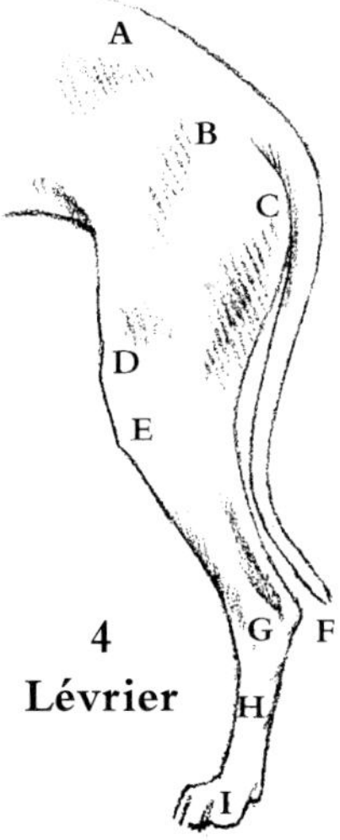


4
Lévrier

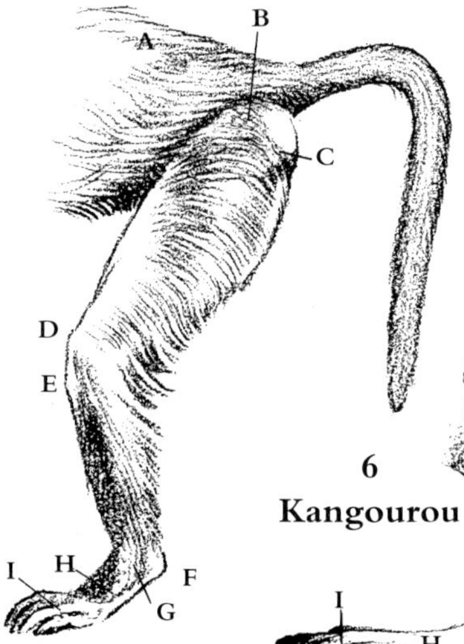


5
Babouin

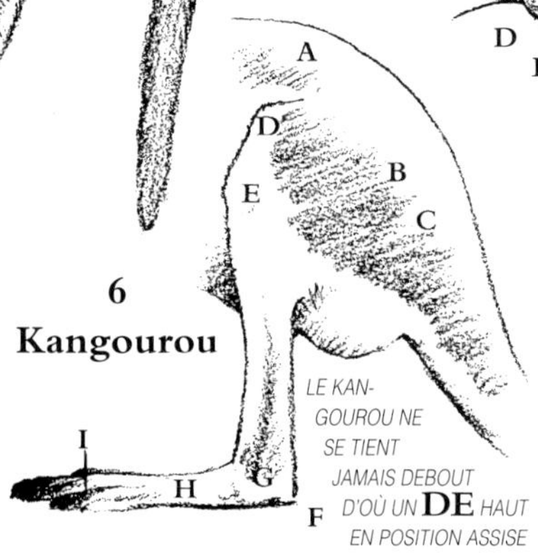


6
Kangourou

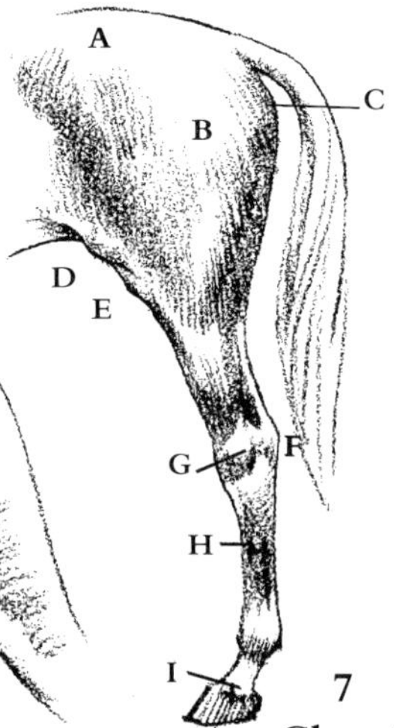


7
Cheval

# COMPARONS LES MUSCLES

Chez toutes les espèces, la disposition musculaire est sensiblement la même. L'artiste n'a cependant pas besoin d'apprendre les noms techniques, mais une fois qu'il connaît les trois éléments corporels de base (p. 3) il est bon qu'il jette un coup d'œil sous la peau. Bien que tous les muscles externes ne se voient qu'en certaines circonstances, le débutant doit se familiariser avec ceux qui ont de grandes chances d'apparaître sur la plupart des animaux à poils courts. Commencez par regarder sur chaque animal de la 2e colonne les 4 endroits (marqués par un trait noir). Là où un muscle en rencontre un autre, apparaît souvent un renfoncement visible. Même pour les animaux à poils longs, on peut donner plus de force au dessin en laissant une sous-structure forte influencer la fourrure.

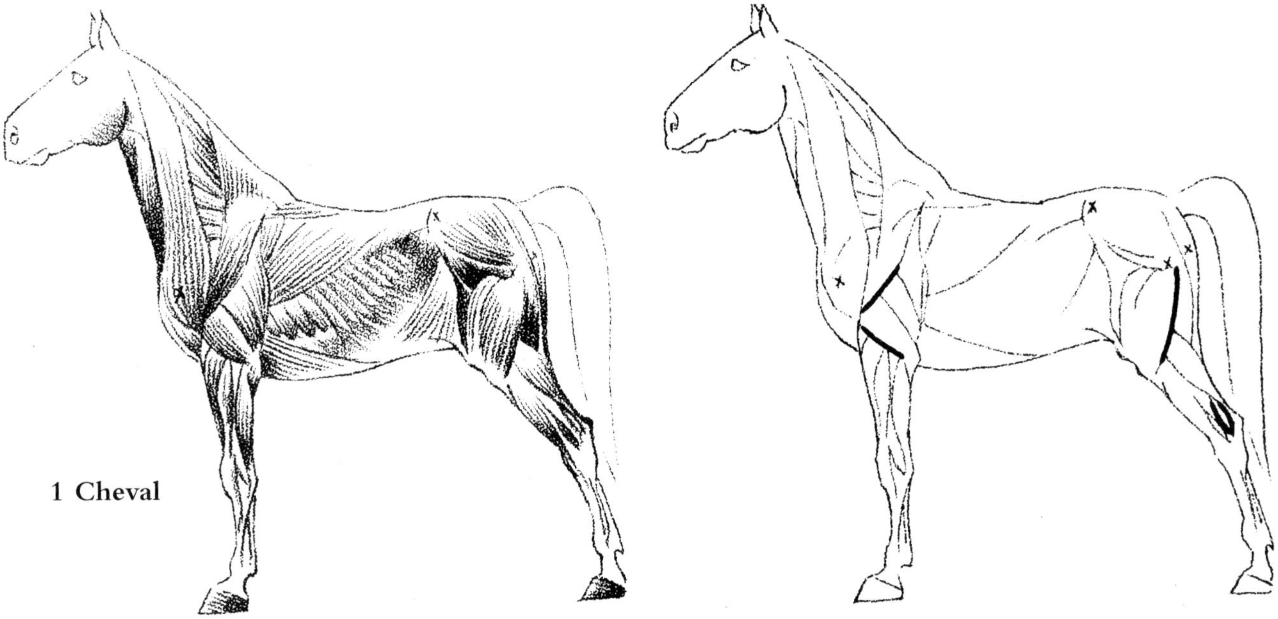

**1 Cheval**

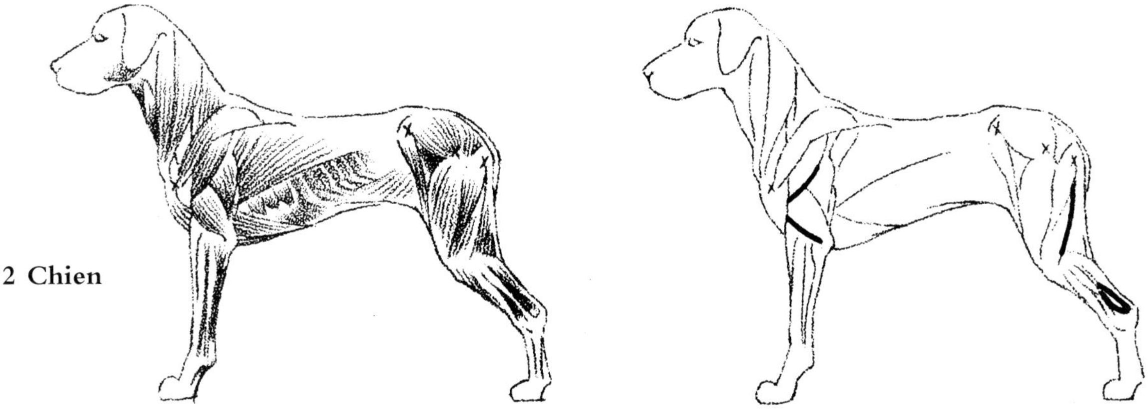

**2 Chien**

**3 Lionne**

# STRUCTURE OSSEUSE - LE LÉVRIER

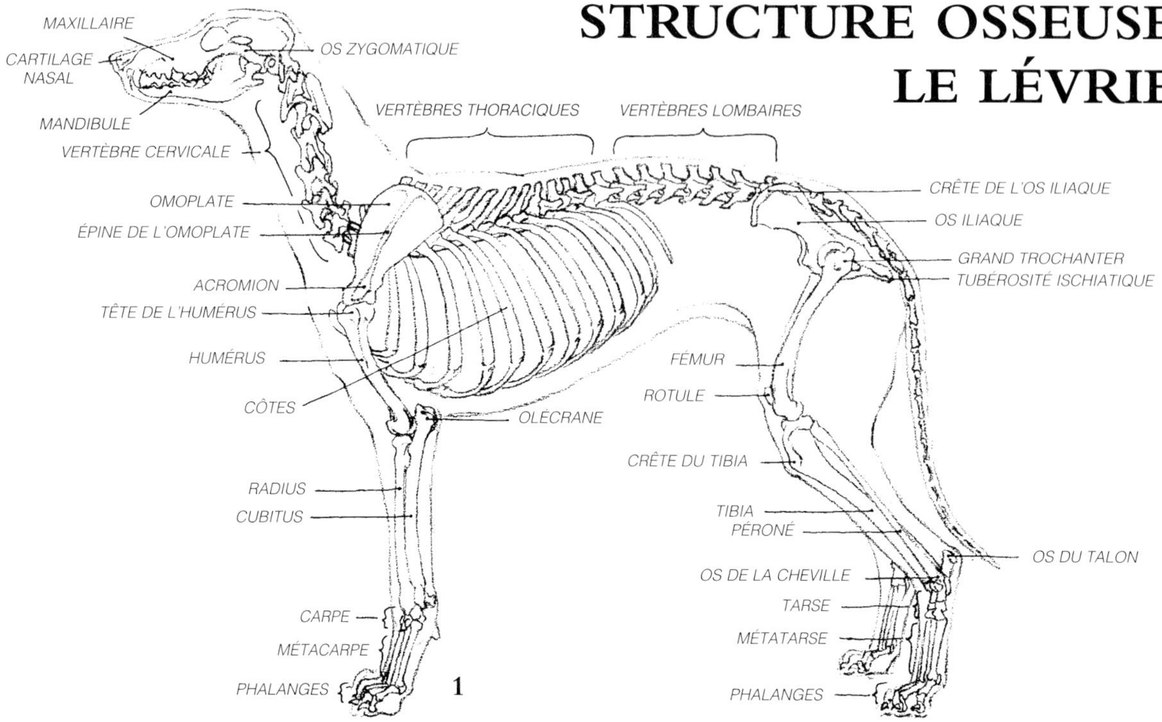

1

Nous avons vu p. 11 la grande similitude dans la formation musculaire des différentes espèces. Bien qu'il ne soit pas indispensable d'identifier chacun des os et des muscles, il est recommandé de s'y référer constamment. À chaque fois qu'on voit une saillie en surface, il faut savoir ce qu'il y a dessous, afin de simplifier le dessin de surface, la partie qu'on ne peut éviter.

# STRUCTURE MUSCULAIRE - LE LÉVRIER

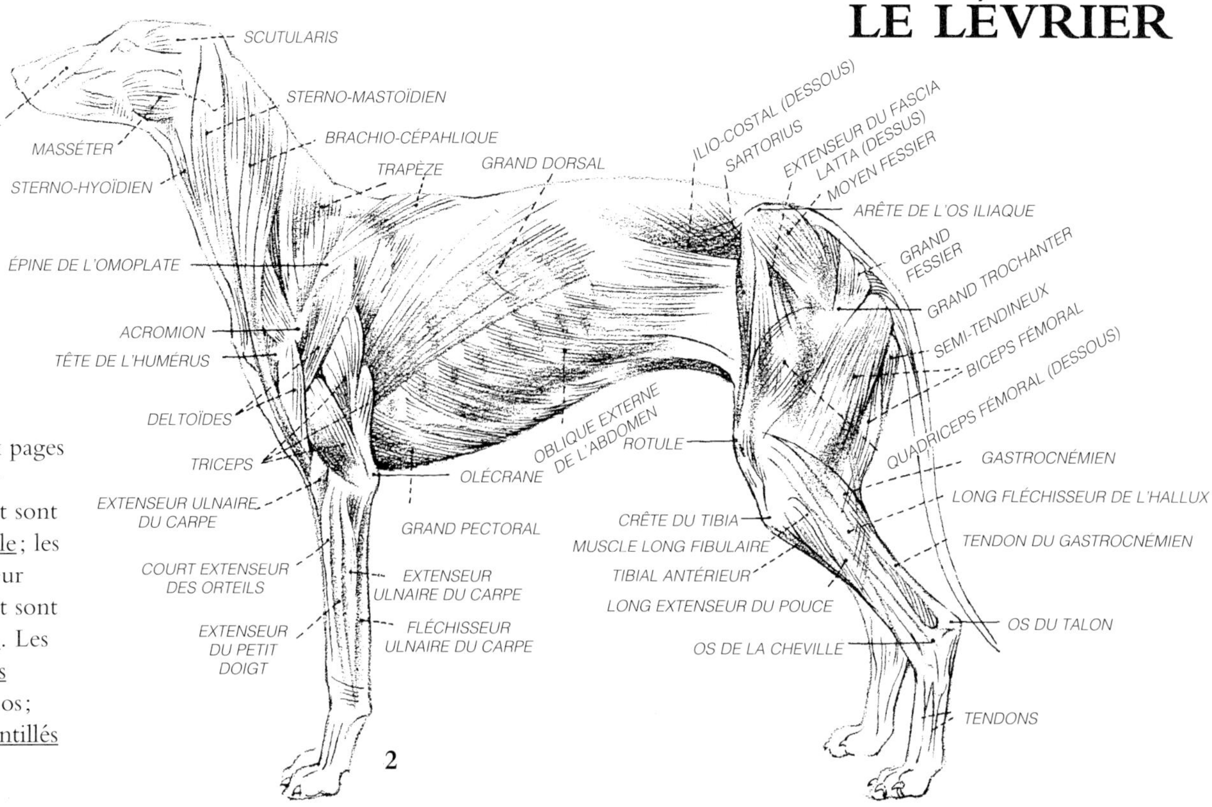

2

Sur ces deux pages les os et leur emplacement sont à l'horizontale; les muscles et leur emplacement sont en diagonale. Les lignes pleines mènent aux os; celles en pointillés aux muscles.

# ANATOMIE EXTERNE - LE LÉVRIER

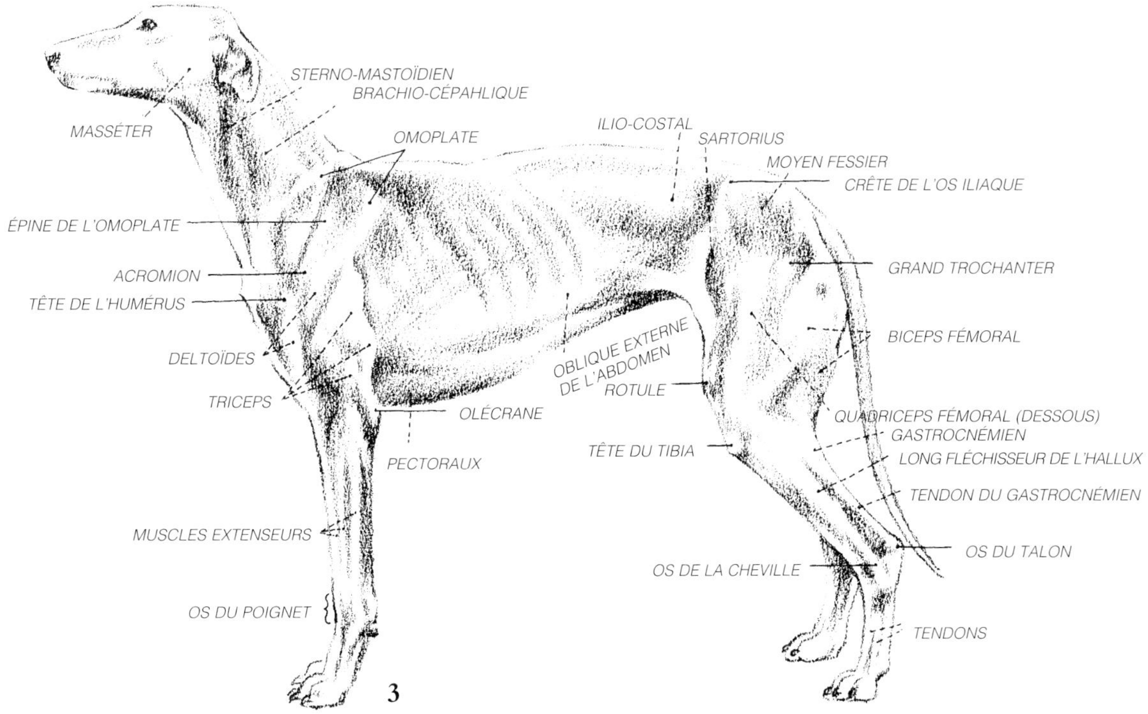


3

L'anatomie externe du lévrier illustre très bien ce qui arrive aux os et aux muscles. Comparez la fig. **3** avec la **1** et la **2**. Revenez à ces pages lorsque vous étudierez les autres animaux de cet ouvrage. Si vous détectez un changement de contour ou qu'un rehaut ou une ombre apparaissent à la surface, TROUVEZ-EN la raison à l'aide du lévrier!

## DE FACE

## DE DOS

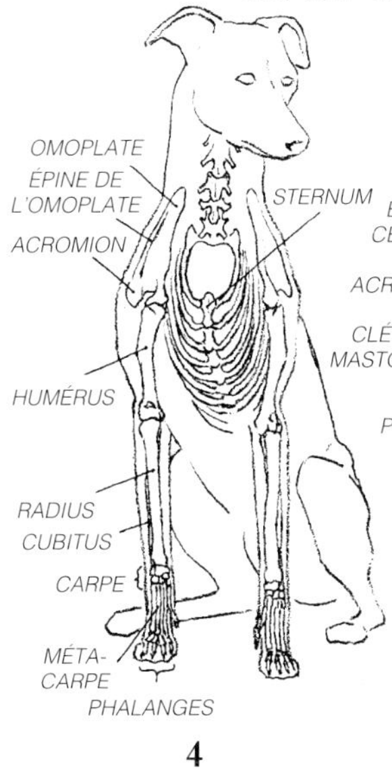


4

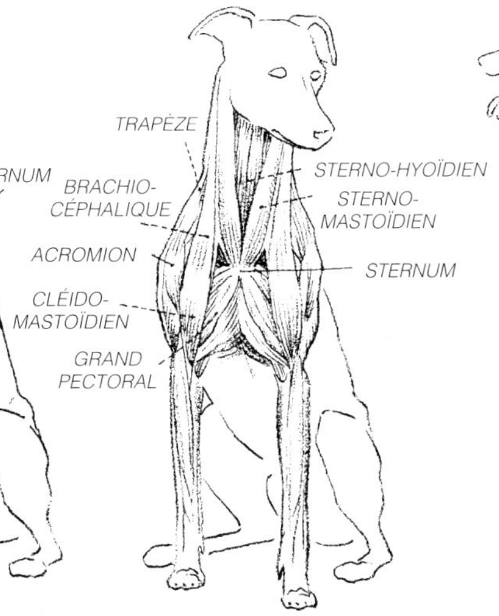


5

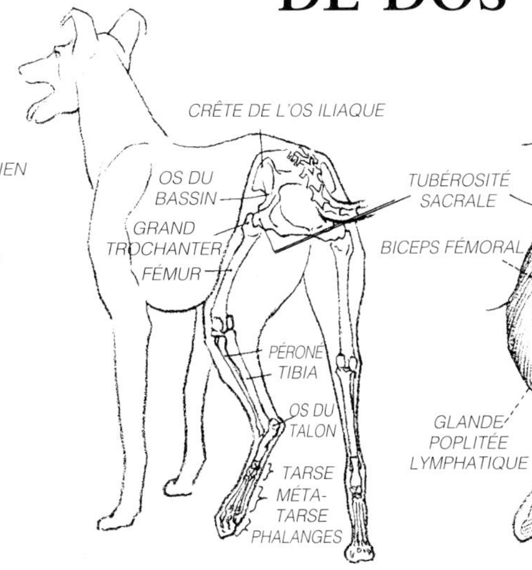


6

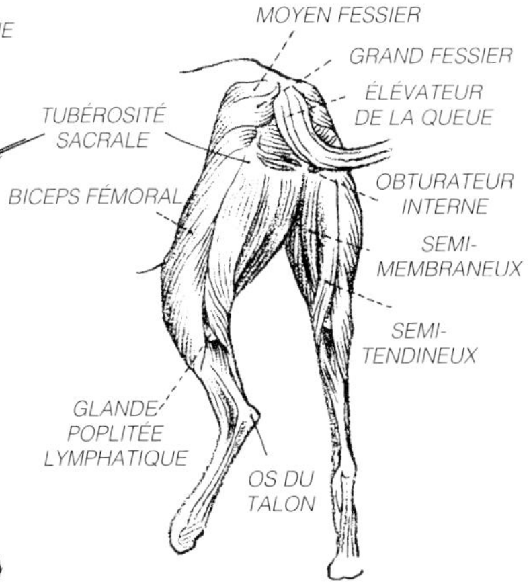


7

Remarquez que les omoplates de la fig. **4** ne sont pas attachées au sternum par un lien osseux. La plupart des animaux n'ont pas de clavicule. Les omoplates sont plus ou moins à plat sur le côté des épaules et elles sont très visibles extérieurement (voir fig. **1**, **2** et **3**). La prochaine fois que vous caresserez un chien ou un chat, palpez-lui les omoplates, les têtes des humérus (pointes avant de l'épaule), l'os du sternum, l'os iliaque et les ligaments du fémur. Remarquez que chez le cheval, les muscles qui irradient du sternum (fig. **5**) sont particulièrement saillants sous la peau.

# AU SUJET DES PIEDS ET DES GRIFFES

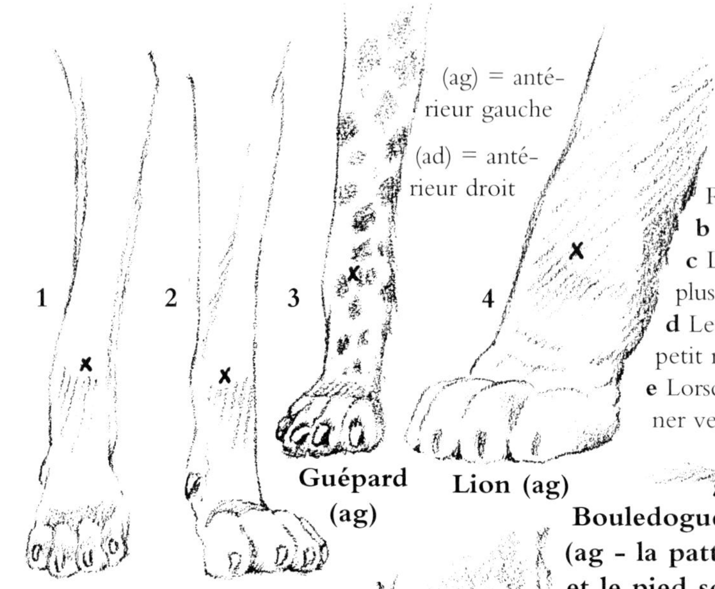

(ag) = antérieur gauche

(ad) = antérieur droit

1 Danois (ag) 2 Loup (ag) 3 Guépard (ag) 4 Lion (ag)

Remarque : **a** Poignet apparent dans tous les dessins marqués **x**.

**b** Le dessus des orteils, entre le poignet et les griffes, est en «étagère».

**c** Les griffes **1**, **2** et **3** ne sont pas rétractiles. Celles des ours non plus. Seules le sont celles des félins à l'exception du guépard.

**d** Les griffes de **4** sont complètement rétractées; on ne voit qu'un petit renfoncement dans la fourrure.

**e** Lorsqu'elles sont sorties, les griffes des félins ont tendance à s'incliner vers l'intérieur (fig. **6**)

**f** Les coussinets sont tout proches des griffes (voir fig. **7** et **10**)

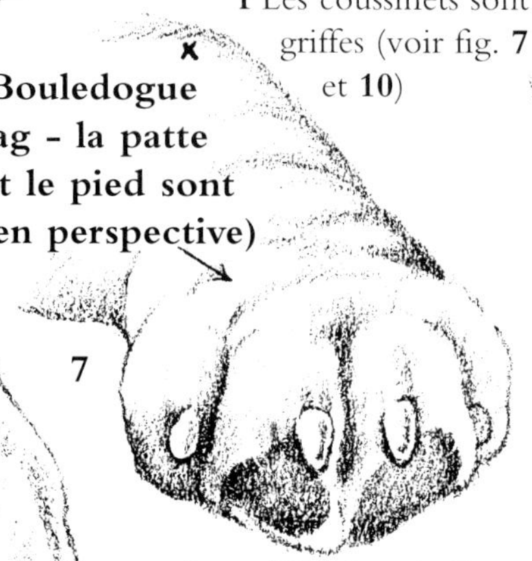

7 **Bouledogue (ag - la patte et le pied sont en perspective)**

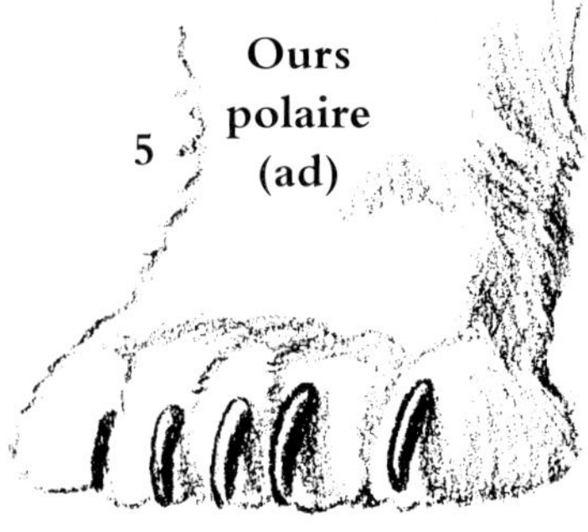

5 **Ours polaire (ad)**

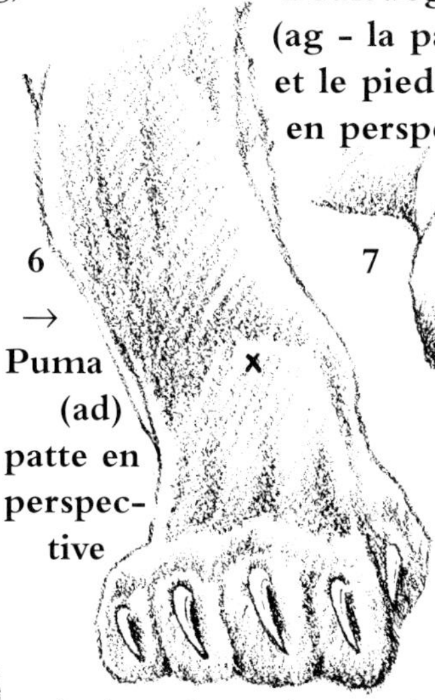

6 → **Puma (ad) patte en perspective**

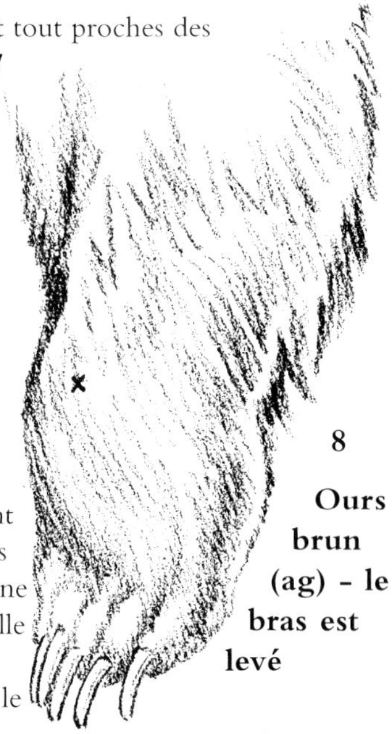

8 **Ours brun (ag) - le bras est levé**

**g** Les griffes du grizzli sont plus grandes que celles des autres ours **11**, même s'il ne fait que la moitié de la taille de l'ours brun **8**.

**h** L'ours polaire a le pied le plus large de tous les ours **5**. Ses plantes de pieds sont partiellement couvertes de fourrure et ses griffes non rétractiles sont noires.

**i** Chez tous les ours, les griffes antérieures sont plus longues que les postérieures **10**. Celles du baribal sont les plus courtes.

**j** Les griffes des félins sont fines et acérées; celles des canidés et des ours sont plus épaisses **6**, **14** et **15**.

**k** Les griffes représentent une des principales différences chez les ours **13**.

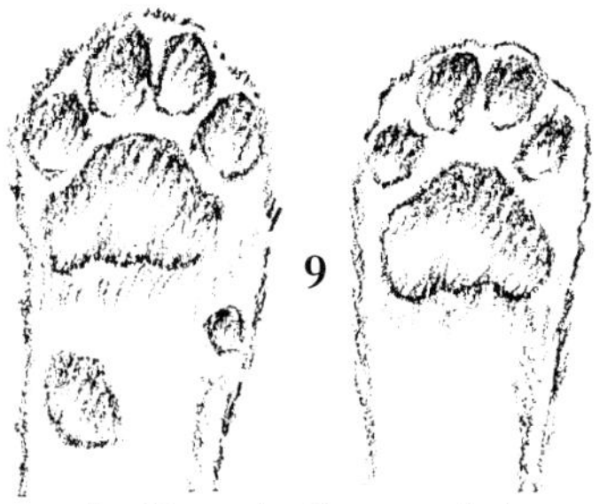

9 **Patte de lion (ad) postérieure**

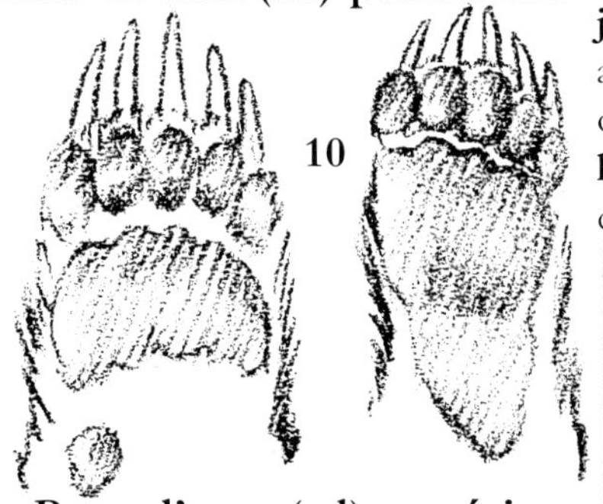

10 **Patte d'ours (ad) postérieure**

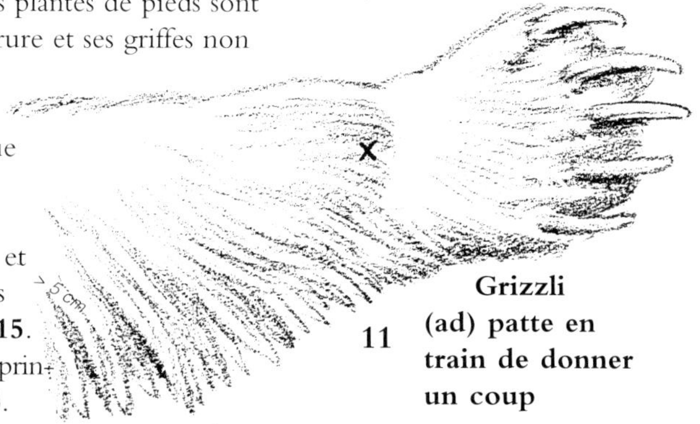


11 **Grizzli (ad) patte en train de donner un coup**

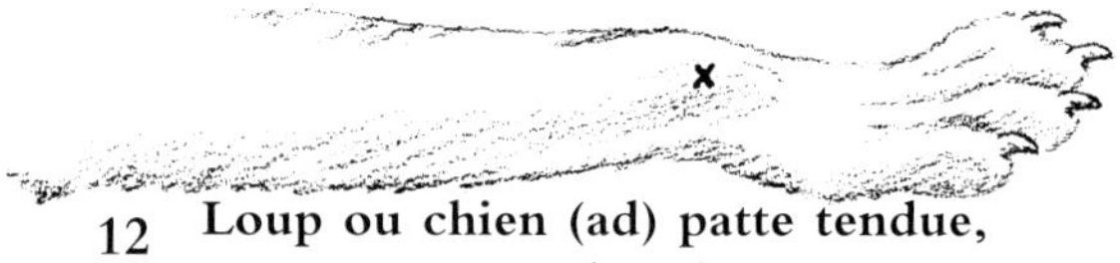

12 **Loup ou chien (ad) patte tendue, comme pendant la course**

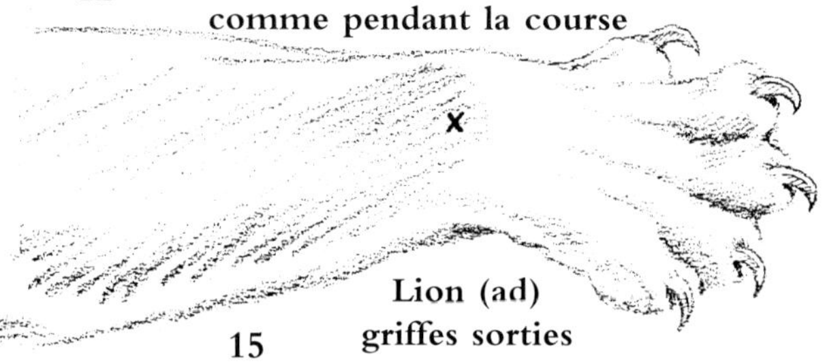

15 **Lion (ad) griffes sorties**

**Longueur relative des griffes d'ours**

13 **Grizzli** **Ours brun** **Baribal**

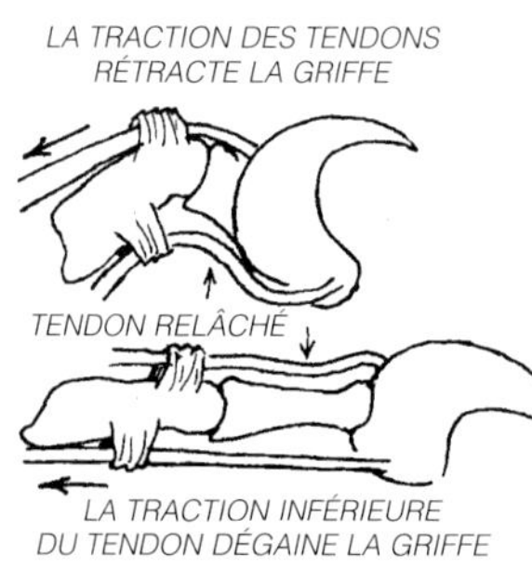


**Griffes rétractiles des félins**
14

# COMPARONS LES OS DES PIEDS

Termes décrivant la façon de marcher :
Plantigrade : qui marche sur la totalité de la plante du pied
Digitigrade : qui marche sur les orteils (sur la pointe du pied)
Onguligrade ou Ongulé : qui marche sur les sabots (ongles)

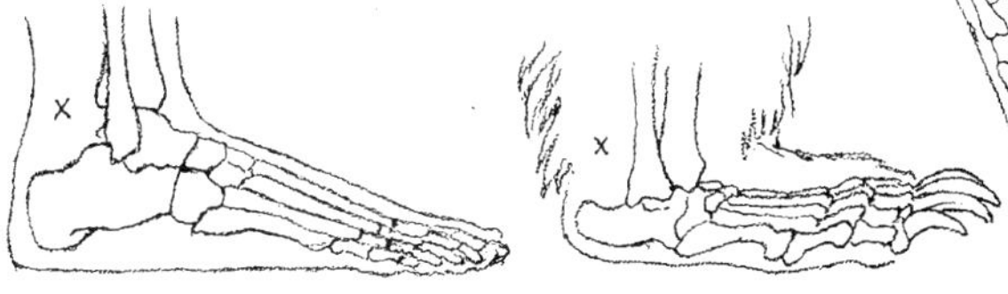
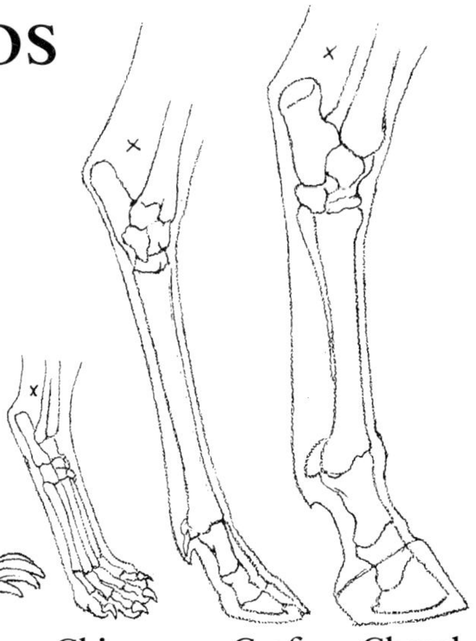


Les animaux qui marchent sur :

- 1 doigt utilisable (majeur ou orteil central) : chevaux, zèbres, etc.
- 2 doigts utilisables (ongulés aux doigts pairs) : bovins, cervidés, ovins, porcins, girafes, etc.
- 3 doigts utilisables (ongulés aux doigts impairs, sauf ceux à 1 doigt) : tapirs, rhinocéros.
- 4 doigts utilisables : hippopotames
- 5 (ou 4) doigts utilisables : la plupart des singes et de nombreux carnivores, les rongeurs, etc. À comparer avec les informations de la p. 8.

Les dessins ci-dessus sont présentés conjointement aux notes précédentes sur les pattes et les pieds, afin que vous compreniez mieux la locomotion. Jusqu'ici il y a eu une interaction intentionnelle entre les parties et le tout dans la construction de l'animal. Nous avons vu progressivement qu'une grande partie du pied véritable de la plupart des espèces ne touche pas le sol. Pensez maintenant aux os de vos propres talons. Revoyez encore une fois le **F** de chaque patte de la p. 10, puis palpez-vous les tendons d'Achille derrière les talons, surtout le creux juste à l'intérieur : il apparaît chez la plupart des animaux car il n'est pas recouvert par une fourrure épaisse. Dans les dessins ci-dessus les **x** indiquent où il se situe. La boucle noire sur les pattes postérieures de la seconde colonne d'animaux de la p. 11 le montrait.

# RESSEMBLANCES ENTRE LES TÊTES

Même des animaux très variés ont certains traits faciaux en commun.

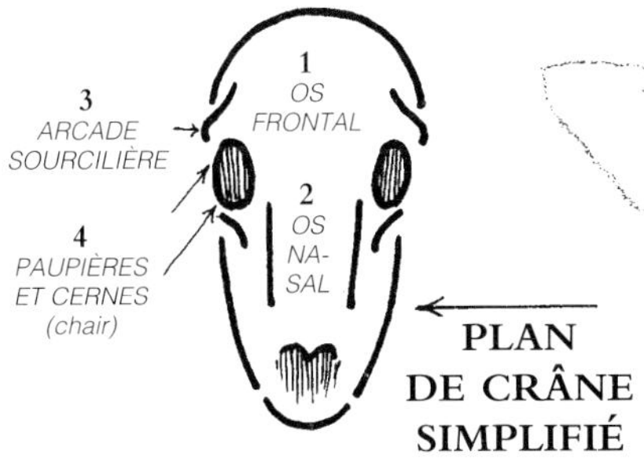


Observez toujours :

1. L'étendue de l'os frontal entre les yeux.
2. La largeur de l'os nasal sous les yeux.
3. L'arcade sourcilière au-dessus des yeux.
4. Les cernes sous les yeux.

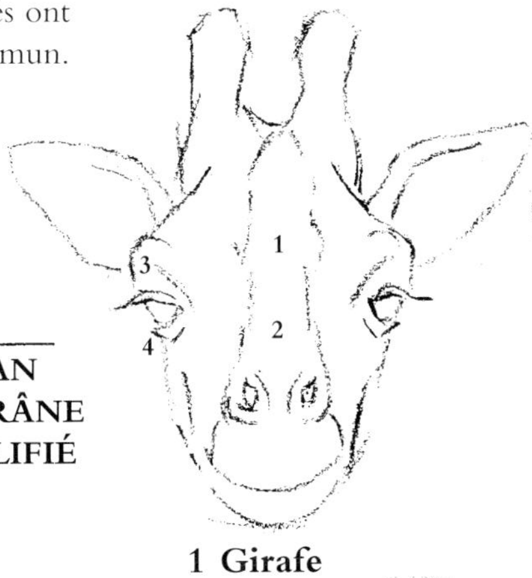
**1 Girafe**

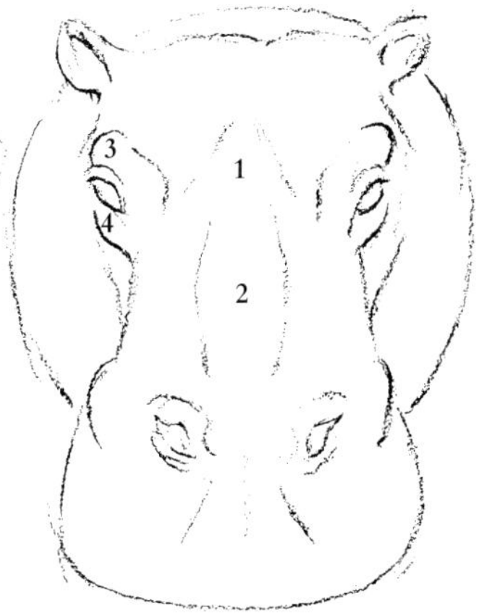
**2 Hippopotame**

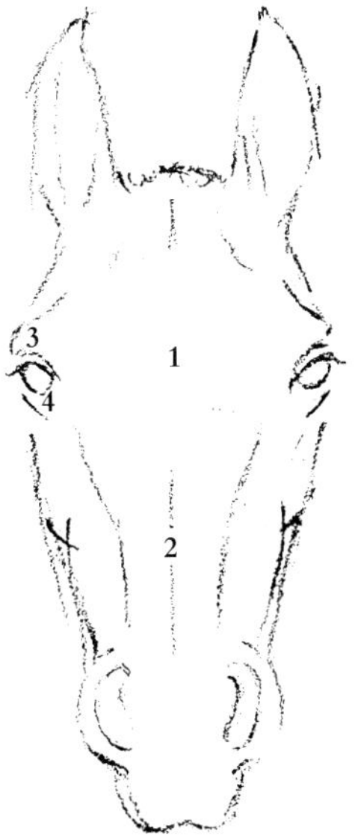
**3 Cheval**

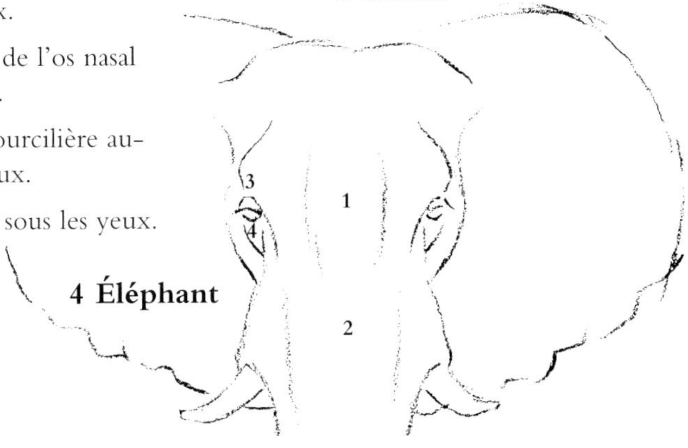
**4 Éléphant**

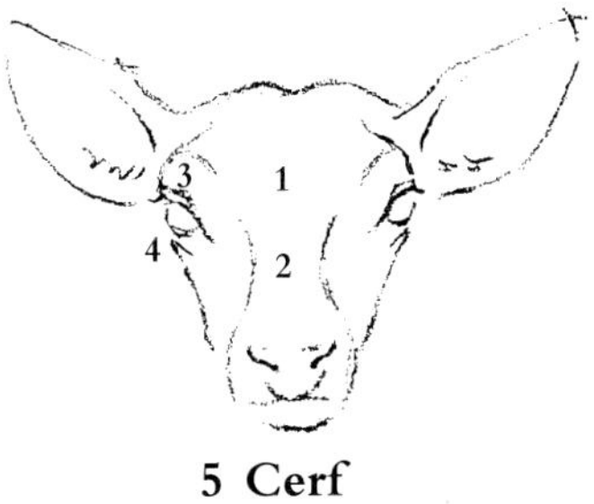
**5 Cerf**

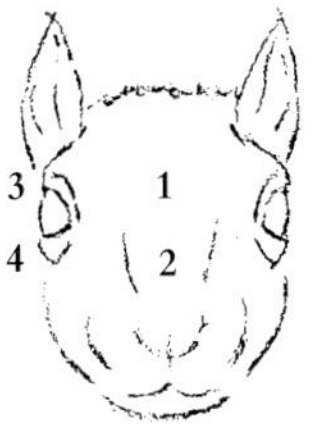
**6 Écureuil**

# LE NEZ

Au fur et à mesure que nous avançons nous découvrons que beaucoup d'animaux ont certains traits en commun qu'il vaut mieux apprendre en premier, pour chercher ensuite les différences individuelles. Afin de pouvoir apprécier ces ressemblances, il est utile de détailler ce dont nous parlons. À ce stade vous ne devriez pas passer des heures à dessiner des nez, des yeux ou des oreilles particuliers, mais quand vous découvrirez une similitude, gardez-la en mémoire : elle viendra à votre secours quand votre crayon la rencontrera.

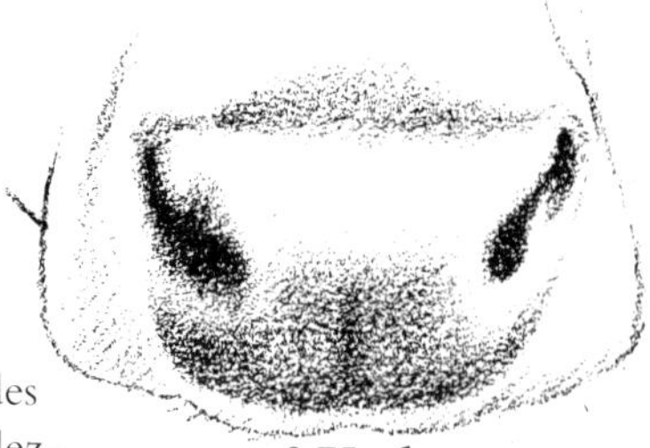

**3 Vache**

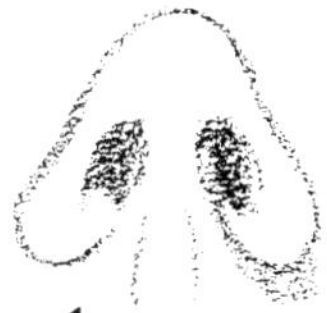

**1**

Remarquez à gauche la « virgule » noire sous un nez humain; elle sera modifiée, mais on la retrouvera dans pratiquement tous les nez d'animaux. Ces virgules sont sur le côté, la queue vers le haut et le dos vers les yeux. Voyez le nez du caniche **2** et le reste des nez de cette page. La queue de la virgule est plus en fente chez les animaux (voir flèches, fig. **11** et **12**) que chez nous. Ces fentes gonflent si la respiration est haletante, après une course ou en cas d'irritation (voir aussi p. 72, fig. **B1** et **B2**). La virgule la plus petite est celle du cochon **7**, la plus grande celle de l'orignal **5**. Le septum entre les narines est souvent cannelé, ou du moins strié. Ce « sillon » commence généralement à la lèvre supérieure. L'extrémité de la truffe comporte quelques duvets, qui se transforment en vrais poils sur la face. Chez de nombreuses espèces, une sécrétion humidifie la truffe, ce qui donne des rehauts. Le nez des chiens et des ours est quelque peu aplati sur le devant avec un bord dessus. Comparez le nez d'un chat **14** avec celui d'un tigre et d'un lion, p. 32. Le chameau **15** peut fermer les narines pour se protéger du sable et le lion de mer **16** pour que l'eau n'y entre pas.

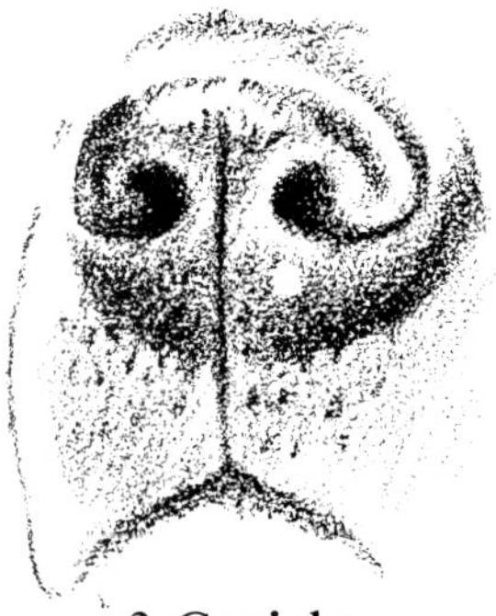

**2 Caniche**

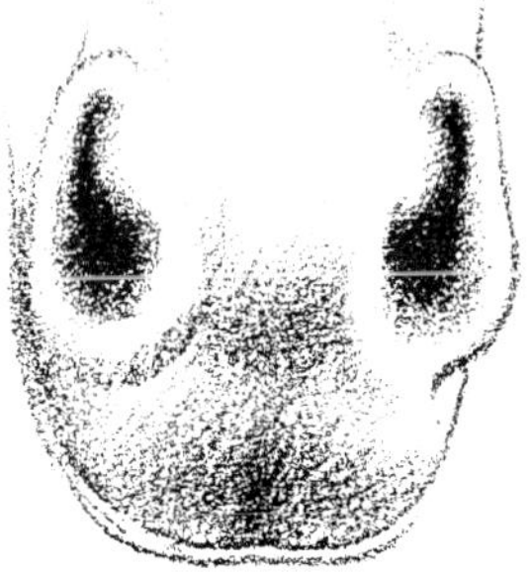

**4 Cheval**

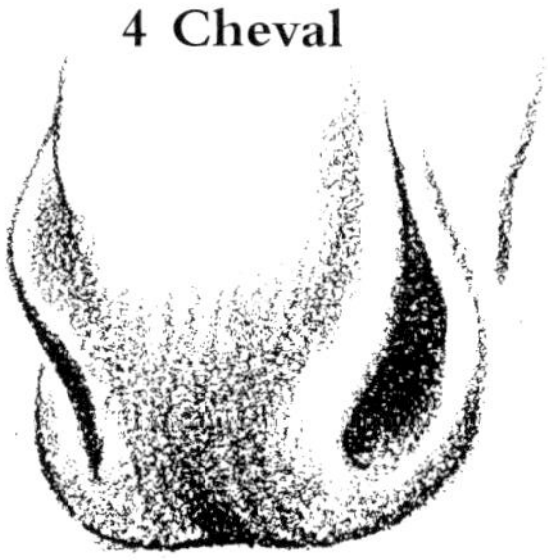

**5 Orignal**

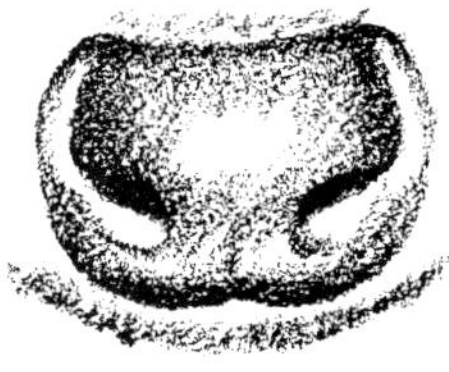

**6 Raton laveur**

**7 Cochon**

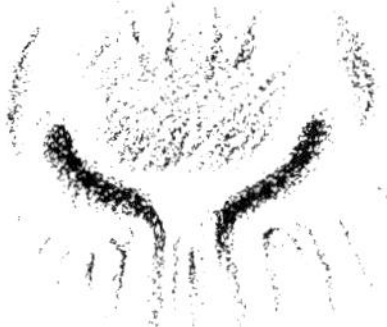

**8 Orang-outang**

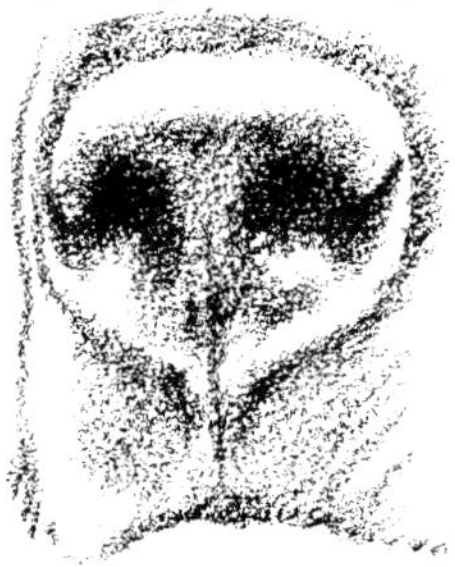

**9 Ours de Kodiak**

**10 Hippopotame**

**11 Ours polaire**

**12 Colley**

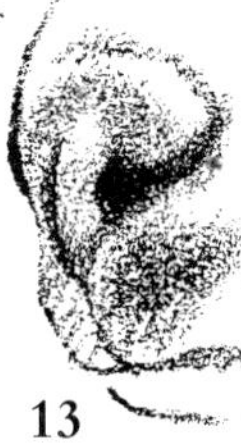

**13 Kangourou**

**14 Chat domestique**

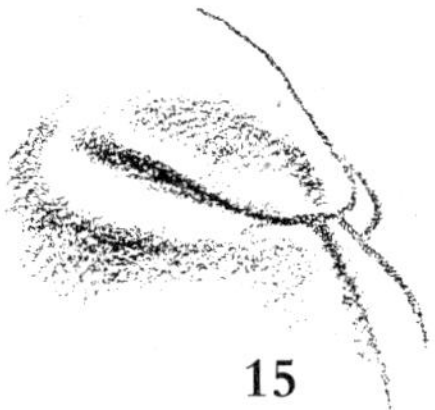

**15 Chameau**

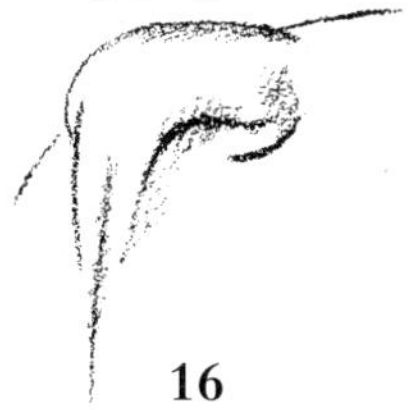

**16 Lion de mer**

a b
CELUI DE L'ANIMAL EST RETROUSSÉ

c **Ours** d e f **Lion** g **Chien** h **Cheval** i **Vache**

**17 Cerf**

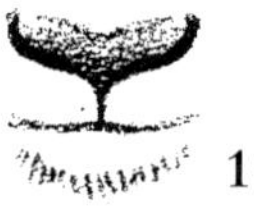

**18 Antilope**

Lorsque vous dessinez des nez d'animaux de profil, pensez au nez humain retroussé (**a** et **b**) comme chez l'ours **c**. Le « bouffant » de la joue de chat peut se découper le long du nez, avec un simple trait **d**. Le bout du nez peut être foncé **e** ou grisé **f**. Consultez les pp. 42-43. À droite on voit le chiffre 6 sur les nez **h** et **i**, que l'on renverse pour le côté gauche. N'oubliez pas la différence entre les truffes et les lèvres supérieures du cerf **17** et de l'antilope **18**.

# L'ŒIL

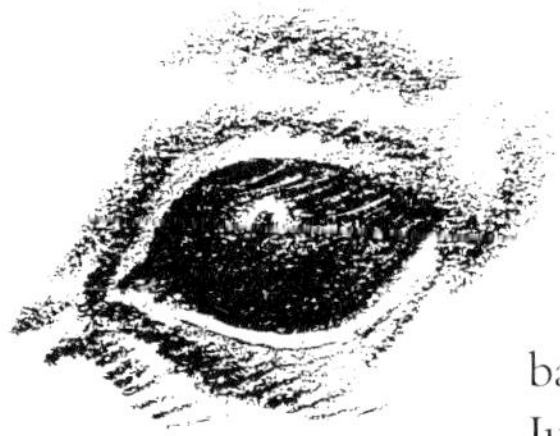
1 Cheval

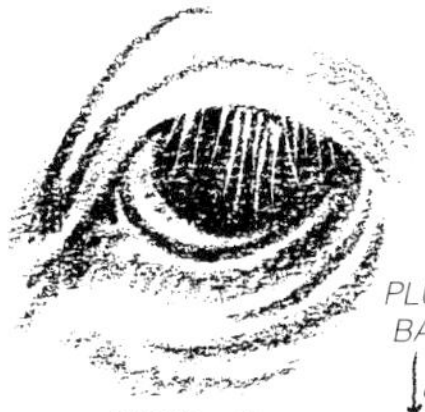
2 Vache

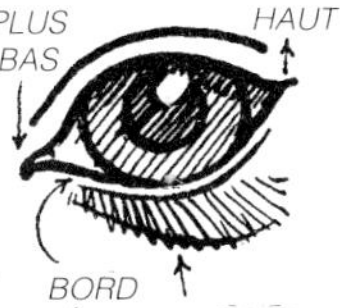


Tous les globes oculaires ont la forme de l'orbite. Si la pupille n'est pas cachée dans l'ombre, elle sera plus petite dans une lumière vive, et plus grande dans la pénombre. Donc, pour l'instant cette orbite constituera notre problème majeur. Chez pratiquement tous les animaux, le coin interne de l'œil est plus bas que le coin externe. La paupière inférieure est humide et elle reflète la lumière. Juste en dessous on trouve les cernes qui doivent généralement être ombrés (voir schéma et exemples de gauche). **1**. Chez les animaux terrestres, c'est le cheval qui a les plus grands yeux. **2**. La plupart des vaches ont de lourds cernes autour des yeux. **3**. Le chameau a les sourcils saillants et l'œil « oriental », plus en amande. **4**. Celui de l'ours est petit et passif; quelle que soit son humeur, il a la même expression. **5**. Les yeux des chiens diffèrent énormément, ils ont de nombreuses expressions. **6**. Ceux des porcs sont petits aux cils lourds. **7**. Ceux des cerfs sont grands et expressifs. **8**. Les yeux des singes sont brillants et expressifs, leurs paupières sont cernées. **9** et **10**. Les lapins, les castors et les autres rongeurs ont des yeux en boutons de bottines dont la pupille et l'iris sont mélangés. Voir p. 15 pour la perspective.

3 Chameau

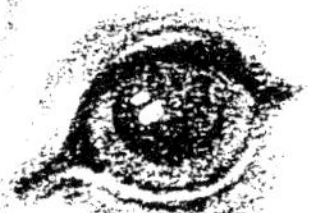
7 Cerf

4 Ours

8 Gibbon

5 Doberman

9 Lapin

6 Cochon

10 Castor

# LES OREILLES

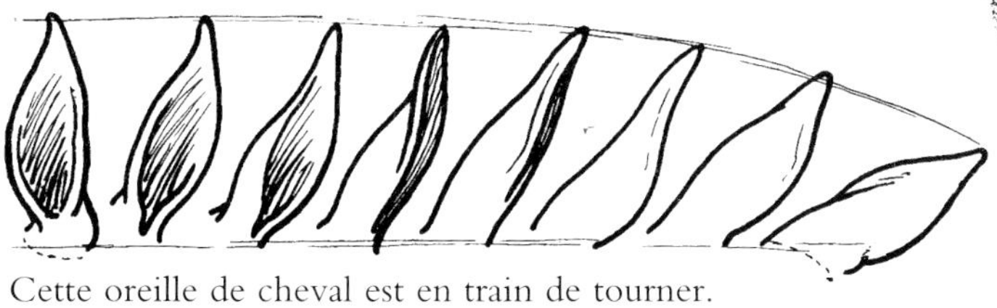

Cette oreille de cheval est en train de tourner. Remarquez qu'elle semble s'élargir à la base au fur et à mesure qu'elle se renverse.

Oreille de lion en train de tourner. Au début elle est très arrondie, mais au fur et à mesure qu'elle tourne, elle s'affile. Il en est de même pour tous les grands félins. Sous le coup de l'irritation, elles sont souvent aplaties.

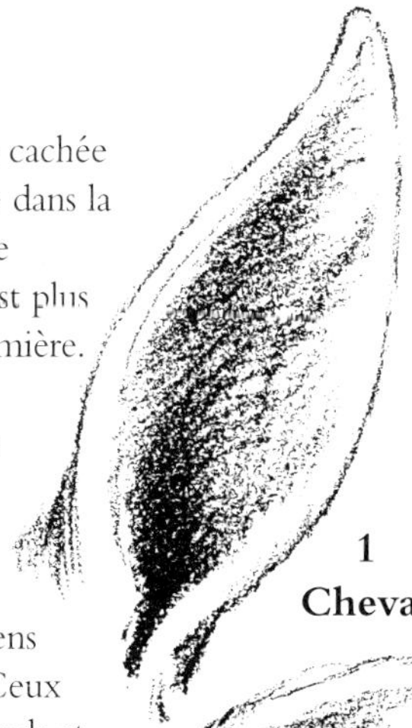
1 Cheval

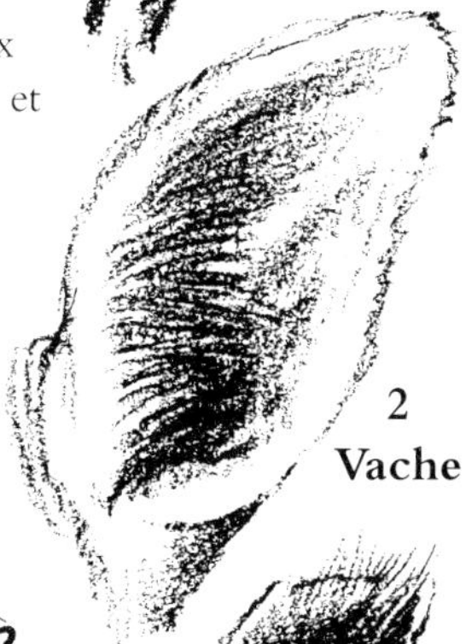
2 Vache

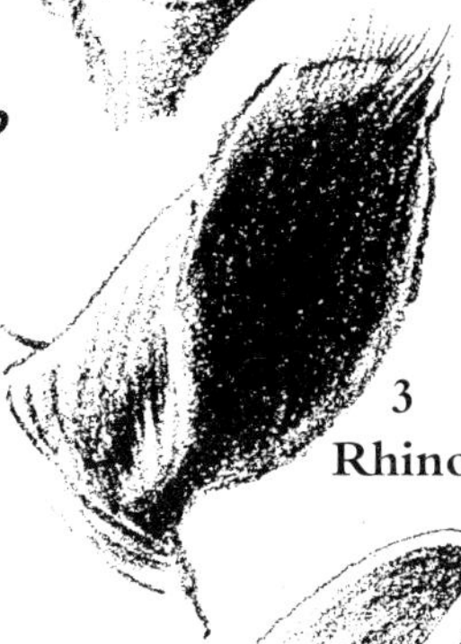
3 Rhino

4 Souris

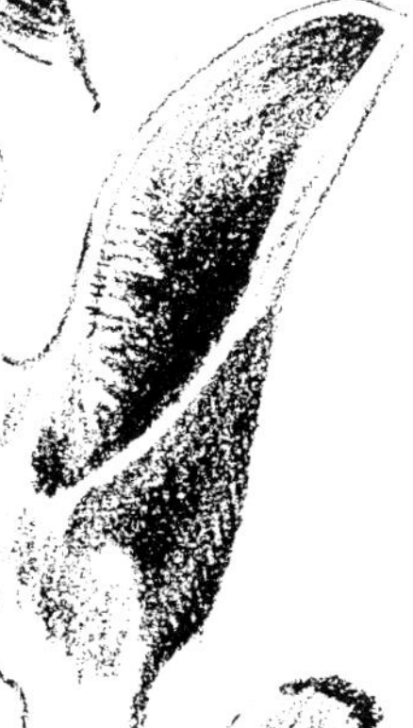
5 Girafe

6 Hippopotame

La plupart animaux ont des oreilles à cartilages cylindriques. Ce cylindre à la base de l'oreille est partiellement visible chez certaines espèces (voir **1**, **2**, **3**, **5**, **6** et **12**), mais il est caché chez les félins, les canidés et les ursidés, ainsi que chez les chameaux et quelques autres espèces (voir **7**, **8**, **9**, **10** et **11**) : les bords de l'oreille ne se rejoignent pas dans ce groupe. En règle générale, les oreilles animales sont très mobiles et il arrive qu'une seule tourne à la fois pour saisir un son. Celles des petits animaux du désert sont proportionnellement beaucoup plus grandes, et cela pour que leur surface puisse irradier la chaleur corporelle. Celles du morse sont internes et invisibles. Les chiens ont une grande variété d'oreilles. Pour celles des éléphants, voir p. 77.

7 Chat

8 Lion ←

9 Berger allemand ←

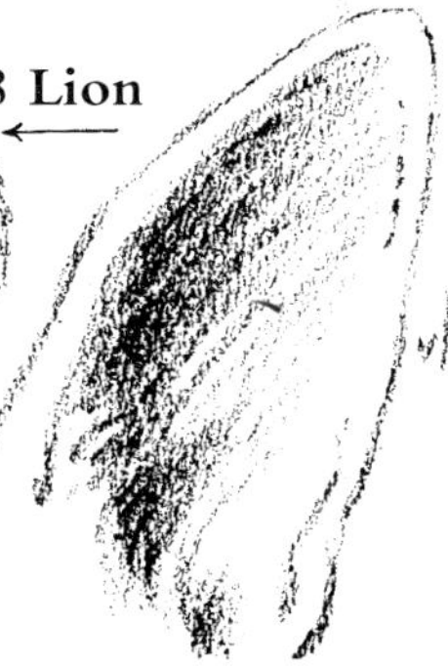

10 Ours

11 Chameau

12 Lapin

# AU SUJET DE LA COURSE

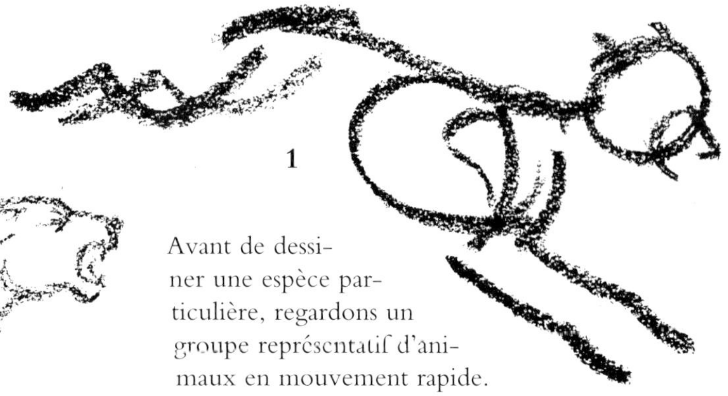

1

2 Puma

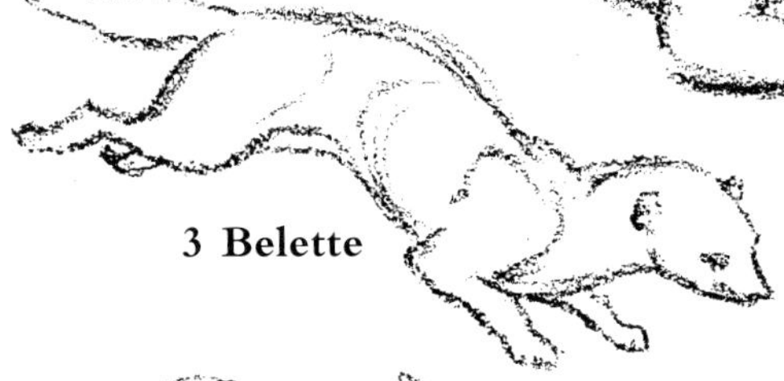

3 Belette

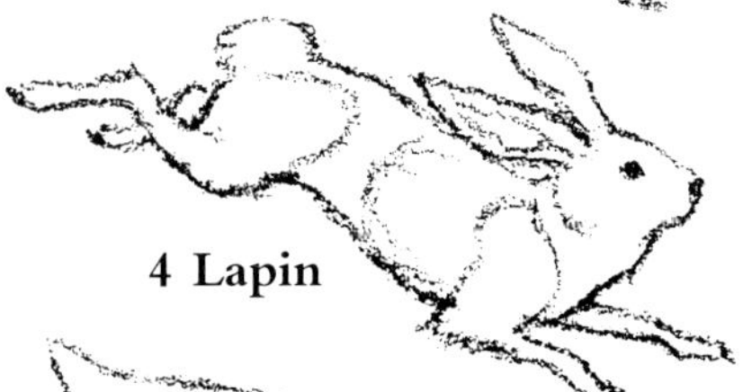

4 Lapin

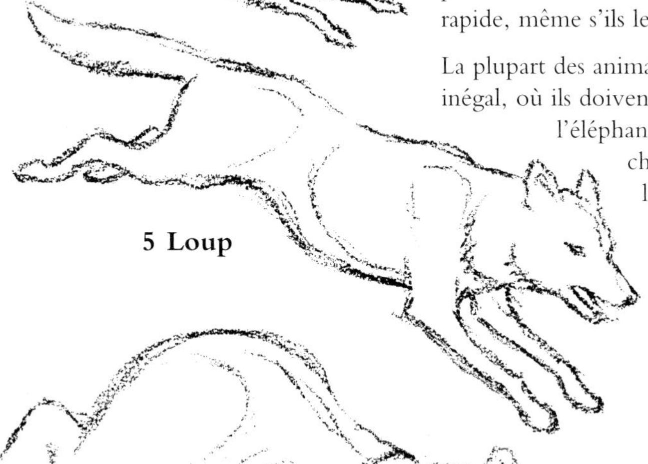

5 Loup

6 Ours

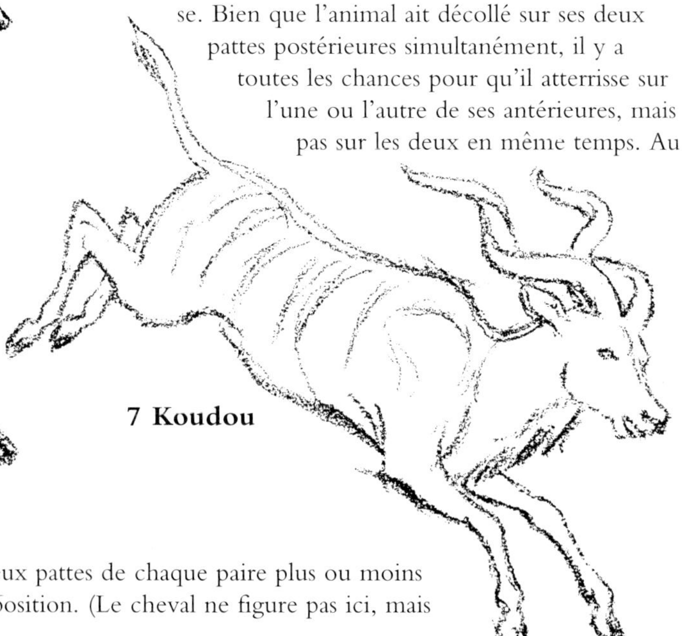

7 Koudou

Avant de dessiner une espèce particulière, regardons un groupe représentatif d'animaux en mouvement rapide. Vous trouverez dans cet ouvrage d'autres dessins sur les problèmes de la locomotion, car l'artiste a souvent besoin de dessiner l'action ; il est donc utile de savoir ce qu'il faut et qu'il ne faut pas faire. Un animal en « suspension étalée » (sur cette page), c'est-à-dire dont les pattes sont en pleine extension et ne touchent plus le sol, est en position idéale pour représenter la grande vitesse, tout comme quand il a au contraire les pattes rassemblées sous lui tout en étant également en suspension dans l'air (page suivante), mais il y a d'autres postures de course. Si l'on veut dessiner plus de deux animaux de la même espèce, il faut montrer des stades intermédiaires, à des fins de diversité et de précision, car il est peu probable que plusieurs animaux soient exactement dans la même position en même temps. Ces stades intermédiaires n'ont cependant pas l'air aussi rapide, même s'ils le sont.

La plupart des animaux sauvages sont représentés en train de courir sur terrain inégal, où ils doivent sauter plus souvent. Pratiquement tous peuvent sauter, sauf l'éléphant. Quant à l'hippopotame et le rhinocéros, ils n'ont guère de chance de le faire, car ils se contentent d'écraser ce qui est sur leur passage, mais en dépit de leur masse imposante, ils peuvent courir étonnamment vite à l'occasion. Les postures de cette page peuvent être considérées comme des phases de la course. Bien que l'animal ait décollé sur ses deux pattes postérieures simultanément, il y a toutes les chances pour qu'il atterrisse sur l'une ou l'autre de ses antérieures, mais pas sur les deux en même temps. Au sommet de cette brève suspension, il se peut qu'il ait les deux pattes de chaque paire plus ou moins parallèles. La fig. **1** en haut est le modèle de base de cette position. (Le cheval ne figure pas ici, mais pp. 68-69).

# EN SAVOIR PLUS SUR LA COURSE

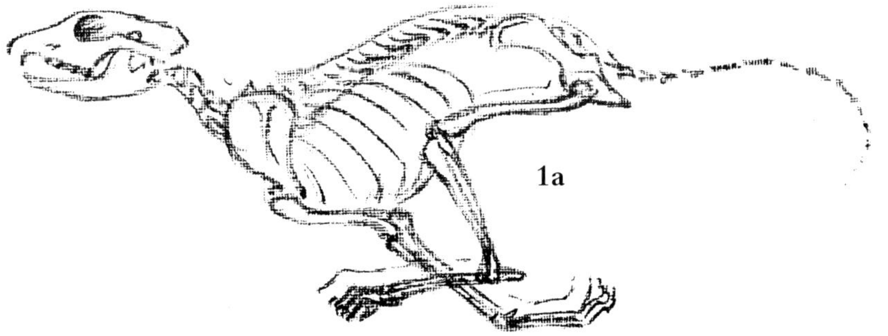

1a

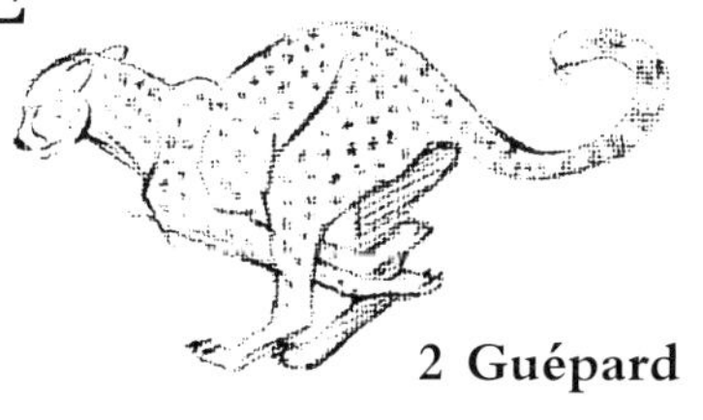

2 Guépard

3 Gazelle

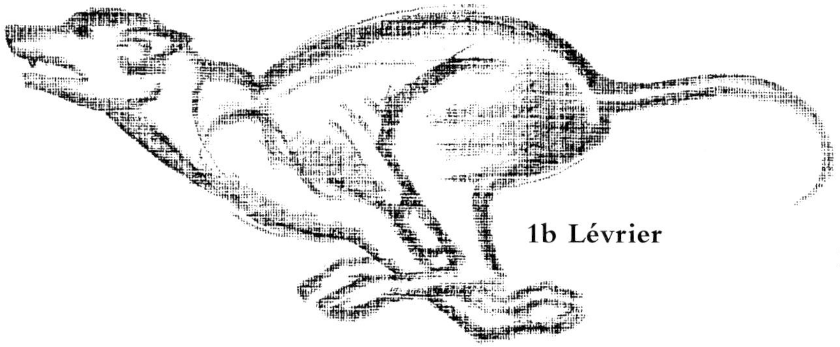

1b Lévrier

4 Cheval

5 Lapin

6 Renard

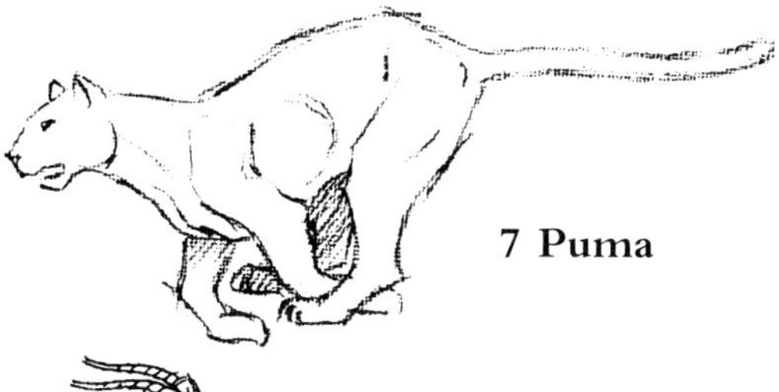

7 Puma

Sur cette page voici certains des animaux les plus rapides (à l'exception du puma **7** et de l'ours **8** qui peuvent faire des pointes limitées de vitesse). Le but de cette discussion est le « rassemblé » des pattes dans l'air juste avant le contact avec le sol pour un nouveau bond. Pendant la course, le lévrier **1b** est l'un dont l'allure est des plus cadencées. La plupart des animaux ne peuvent, comme le lévrier, mettre à tout moment les 4 pattes en position **1b**. Le cheval ne se met jamais dans cette position, même au galop, et il n'est jamais non plus en suspension étalée de la page précédente (voir pp. 66-67). Il rassemble certes les jambes, mais pas à la manière **1b** (voir fig. **4**). Chez tous les animaux il est probable que les pattes antérieures seront légèrement l'une devant l'autre, tandis que les postérieures sont tirées parallèlement derrière le corps (fig. **2**, **3** et **7**), et ils sont plus convainquant de cette manière.

Les pattes du lapin et du renard peuvent former un « X » complètement parallèle (fig. **5** et **6**), mais l'ours est trop massif pour cela et c'est seulement dans des cas désespérés que ses pattes prendront l'alignement décrit à la fig. **8**. Dans la plupart des cas, quand on dessine un cerf (ou tout autre animal qui fait habituellement des bonds pendant sa course), il est prudent d'avoir 2 pattes tendues et 2 pliées (fig. **9a** et **9c**), ou les 4 rassemblées (**9b**). On peut mettre une ombre sur le sol pour indiquer l'espace sous l'animal. Il faut remarquer que lorsque les pattes sont rassemblées comme illustré sur cette page, les pieds postérieurs sont toujours à l'extérieur et les antérieurs à l'intérieur. De plus, la plante des pieds postérieurs est assez parallèle au sol, tandis que celle des pattes antérieures est tournée vers le haut.

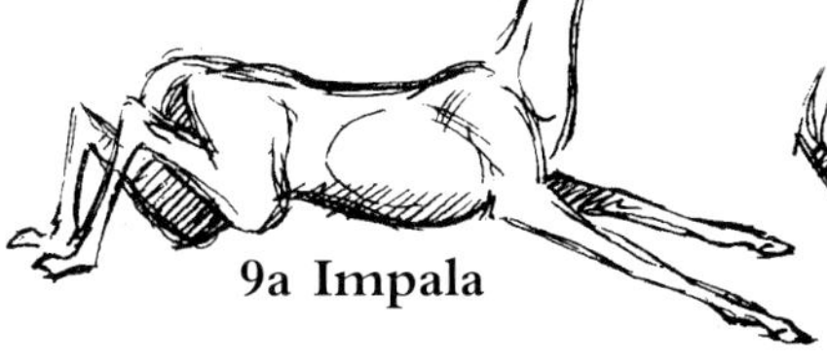

**9a Impala**

**b**

**c**

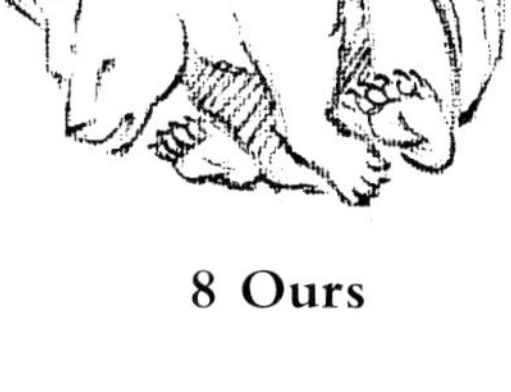

**8 Ours**

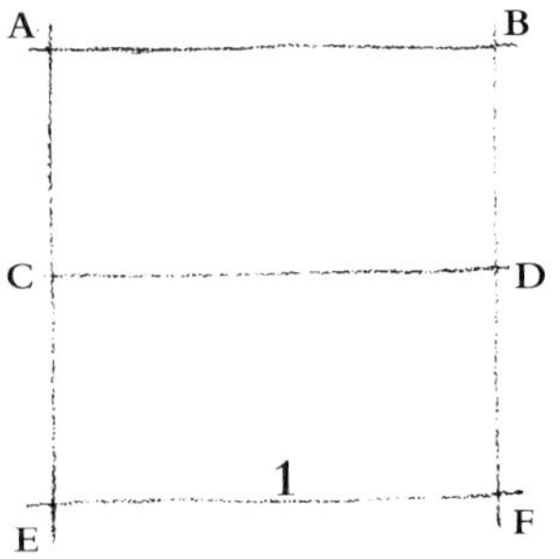


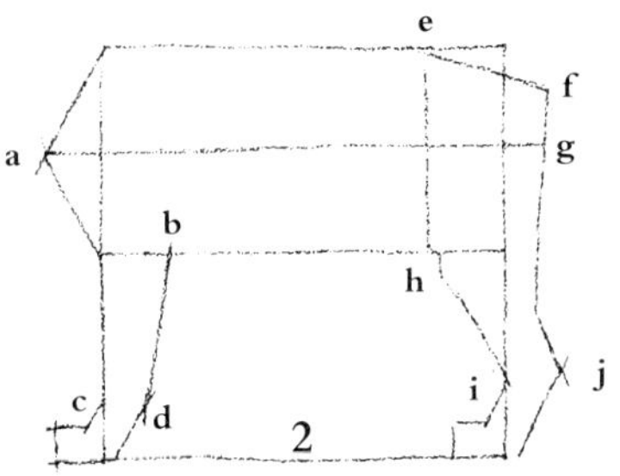


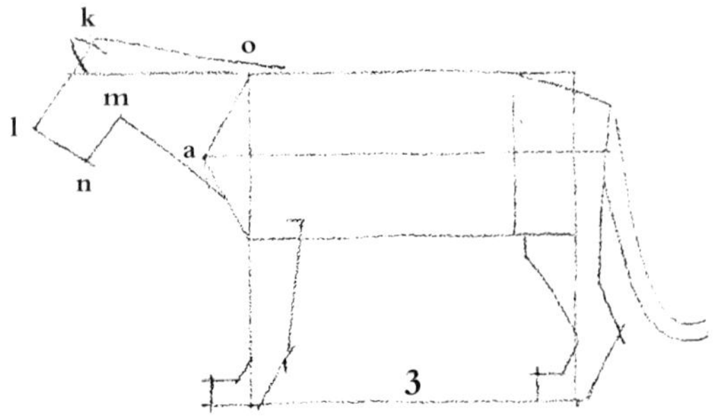


# ÉLÉMENTS SUR LA STRUCTURE FÉLINE

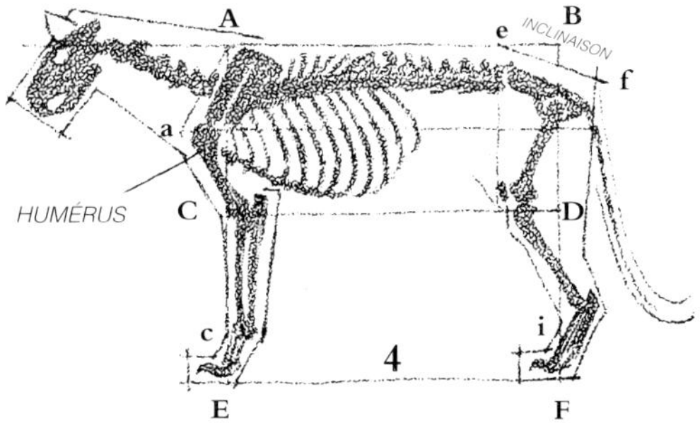


Les félins ont le corps plus long que haut, et ils sont très uniformes dans leur structure de base, qu'il s'agisse du chat domestique ou du tigre. Ce sont toujours des félins, qu'ils soient grands ou petits, dans la jungle ou dans le salon, pour ce qui est de leur forme générale et de leurs mouvements, ce qui ne s'applique pas aux chiens qui peuvent avoir de nombreuses formes. Même le guépard aux pattes plus longues et le lynx plus trapu, varient peu par rapport au modèle félin standard.

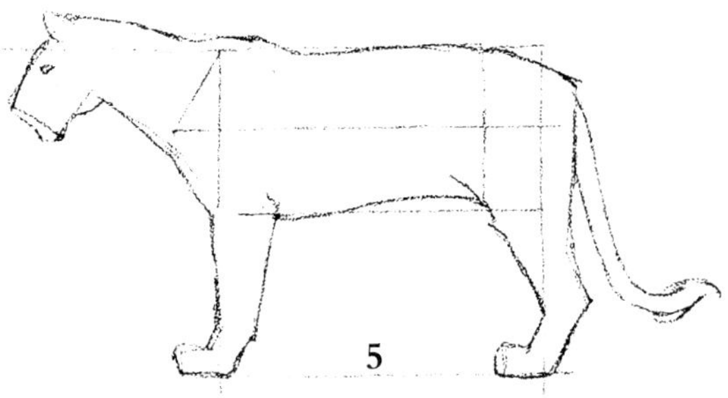


Le lion à l'imposante crinière et le tigre aux couleurs vives ne sont différents que par leur « habit ». Écorchés et placés côte à côte, seul un expert pourrait faire la différence. Il faut donc apprendre le « modèle standard » puis l'adapter quand nécessaire.

On peut apprendre en commençant avec le carré fig. **1**, puis en étendant le contour de chaque côté, comme dans la fig. **2**. Chez la plupart des animaux, pas seulement les félins, la pointe de l'épaule **2a**, est alignée sur la division médiane **a-g**. Elle fait saillie à la moitié supérieure du carré d'origine, et pour le chat, elle peut être directement au-dessus des doigts antérieurs lorsque l'animal est debout, les pieds rapprochés. Cette protubérance **a** est la fin de l'humérus, fig. **4**.

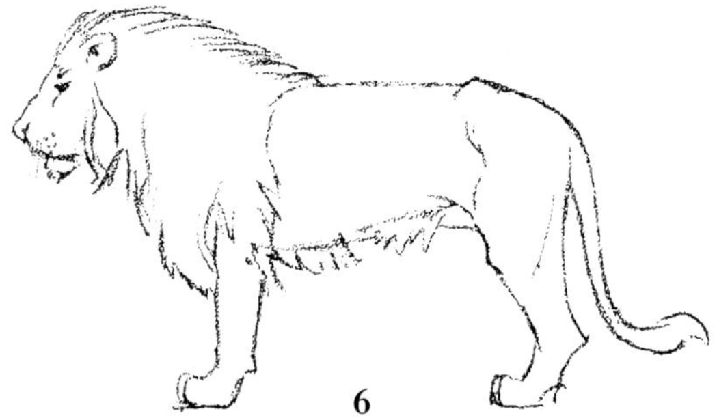

6

Dans la fig. **2** le coude **b** est au-dessus de la ligne du poitrail, et lorsque la taille fuselée est remontée comme dans la fig. **5**, le genou **h** est sous la ligne **CD** de la fig. **1**. Directement au-dessus du genou **h** on trouve le haut des hanches (bassin) **e**. Chez tous les animaux il y a ensuite une inclinaison là où l'os iliaque part vers l'avant (fig. **4**). L'avant de la patte antérieure est aligné sur **A-E** de la fig. **1**, mais l'autre perpendiculaire **B-F** coupe la patte arrière ; **c** et **i** des pattes avant et arrière peuvent être dessinés sur le carré d'origine de la fig. **1**.

Il est vrai qu'un félin ne va pas toujours s'arrêter les pattes dans la même position, et elles ne seront pas non plus statiques comme les pieds d'une table. Pour l'instant il vaut mieux voir la simplicité de la posture. Voyez la relation entre les pieds et le carré de la fig. **1**. Pour de nombreux animaux, il est très naturel de tenir la tête de façon à ce que **k-l** de la fig. **3** soit plus ou moins parallèle à la ligne des épaules **o-a** de cette figure.

7

La fig. **5** représente une lionne et la **6** un lion ; **7** est un tigre construit d'après le même schéma que **5**.

# EN QUOI LES PETITS CHATS RESSEMBLENT AUX GRANDS FÉLINS

Si vous avez un chat à la maison, vous avez à portée de crayon un lion, un léopard, ou n'importe quel autre grand félin en miniature. La similitude est tout à fait étonnante, surtout si votre chat est à poils courts. À gauche, un siamois de taille moyenne, agrandi aux proportions d'un lion, ou un lion assis à côté, réduit aux proportions d'un chat, c'est comme vous voulez. En fait, le chat a été dessiné en premier, puis le lion, sur son modèle. Ce chat, comme beaucoup de compagnons choyés, est un peu enveloppé, et il serait bon de rétrécir la largeur de son corps pour qu'il ressemble à un lion en bonne santé. Mais pour notre exemple Simba est tout aussi gras. La tête et la queue sont les principales différences, mais dans leur genre elles sont toutes deux incontestablement félines.

À gauche, le même chat dans une autre posture assise. Cette fois-ci la créature est plus petite et plus à l'échelle. En agrandissant exactement l'animal, en lui changeant quelque peu la tête et en lui ajoutant des taches, on obtient un léopard. On aurait pu tout aussi bien obtenir un jaguar, un tigre ou un puma sur ce modèle. Pour vous entraîner, faites un croquis léger de votre chat afin qu'il devienne la base d'une puissante créature de la brousse.

Ci-dessous, pour l'étude, la tête de la lionne et celle du chat sont de la même taille. Remarquez la différence dans la forme des oreilles. Les grands félins ont les oreilles plus arrondies, mais tournées de côté, elles sembleraient plus pointues. Par contre, les yeux du chat sont énormes. Les petits félins (lynx et plus petits) ont des yeux contractiles capables de se réduire à de simples fentes dans la lumière vive, et tout ronds dans la pénombre. Tous les grands félins ont les yeux ronds, les pupilles étant réduites à des points, et pas à des fentes si la lumière est forte. Tous les grands félins et la plupart des petits ont une coloration foncée distincte au coin de l'œil vers le nez. Les narines du chat sont plus petites, considérablement plus courtes et plus étroites ; le museau entre les moustaches n'est pas aussi gros et le menton est plus petit. En général les traits faciaux sont plus rapprochés et plus délicats, sauf les grands yeux. La tête du lion est plus rectangulaire et si le chat de la maison peut montrer les dents, seul les grands félins semblent pouvoir plisser le front quand ils sont mécontents.

# PRENONS LE CHAT COMME MODÈLE

Voici une lionne à droite, construite selon le modèle agrandi d'un chat. Le chat de gauche n'a subi que de légères altérations par rapport aux contours de base. Bien qu'assez agile, le lion n'est pas aussi gracieux que les autres félins, et possédant un squelette pesant, il est bon d'élargir un peu les pattes du chat pendant le processus d'agrandissement (pas la queue, qui n'a besoin que d'une houppe).

1

2

3

Faites la tête plus carrée et donnez de l'autorité aux yeux. Les pieds doivent être épais et « affaissés ». Reproduisez bien la structure osseuse et musculaire. À droite, les profils simples d'un chat et d'une lionne. La différence majeure réside dans le menton « capricieux », qui en fait est principalement de la fourrure, mais qui lui donne cependant un air de dignité. La plupart des chats sont un peu plus concaves juste sous les sourcils et leur nez plus court est minuscule.

4

5

Ci-dessus un puma (également appelé couguar ou panthère), dessiné d'après le chat de gauche « dilaté ». Sa tête n'est pas aussi hardie que celle du lion, et est plus petite ; le corps est plus souple ; la queue n'a pas de houppe et elle est tenue plus bas que celle du chat. Les grands félins ont plus tendance à la traîner quand ils marchent, et s'ils sont énervés ou irrités, ils peuvent la frapper sur le sol.

# AIDES POUR DESSINER UN LION

Dans le dessin de droite remarquez que les gros os de l'avant-main et de l'arrière-train forment une parenthèse. Ceci s'applique à tous les vertébrés dont les avant-bras sont attachés au corps.

6

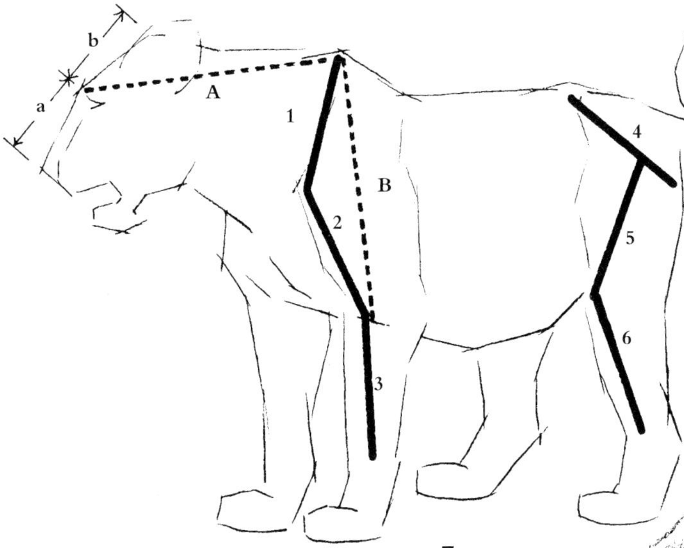

7

À gauche observez certaines similitudes dans les distances : **a** est égal à **b** ; **A** est égal à **B** et **1**, **2**, **3**, **4**, **5** et **6** sont égaux. Comparez ce schéma au squelette ci-dessous.

À droite la lionne est terminée. Elle semble plutôt trapue comparée à ses cousins plus sveltes. Certains lions sont plus ventrus à cause du manque d'exercice.

8

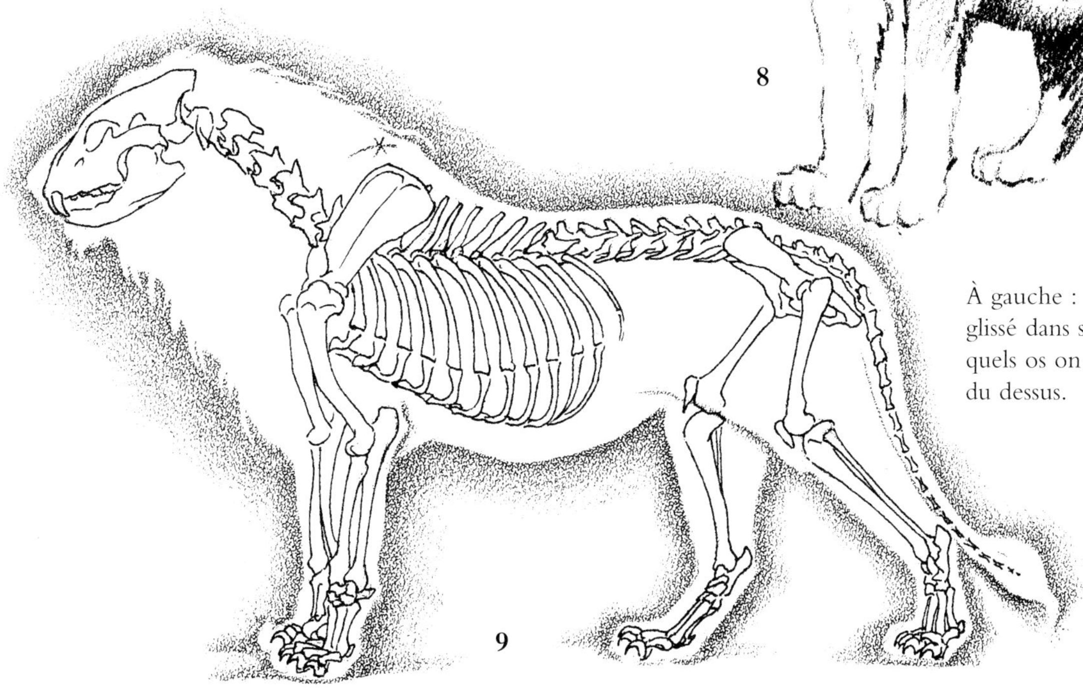
9

À gauche : squelette d'un lion glissé dans son contour. Voyez quels os on voit chez la lionne du dessus.

# UNE APPROCHE SIMPLE DES CHATS

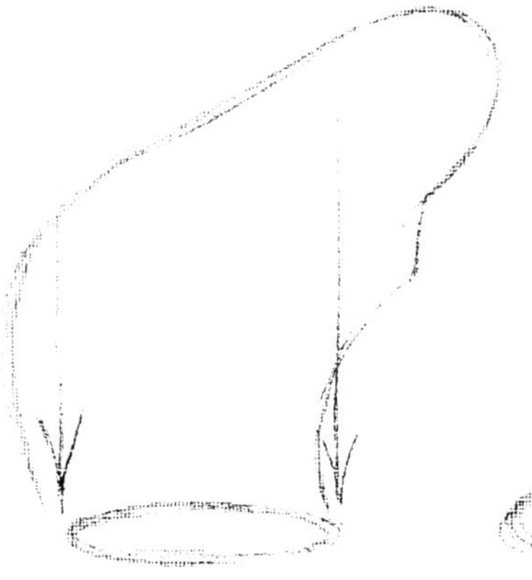

**1**

Avant de commencer à esquisser un animal, faites rapidement dans votre tête le tour des lignes au-dessus de la base ; c'est-à-dire la zone sur laquelle est posé le sujet. Voyez ce qui surplombe cette base.

**2**

Dessinez très légèrement les sections là où elles sont reliées à d'autres, comme si elles faisaient partie d'un tout. Ne vous perdez pas dans les détails ; si un trait doit être remplacé, gommez-le ; au début dessinez les traits légèrement afin de pouvoir les améliorer.

**3**

Soyez toujours sur le qui-vive pour les plans. Pensez à votre sujet comme à quelque chose de solide, même si c'est un chat à la fourrure soyeuse. Ici, remarquez particulièrement la saillie d'os, de chair et de fourrure aux épaules.

**4**

À ce stade, la fig. **3** est plus importante que le croquis terminé de droite. Trop de débutants brûlent les étapes. Parcourez votre travail et vérifiez-en chaque partie. Les proportions ? Ont-elles l'air correct ? La plupart des papiers étant assez transparents, retournez votre feuille et tenez-la devant la lumière : de mauvaises proportions sont souvent révélées de cette façon. Faites les ajustements nécessaires.

Les chats sont une symphonie de grâce et leurs mouvements un plaisir pour les yeux. Avec une balle ils peuvent s'étirer complètement en un instant. À chaque fois qu'un chat passe près de vous observez le mouvement de ses omoplates. Lorsque le poids corporel est porté sur une patte antérieure, l'omoplate correspondante fait saillie sous la fourrure. Lorsqu'il grimpe ou qu'il descend, ces « bosses » aux épaules répondent (dessin de droite). Remarquez les oreilles qui se tournent vers la source du bruit. Observez un chat accroupi surveillant furtivement un insecte. Un tigre de 250 kg fait exactement la même chose, sauf que sa proie est de plus grande taille.

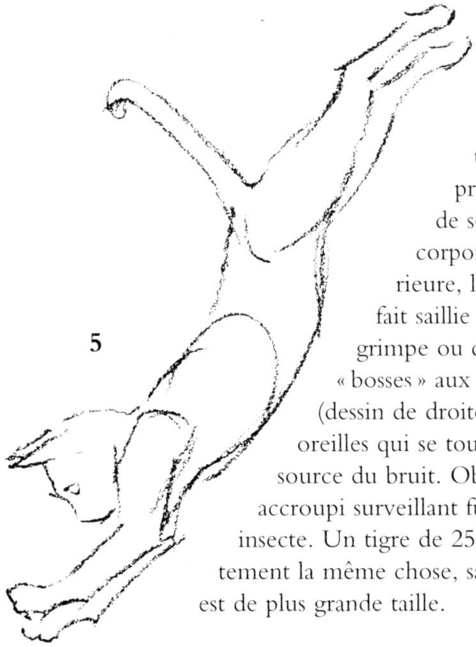

**5**

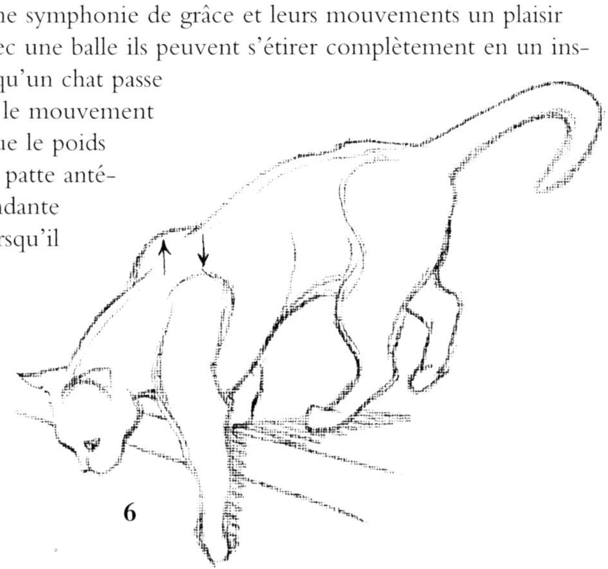

**6**

# CONSEILS POUR DESSINER DES CHATS

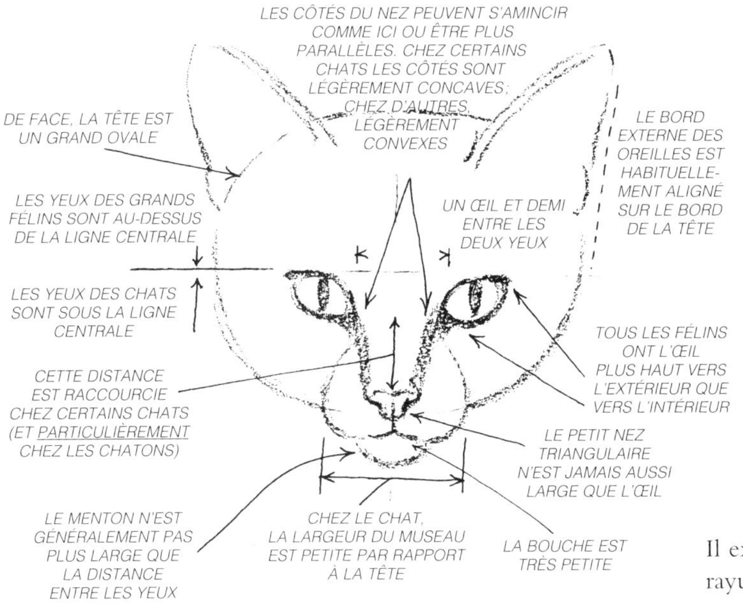

Il existe beaucoup de chats tigrés à poils courts et à rayures sombres. Ils ont de nombreux points communs avec les grands félins à grands dessins. La prochaine fois que vous en verrez un, prêtez particulièrement attention aux marques du front, des joues, du dos et vous verrez qu'ils sont apparentés.

7

8

9

10

Quand vous croquez un chat, soyez attentif. Gardez les formes essentielles à l'esprit. La fig. **7** est sur papier côtelé, la **8** sur papier toile.

Ci-dessus : persan bleu à poils longs, au crayon. À droite, un angora informel à la plume.

# NOTES POUR DESSINER UN LION

1

Peu d'animaux ont la peau plus lâche que les félins. Celle des grands félins, plus lourds, semble être attachée comme de l'élastique à la structure musculaire parfaitement coordonnée du dessous. Cette couverture lâche permet à la colonne vertébrale, d'une flexibilité inhabituelle, une courbure extrême dans chaque direction. Les traits multiples de la fig. **1** expriment cette caractéristique d'adaptabilité-flexibilité.

2

Chez les félins, c'est le puma qui a la plus petite tête par rapport à son corps dégingandé, ce qui se remarque particulièrement lorsqu'il la détourne de l'observateur (à cause de la perspective). Il a le poil court, de brun-jaunâtre à gris, et le ventre blanc. Sa queue épaisse est plus large au bout, mais elle ne forme toutefois pas de touffe.

3

Le puma fait de longues enjambées. Bien qu'il ait l'air puissant de côté, de face il ne fait que la largeur de ses moustaches. Tous les félins sont étonnamment minces, c'est pourquoi ils se glissent aussi facilement dans des endroits étroits (voir les schémas suivants pour la marche de face).

La panthère noire est en fait une variante bizarre du léopard. La fig. **4** est un dessin stylisé et pointillé au pinceau et à l'encre.

4

# COMMENT MARCHE UN LION - DE FACE

La marche du félin de face est illustrée ici en 8 séquences. Dans la fig. **1** le pied gauche va faire un pas. Dès qu'il quitte le sol le « poignet » fait un angle interne, pour différentes raisons : les griffes engainées et les orteils plutôt tendres sont protégés sous le corps, ce qui permet aussi à l'animal de fouler un sentier plus étroit dans les sous-bois. Le chat peut également marcher ainsi, mais ses minuscules pieds sont à peine visibles. Le pied gauche étant libéré du poids qu'il portait, l'épaule de ce côté tombe et l'omoplate de droite remonte sur la patte qui porte le poids. Le pied gauche va frôler le droit au passage. Dans la fig. **3**, l'extérieur du pied gauche effleure le sol (toujours de biais). Dans la fig. **4** le pied gauche commence à porter une partie du poids corporel, et le haut de l'épaule s'élève peu à peu. Dans la fig. **5** le poids de l'avant-main est momentanément distribué régulièrement et les épaules sont alignées. Les orteils sont légèrement inclinés vers l'extérieur. Les ours font les mêmes mouvements, mais leurs doigts antérieurs sont légèrement inclinés vers l'intérieur lorsque les pattes antérieures se posent sur le sol.

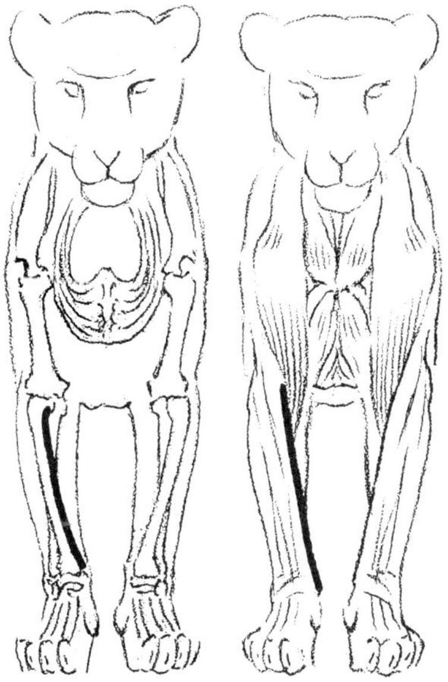

Dans la fig. **6** le pied droit s'élève, ce qui place le poids sur l'autre patte (remarquez la ligne des épaules). Dans la fig. **7** il part en avant vers l'intérieur comme le fit le gauche dans la fig. **1**. Dans la fig. **8** il est prêt à être posé doucement sur le sol. Le grand lion de la fig. **9** est dans la même posture. La fig. **A** à gauche montre l'influence des os, et **B** celle des muscles (traits noirs) qui donnent une ligne de surface en saillie sur les pattes antérieures (voir flèche fig. **C**), et qui va de l'intérieur du « poignet » aux « racines » de la patte chez presque tous les animaux. PRÊTEZ-Y ATTENTION ET SOUVENEZ-VOUS EN!

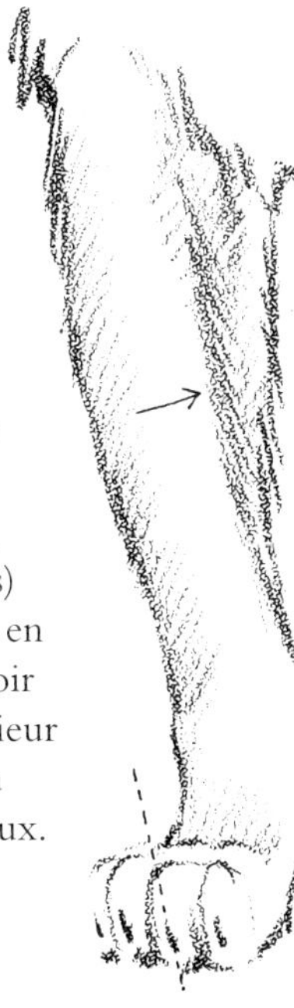

# UNE TÊTE DE LION
# SEPT ÉTAPES FACILES

1
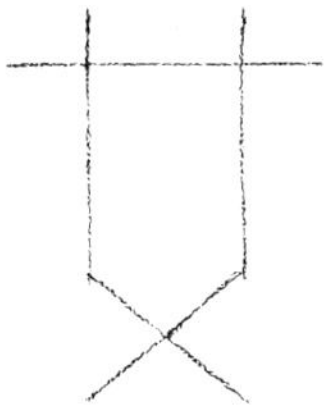

2
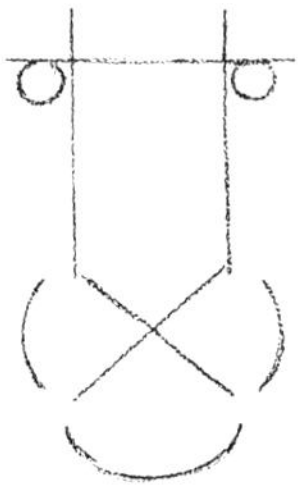

3
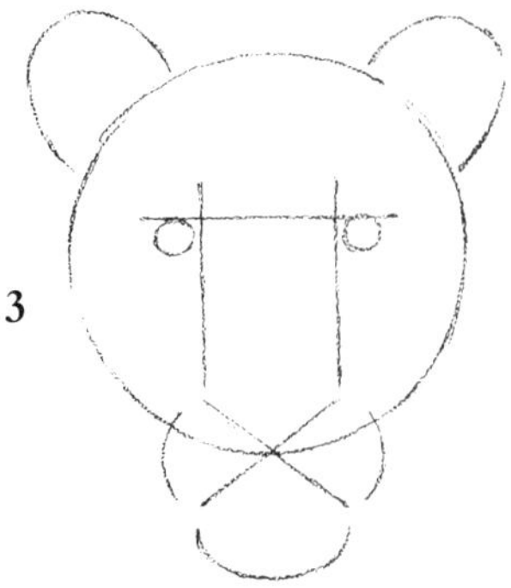

4

1. Tracez une ligne horizontale traversée par deux verticales parallèles qui se terminent en dessous en X et qui donnent une figure fermée plus haute que large.

2. Dessinez ensuite 2 petits cercles pour les yeux, sous la ligne horizontale et à l'extérieur des verticales et placez des parenthèses **()** de chaque côté du **X** directement sous les cercles. Ajoutez la courbe du menton.

3. Tracez un grand cercle qui coupe le milieu du **X**, et dont le centre est situé entre le bas des yeux. Ajoutez les oreilles.

4. Esquissez la crinière derrière les oreilles et de chaque côté des joues. Faites converger les poils sous le menton.

5

6

7

5. Dessinez les paupières sur la ligne horizontale; elles doivent être courbes et croiser l'intérieur des verticales. Continuez-les le long des côtés du nez, en les faisant gonfler légèrement à l'approche du **X**; le haut de la truffe est au-dessus du centre du **X**, tandis que la ligne de la bouche descend dessous. Placez les rides au-dessus des yeux et indiquez les poils devant les oreilles.

6. Ajoutez les pupilles, les paupières inférieures, les plis du front, les narines, les moustaches et le reste de la crinière sur la face.

7. Ombrez la face et la crinière par-dessus le contour linéaire de la fig. **6**.

Les plus belles têtes de lions, celles qui ont l'air le plus intelligent, sont assez larges. Les lions sont des individus et leur expression peut varier tout autant que celle des humains. Un dompteur choisirait le lion **A** plutôt que le **B**.

A

B

# LA CRINIÈRE ET LES POILS

1

La noblesse et la dignité du lion peuvent être attribuées principalement à sa magnifique crinière, pèlerine décorative, qui n'est totalement développée qu'à 3 ans. Ses crins sont grossiers ou fins et pelucheux. En général les mâles en captivité ont une crinière plus complète ; celle des lions sauvages est parfois moins abondante, ce qui est peut-être dû à de fréquents passages dans des bosquets épineux, mais aussi sans aucun doute à l'hérédité.

Des frères de portée peuvent avoir des crinières différentes : des individus sable clair en auront une petite et des sujets foncés, une très abondante.

Certaines sont de la couleur du corps, d'autres sont presque noires ou à 2 tons, le plus clair étant près de la face. La crinière du lion de gauche est de plusieurs tons et noire sur les bords. Chez certains sujets elle couvre entièrement les oreilles. L'implantation des poils est illustrée à la fig. **3**. Chez les jeunes mâles ou les individus à crinière éparse on peut voir un épi sur le haut de l'omoplate **x** autour duquel poussent les poils, mais les belles crinières longues tombent sur les épaules.

Examinez les points **A** à **I** du schéma **3**.

Remarquez les poils hirsutes sur le front **A** ; les favoris **B** et la barbichette **C**. Les poils sous le cou entre **B** et **D** peuvent être très pesants. Chez certains individus, seules des franges de poils apparaissent aux coudes **G** et sur les flancs **H**. Certains lions n'ont de crinière que sur le cou, et pas de poils sur les épaules **x**, mais derrière, de **E** à **G** il peut y avoir une petite touffe de poils.

Note sur la fig. **2** : quand il tend la patte, le lion peut doubler la taille de sa « main » en fléchissant les doigts. Le radius et le cubitus, os de l'avant-bras, sont parallèles, ce qui rend le bras plus large.

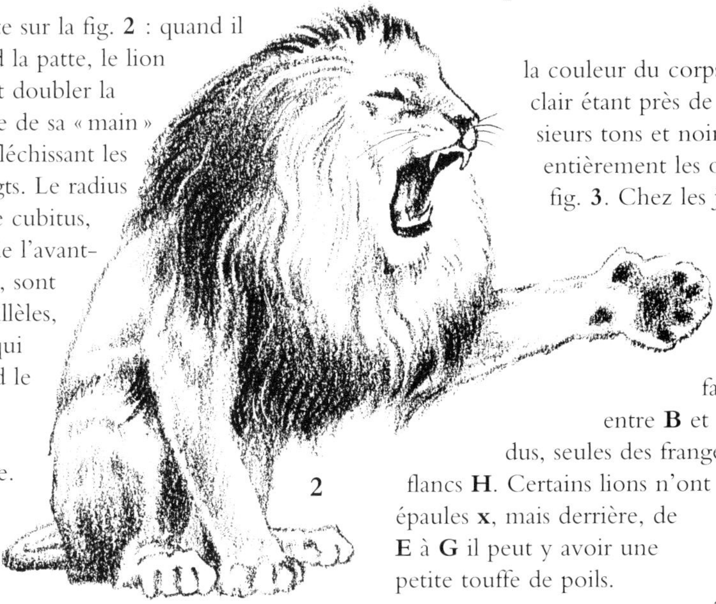

2

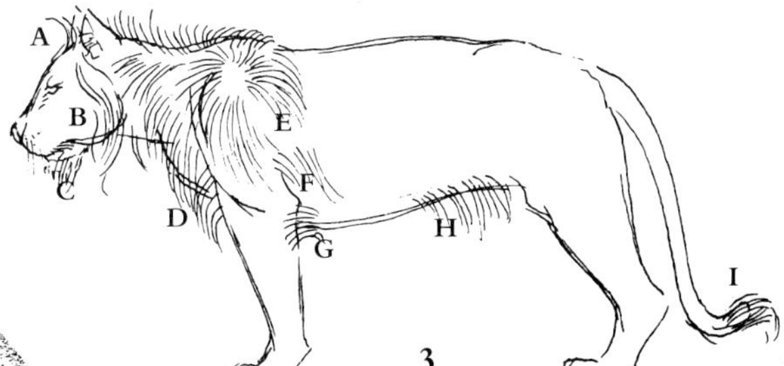


3

4

Certains lions sont dépourvus de touffes sur les flancs (fig. **3**) et d'autres ont une frange qui part des aisselles et suit le ventre jusqu'aux flancs (fig. **1** et **4**). Curieusement, les lions de ménagerie sont plus roux, tandis que de nombreux sujets sauvages sont jaune pâle, ou même gris argenté. Vous donnerez un air royal à votre lion si vous lui faites une crinière luxuriante.

1

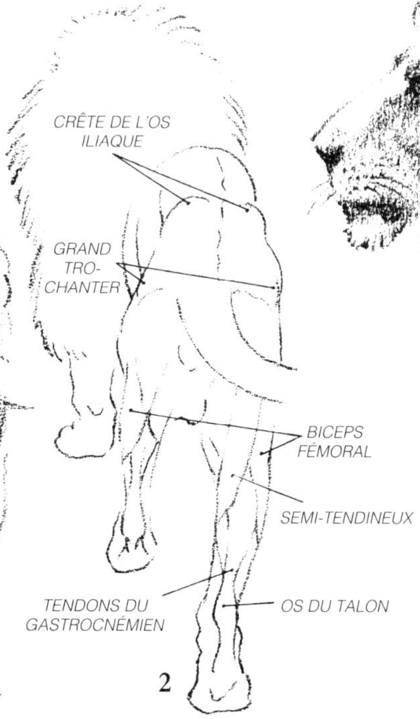


2

3

(voir fig. **6**, p. 13)

# UN LION - DE DOS

À partir de nombreux angles de vue, le basin, trapézoïdal, est visible chez tous les félins. Bien que ces os ne montent et ne descendent pas autant que ceux de l'épaule (chez les lions sans crinière et les autres félins) cette zone osseuse ne peut être évitée par l'artiste.

4

5

# PARTIES ANTÉ-RIEURES

On ne s'arrête pas un long moment devant la cage des grands félins sans que ces modèles fougueux posent sous tous les angles avec le plus grand effet. Prenez le lévrier comme référence (pp. 12-13) et comparez les différentes parties. Un crayon émoussé (fig. **5**) ou un feutre (fig. **6**) constituent de bons instruments pour l'expérimentation.

6

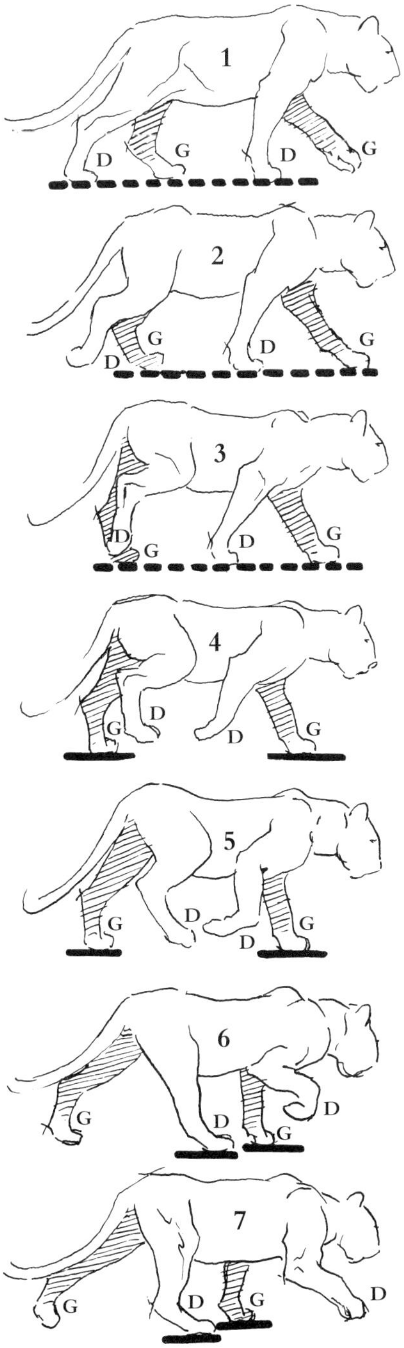


# COMMENT MARCHE UN LION DE PROFIL

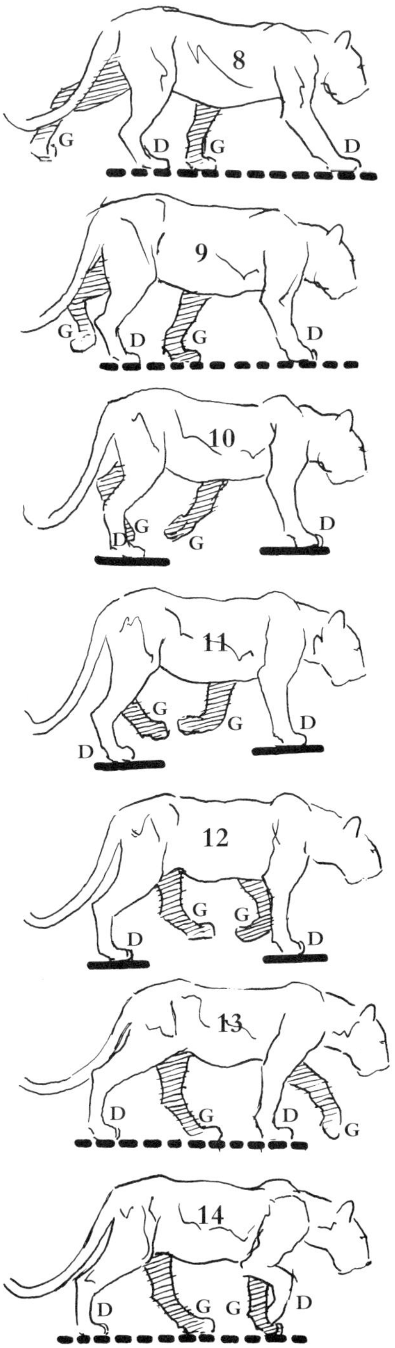


Les félins marchent, trottent ou galopent (pour les pas, voir pp. 70-71) et peuvent intercaler des bonds, suivant leur humeur ou la nature du terrain. Il est évident que les membres postérieurs agissent souvent à l'unisson si l'animal est pressé (fig. **7**, p. 19). Les animaux peuvent marcher à pas mesurés, les deux pattes du même côté allant vers l'avant, mais aucun ne fait cela tout le temps. Prenez par exemple la marche de la lionne : la fig. **13** étant identique à la fig. **1**, cela signifie que notre sujet a fait un pas vers ce point. Plusieurs phases ont été omises intentionnellement, surtout lorsque la patte avant proche couvre celle située derrière; cette phase n'est jamais représentée par les artistes (omission des phases entre les fig. **5** et **6**, **12** et **13**).

Lorsque l'animal a 3 pieds au sol, on a utilisé une base pointillée; une base pleine indique que 2 pieds seulement sont sur le sol. Voici un fait saillant démontré ici et que chaque artiste devrait connaître : à chaque fois que 2 pieds ont quitté le sol et sont pliés sous le corps, les pieds de support sont du même côté (voir fig. **4** et **5**, **11** et **12**). De plus, si les 2 pieds qui ont quitté le sol sont les plus éloignés devant et derrière, les pieds de support sont du côté opposé (fig. **6** et **7**).

Nous attirons votre attention sur les omoplates. Celle au-dessus de la patte portant le poids remonte, tandis que celle située au-dessus de la patte antérieure soulevée, descend. Lorsque le poids est réparti sur les deux pattes, les omoplates sont parallèles (voir p. 27).

À droite, un lion qui marche. Les flèches **a** et **b** représentent l'extension externe des pieds; **c** et **d** l'extension interne. Les différentes positions suggérées des pattes peuvent se retrouver dans les séquences **1** à **14** de cette page. Il est surprenant que l'avant-bras puisse aller autant en avant **e**. Voir aussi la fig. **5** page précédente. Tous les félins semblent marcher sans faire d'effort, ce qui est probablement dû au fait qu'ils ne font aucun bruit : ils surpassent tous les autres animaux pour ce qui est la grâce du mouvement.

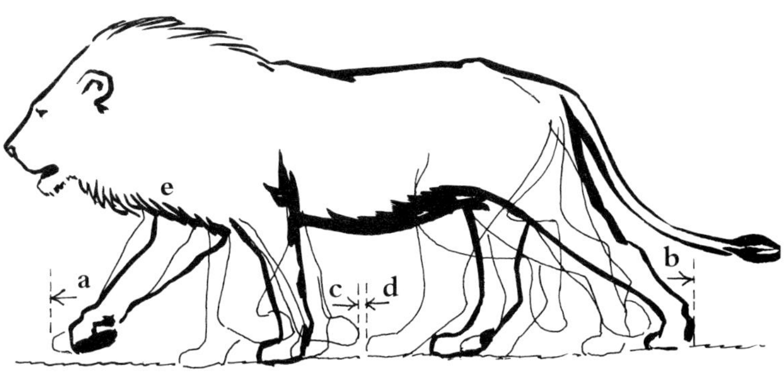

# TRAITS FACIAUX DES GRANDS FÉLINS

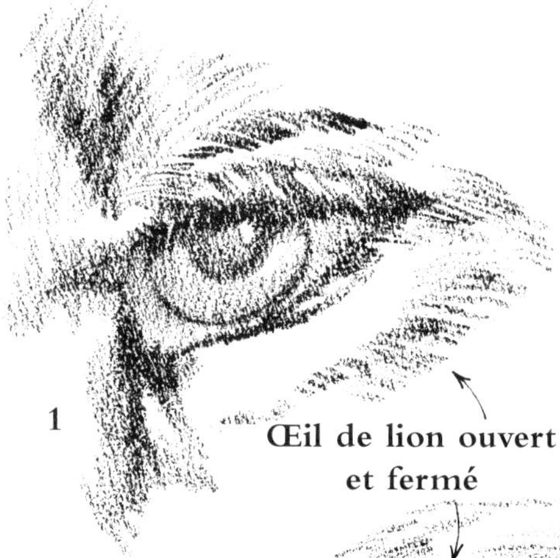


**Œil de lion ouvert et fermé**

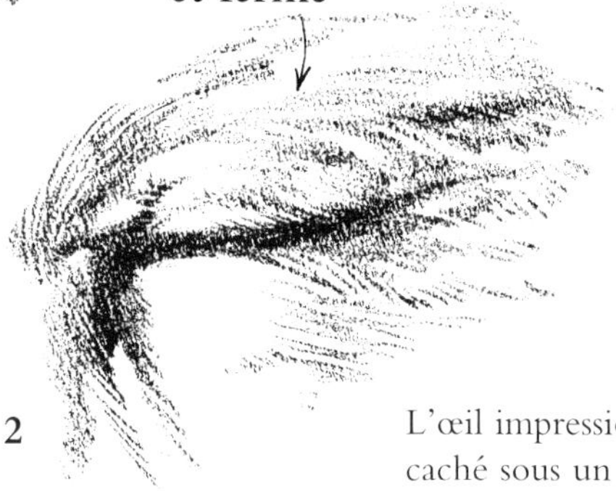

L'œil impressionnant du lion est caché sous un sourcil majestueux. Son regard semble exprimer son peu de doute quant au fait qu'il est le roi incontesté de tout ce qu'il contemple. Si vous parvenez à vous trouver devant un individu en chair et en os, examinez attentivement ses yeux et toutes les rides qui les entourent : un lion a plusieurs sillons qui irradient vers les sourcils et qui lui donnent un air d'autorité. À gauche vous trouverez des notes comparant les yeux des lions, des tigres et des léopards. Il y a 2 approches pour les dessiner : soit faire un cercle puis en couper le haut avec la ligne du sourcil suivie par celle des coins; soit commencer par la ligne du sourcil et celle du coin interne que l'on fait ensuite rentrer dans le cercle. Dans les 2 cas, les félins ont rarement la paupière indolente, comme certains humains.

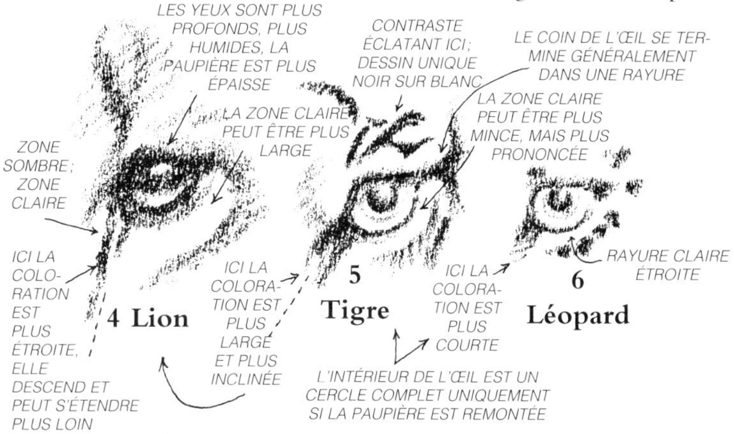


Ci-dessous, côte à côte, le nez d'un tigre et d'un lion. La différence de largeur du septum (ligne pointillée) est plus prononcée chez certains individus que chez d'autres. Se souvenir que les rayures des follicules des moustaches sont différentes.

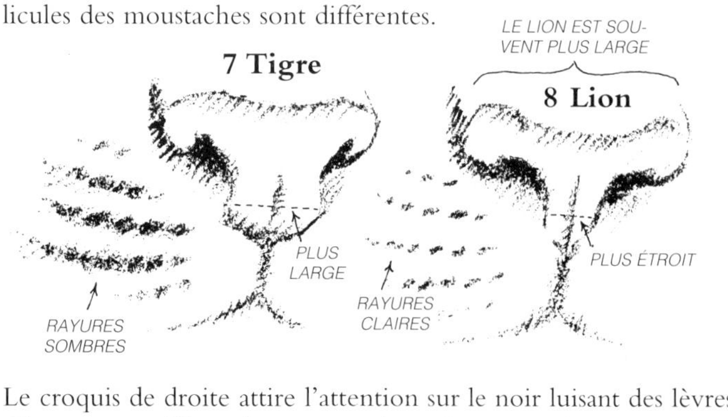


Le croquis de droite attire l'attention sur le noir luisant des lèvres. Chez certains félins elles sont couleur chair ou tachetées (voir notes sous la fig. **3**).

# PORT ALTIER ET GRÂCE DU LION

Admirez la noblesse fière et indépendante de la lionne. Les félins avec de gros os comme celui-ci étendent les pattes antérieures lorsqu'ils sont allongés sur le sol. Plus le félin est petit, plus il est probable qu'il escamotera les pattes antérieures sous le poitrail et que seuls ses pieds seront visibles. Remarquez l'aplatissement de l'estomac et de l'arrière-train. Allongés sur le côté, la tête sur le sol, même les grands félins ont l'air étonnamment aplati de partout. Ceci s'applique aux canidés ainsi qu'à de nombreuses autres espèces.

1

2

Ce félin bondissant (fig. **2**) peut s'étirer de façon étonnante. La queue, qui sert de balancier, peut être raide comme un piquet. Lorsque ces créatures agiles repèrent une proie, elles peuvent pratiquement ramper à plat sur le sol (fig. **3**). Dans ce dessin, le corps est peu appuyé. Observez l'**a-b-c** du pli de la patte et de l'épaule antérieure; on dirait vraiment un tuyau en caoutchouc souple écrasé. Ici la patte postérieure droite est aplatie, tandis que la gauche est partiellement remontée pour propulser le corps en avant.

3

4

Fig. **4** Vue du dessus d'une lionne aux muscles tendus, sur le point de charger une proie.

# UNE TÊTE DE TIGRE - HUIT ÉTAPES FACILES

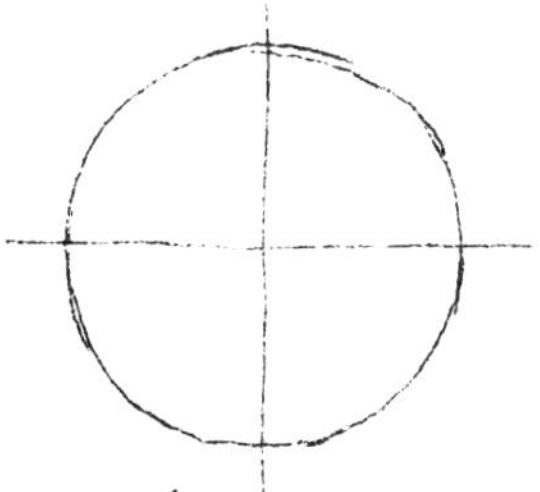
1

Esquissez un cercle léger que vous diviserez en 4 comme ci-dessus.

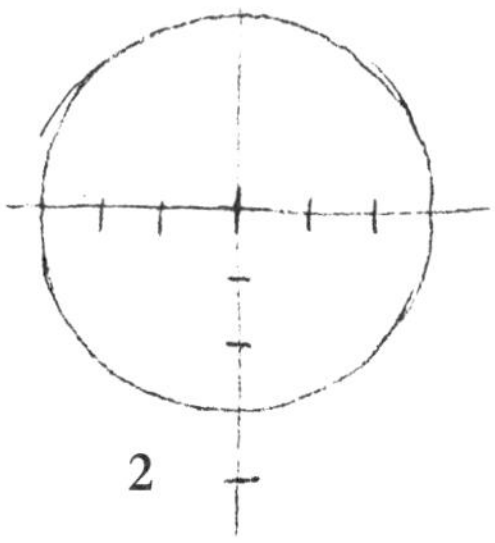
2

Divisez ensuite chacune des moitiés de la ligne horizontale en trois, et faites la même chose avec la partie inférieure de la ligne verticale. Ajoutez un autre tiers sous le cercle.

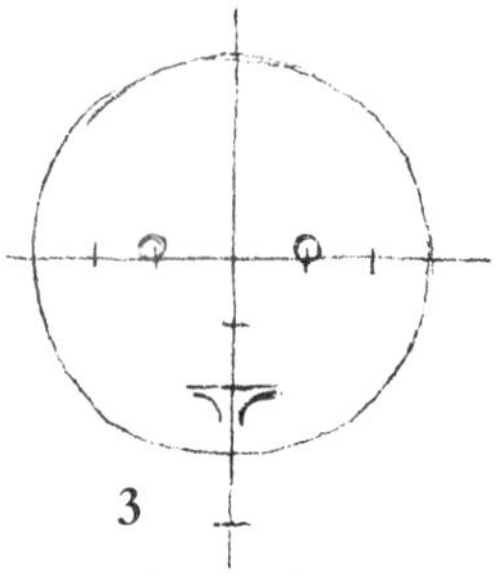
3

Indiquez les yeux et les narines.

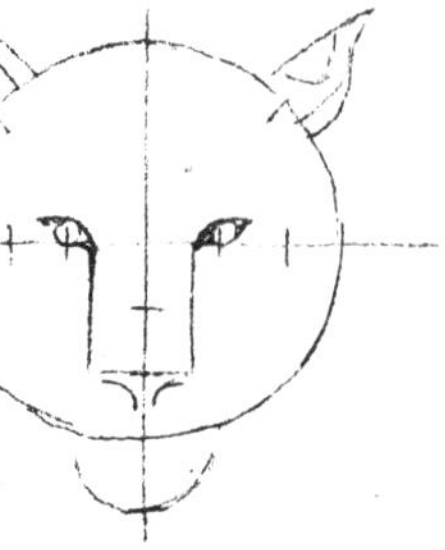
4

Dessinez le coin des yeux. Faites descendre des lignes parallèles au nez pour le haut du museau. Placez les oreilles au milieu des deux arcs du haut (vers l'avant comme à gauche, vers l'extérieur comme à droite). Dessinez le menton.

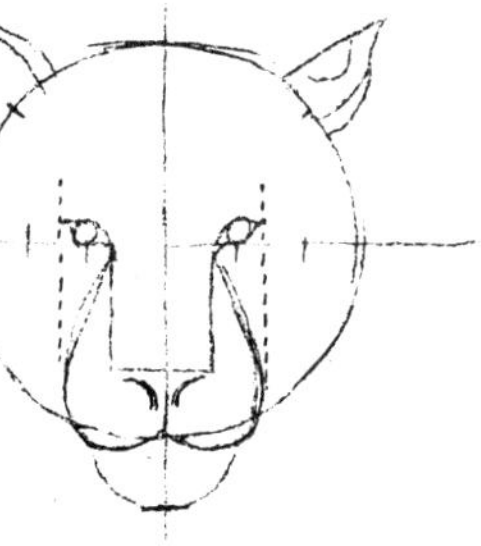
5

Esquissez un gros museau aligné sur l'extérieur des yeux. Chaque moitié doit s'étendre légèrement sous le cercle.

6

Ajoutez une collerette poilue derrière les joues. Indiquez les rayures d'où partiront les moustaches. Elles sont plus foncées chez les tigres que chez les lions.

7

Avec des traits très légers, faites les dessins de la face. Ajoutez les pupilles et les moustaches.

8

Foncez les rayures et ombrez le museau.

9

Beaucoup d'individus peuvent être construits selon ce modèle, comme à gauche et ci-dessous. C'est une vue de face d'une tête de tigre ; si elle devait être inclinée en avant, les yeux seraient placés sous la ligne horizontale de départ (fig. **3**) et le nez serait également plus bas. Le bas du museau (ou la lèvre supérieure) serait considérablement sous le cercle de la fig. **5**. La plupart des mammifères sont capables de tourner une seule oreille à la fois, selon d'où vient le bruit qui les tracasse (comme de **4** à **7**), mais en général il vaut mieux les placer dans le même sens, comme dans les autres schémas de ces 2 pages.

## DIFFÉRENCES DANS LES DESSINS FACIAUX

Examinez et comparez les faces des tigres **8** et **9** et **10** à **14** à droite. Remarquez leurs dessins différents, tout d'abord, ceux au-dessus des yeux, puis sur les joues. Les tigres **12**, **13** et **14** ont des collerettes plus fournies à l'arrière des joues. Observez les yeux et les oreilles. Remarquez les ombres sur les bouches et les nez. Le tigre est sans aucun doute l'un des animaux qui a les plus beaux dessins de cette terre.

10

11

A 
B 
C 
D 

Les croquis ci-dessus ne sont pas considérés comme des étapes du dessin. Si nous partons de **D** nous avons isolé en **A** une portion de la couleur de base de la face qui est en forme de W. Cette zone (couleur rouille) semble généralement plus foncée. Le haut du nez est de cette <u>même</u> couleur, mais comme il est en haut, il prend plus la lumière, tout comme le sommet de la tête. Il est surprenant de constater combien de W sont discernables dans les bons dessins de tigres. Certains sont plus foncés que d'autres.

1 
2 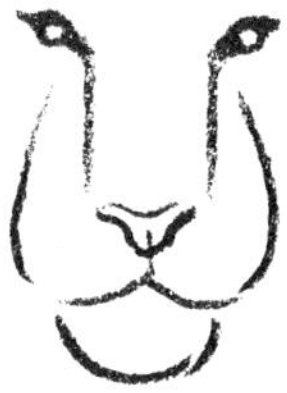
3 
4 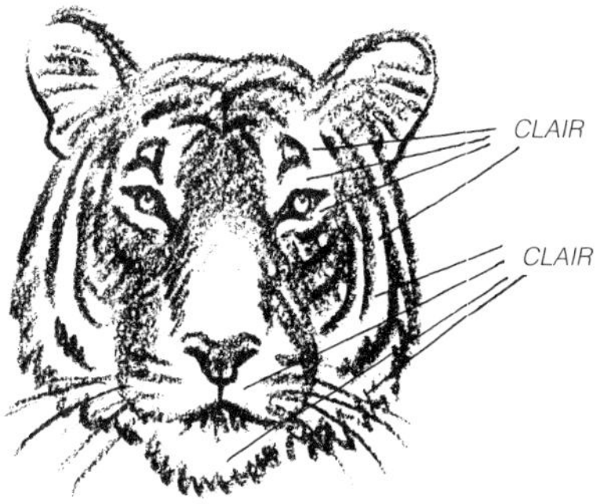


# DIFFÉRENCES ENTRE UNE TÊTE DE TIGRE ET UNE TÊTE DE LION

1 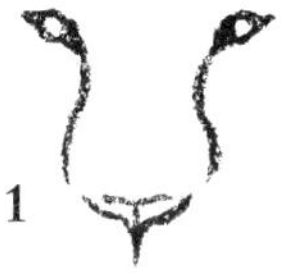
2 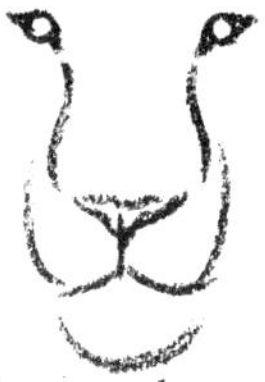
3 
4 

Tous les tigres n'ont pas le haut du nez plus étroit que celui des lions, mais c'est le cas pour la plupart d'entre eux (voir ci-dessus). Là où le nez du lion s'empâte (fig. **1**) celui du tigre reste plutôt droit, mais il est intéressant de constater que l'inverse peut avoir lieu sur le museau de chaque côté du nez : là où celui du tigre s'empâte (fig. **2**), celui du lion est plus étroit. La crinière du lion le fait paraître plus massif. En fait, la collerette derrière les joues du tigre est une crinière rudimentaire. Beaucoup de sujets fauve jaune ont un léger croissant sous l'œil à côté de la « larme » foncée qui descend le long du nez.

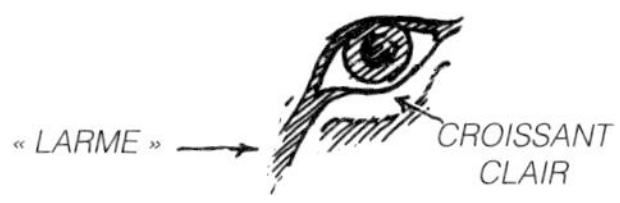

12

13

14

# APPARENCE DU TIGRE

Le tigre fait partie des animaux avec lesquels l'artiste doit être familier. Il semble qu'il y ait plus de divergences d'opinions sur cet animal, en ce qui concerne sa taille, sa force, et ses rayures que sur n'importe quel autre grand félin. Certains déclarent qu'il mesure jusqu'à 3,90 m de long et pèse jusqu'à 350 kg. Un tigre de 3 m (queue comprise) est déjà un sujet considérable, et beaucoup de naturalistes disent que les tigres les plus lourds sont plus lourds que les plus gros lions. En fait, un tigre, même de 250 kg, est un géant.

Il est utile pour l'artiste de savoir que les tigres des régions septentrionales d'Asie (Chine du Nord, Sibérie, Corée) sont plus grands et ont la fourrure plus fournie. Les adultes des régions méridionales (Sumatra, Java) sont plus petits (environ 125 kg) et ont le poil plus ras. En général, les tigres des régions méridionales au climat plus chaud ont des couleurs plus chatoyantes. Ceux d'Inde, sont de taille variée, et au Bengale on peut trouver des monstres. Là où la température varie considérablement, la fourrure peut être de 3 à 6 cm plus longue en hiver qu'en été. Un jeune tigre aura des couleurs plus vives qu'un sujet âgé qui a perdu de son lustre : ce qui fut jadis un orange rouille étincelant, passera avec le temps, et ce qui était blanc deviendra grisâtre; ceci s'applique particulièrement aux individus plus foncés du sud, chez qui les rayures normalement blanches peuvent sembler chamois.

1

2

Lorsque l'on fait un croquis de tigre, comme de n'importe quel autre sujet, il faut décider de la densité du trait, savoir si on utilisera le crayon ou un autre médium. Ci-dessus, fig. **2**, un tigre dont les rayures sont plus appuyées dans la section centrale. On aurait pu les faire ainsi de partout. Que le crayon soit utilisé légèrement ou appuyé les rayures doivent ressembler à de la fourrure plutôt qu'à du métal ou de la pierre. Dans tous les cas, développez un « sous-dessin ».

# UN TIGRE ASSIS

À droite, chacun des tigres assis a des rayures différentes. Parfois on ne sait pas comment s'y prendre avec celles de la patte postérieure lorsqu'elle est pliée. Au genou, mettez la rayure du ventre, puis disposez la suivante sur la patte. Observez le poitrail. Certains tigres ont une rayure qui descend au milieu (fig. **A**), mais pas tous (fig. **B** et **C**). D'autres ont des rayures plus foncées au col comme dans la fig. **C**. Remarquez les pattes antérieures : elles sont unies chez **A**; avec des rayures éparses chez **B** et comportent chez **C** quelques traits, confinés principalement à l'intérieur des pattes. Remarquez aussi les motifs de la face.

A B C

# LA BONNE FAÇON DE RAYER UN TIGRE

Même s'il semble très simple de rayer un tigre, certaines observations particulières pourront vous aider. Le nombre, la forme et l'épaisseur des rayures varie d'un individu à l'autre, mais sur la plupart, la direction générale suit l'inclinaison des côtes sous-jacentes (fig. **1**, **3**, **4** et **5**). Un sujet à la peau distendue et à la fourrure épaisse peut avoir les flancs maigres et le ventre affaissé, ce qui a tendance à étendre ses courbes (fig. **2**) et qui lui donne l'air « plat » surtout de profil.
La fig. **1** montre une épaisse rayure en boomerang sous l'estomac. Sur la colonne vertébrale, des rayures cassées décroissent entre les marques des côtés. Aucun animal n'a de rayures continues lui encerclant le corps; elles sont toujours interrompues quelque part, certaines n'étant que de simples traits. Les rayures épaisses des côtés fig. **3** forment un arc. **1** et **2** ont la partie inférieure des épaules plus ou moins dépourvue de rayures. S'il y a une zone unie, c'est là qu'elle sera, et beaucoup de grands tigres en ont une. Certains sujets immenses n'ont guère plus que des nervures (fig. **5**). Les rayures plus larges de la fig. **4** ressemblent à des gouttes.
Quelques tigres ont les pattes antérieures unies comme **4** et **5**, mais la plupart ont des traits noirs allongés à l'intérieur ou l'extérieur. Il y a toujours des anneaux partiels sur les pattes postérieures. Pour que les rayures verticales des hanches se fondent dans ces anneaux, il faut un changement de direction sur la cuisse, ce qui se fait parfois par un triangle (fig. **1** ou **3**), ou par plusieurs, sans consistance (fig. **2**). Le changement à cette articulation peut être dentelé fig. **4** ou en zigzag comme un éclair dans le cas d'un félin aux rayures fines. La queue des tigres peut être irrégulièrement annelée, les cercles les plus épais étant souvent au bout. Remarquez les rayures du cou et à l'arrière des oreilles; elles ne sont jamais exactement semblables des deux côtés du corps, et il n'existe pas 2 tigres aux mêmes dessins.

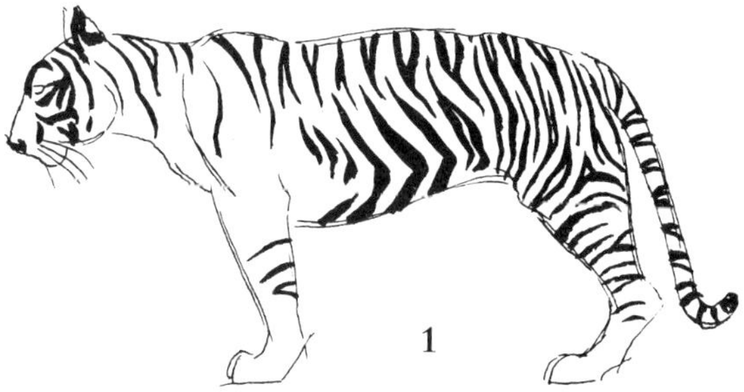

1

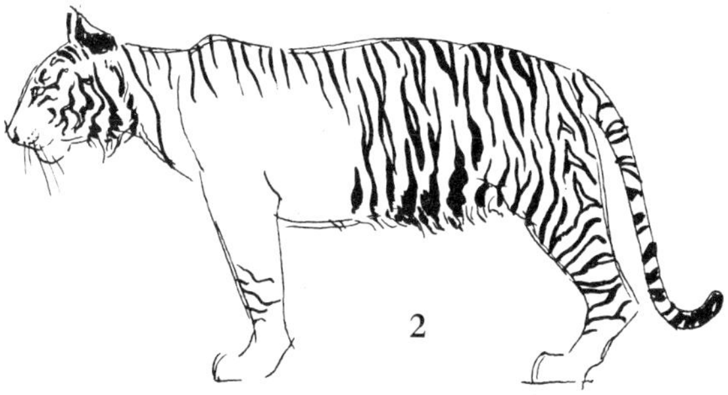

2

3

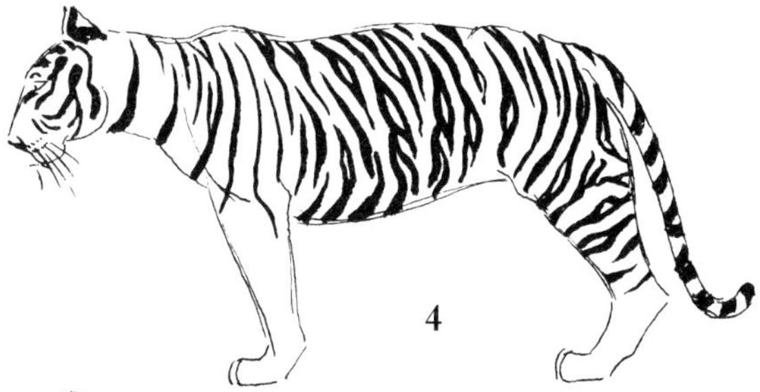

4

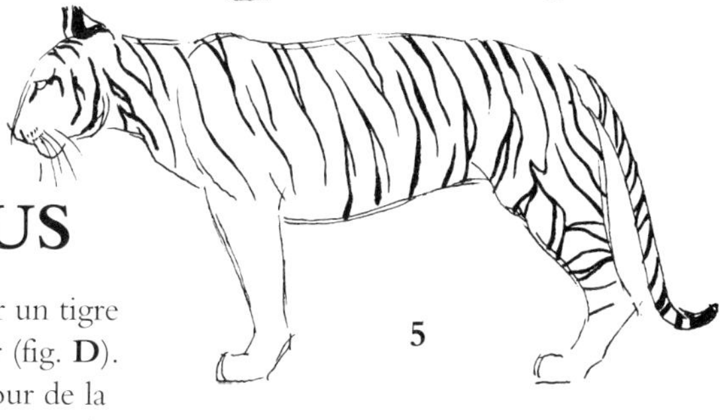

5

D

# VUES DE DOS ET DU DESSUS

Il arrive parfois qu'il faille dessiner un tigre de dos, partiellement ou en entier (fig. **D**). Les rayures forment un ovale autour de la base de la queue et elles s'inclinent vers l'intérieur en haut des pattes. Ces anneaux descendent le long de la queue et chaque patte a un dessin différent. Si la vue est du dessus, la ligne de la colonne vertébrale aura tendance à se voir et fera une démarcation nette. Voici trois façons de la traiter dans les fig. **E**, **F** et **G**. La ligne dorsale de la fig. **E** ressemble à un papier plié. En **F** on a l'impression que la peau est tirée vers l'avant. En **G** il y a une altération spasmodique dans les rayures qui descendent de cette ligne centrale. Observez de près les rayures du cou et leur façon de se relier à celles du front.

E

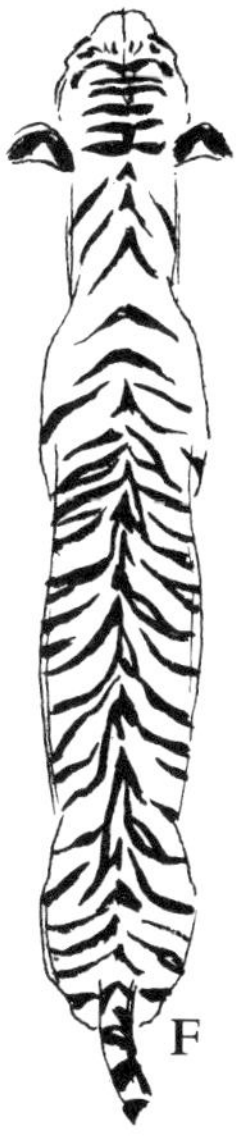

F

G

# LA FACE DU TIGRE

Il y a toujours des dessins diagonaux secondaires sur le sommet du crâne, qui peuvent être interrompus ou traverser complètement les rayures. En général ils rejoignent le milieu.

Entre les yeux et juste au-dessus, la fourrure a des marques courtes et foncées qui s'inclinent vers le centre.

Le bout du long nez est la partie la plus unie de la face.

Le léger renflement du septum du nez est plus large que celui du lion.

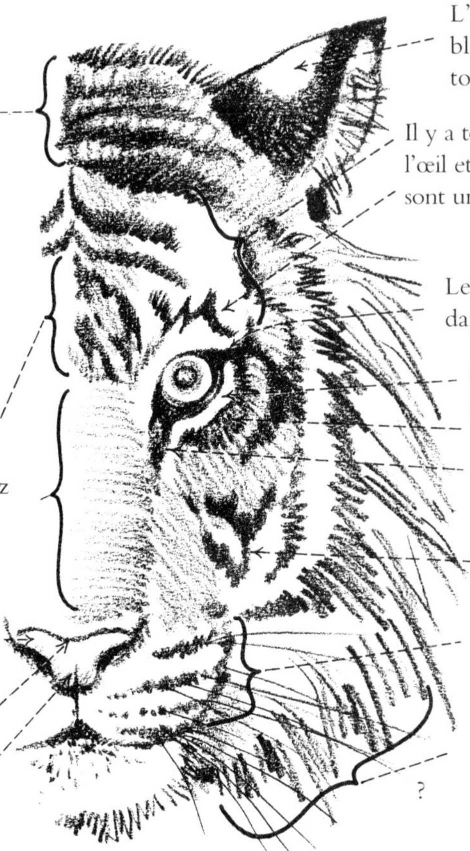

1

L'arrière de l'oreille est noir avec une tache blanche, de taille variable. Lorsque l'oreille est tournée vers l'avant, le bord noir peut se voir.

Il y a toujours une tache blanche assez large au-dessus de l'œil et sur laquelle peuvent se trouver de petits dessins qui sont un genre de signe particulier à chaque individu.

Le coin externe de l'œil se termine ordinairement dans une rayure.

Sous l'œil il y a toujours une marge blanche incurvée sous laquelle la coloration est foncée.

Le coin interne de l'œil descend toujours pour se fondre à de la fourrure plus sombre qui se mêle au museau.

Les dessins des joues peuvent varier considérablement selon les individus.

Au-dessus de la lèvre supérieure, blanche, les racines des moustaches sont plantées sur 4 rangées nettement plus foncées, presque parallèles (chez le lion elles sont plus claires ou même absentes).

# COMPARAISON AVEC LE LÉOPARD

Pas autant de poils drus que sur la face du tigre, ni de collerette derrière les joues.

Yeux verdâtres.

Les rayures des moustaches peuvent être très foncées.

L'angle que décrit la bouche à partir du centre est plus prononcé que chez le tigre ou le lion.

Les mâchoires et le menton semblent veloutés; la fourrure a la texture d'une houppette à poudre.

Robe jaune, dessous blanc, taches noires.

Les taches ne descendent pas jusqu'aux orteils.

2

Bien que la taille et la forme des léopards soient plus homogènes que celles des tigres, les individus des régions sèches d'altitude sont plus gros que ceux des plaines humides. Les premiers sont plus pâles que les seconds qui ont également des taches plus grandes. La plupart des léopards sont plus jaunes que noirs, mais quelques-uns sont complètement noirs (panthères).

# UN TIGRE EN MOUVEMENT

1A

1B

Dans le croquis d'un fauve sur le point de sauter, n'oubliez pas la perspective. La partie avant du corps est proportionnellement plus grande : entre l'avant et l'arrière, chaque cercle s'amenuise. Remarquez les poignets des pattes antérieures et les griffes sorties. Vérifier les « grimaces » de la face p. 40.

# UN LÉOPARD ASSIS

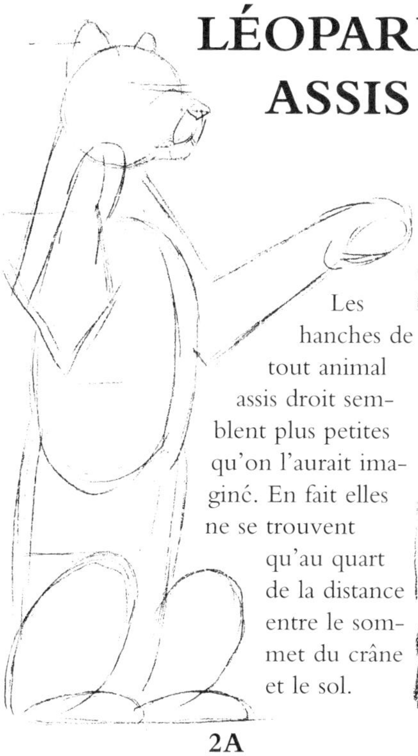

2A

Les hanches de tout animal assis droit semblent plus petites qu'on l'aurait imaginé. En fait elles ne se trouvent qu'au quart de la distance entre le sommet du crâne et le sol.

2B

Chez le gracieux léopard de droite, observez les 3 sections corporelles mentionnées pp. 2-3.

3

# GRONDEMENT, FEULEMENT, RUGISSEMENT

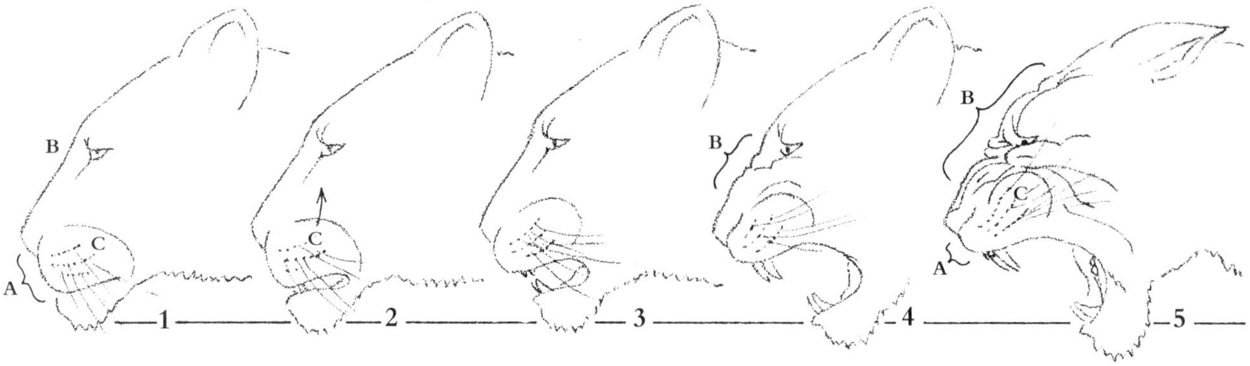


Un artiste risque toujours d'avoir à représenter un fauve de mauvaise humeur. Les 5 félins rugissants sont le lion, le tigre, le léopard, le jaguar et le léopard des neiges (selon la classification anatomique, car personne n'a jamais entendu rugir un léopard des neiges). Même si les autres félins ne rugissent pas, ils s'expriment par un grand nombre de sons à faire frissonner. LA RÉACTION MUSCULAIRE CI-DESSUS S'APPLIQUE À TOUS LES FÉLINS (même à Minou), mais nous prendrons la lionne comme exemple, car elle a la face unie et la fourrure assez rase. En fait son compagnon à crinière est beaucoup plus bruyant. La face déformée d'un animal ne signifie absolument pas qu'il rugit; il ne devient bruyant que lorsqu'on le dérange vraiment.

**1** La première partie qui réagit est **C**, le museau, qui est tiré vers l'œil comme indiqué fig. **2**. Remarquez combien **A** est plus étroit en **5** qu'en **1**. Avec cette contraction on voit les dents.

**2** La ligne au-dessus de **C** indique une section dans notre séquence. En fait il n'y a pas de trait en évidence jusqu'à **4**. Chez les grands félins les lèvres sont souvent entrouvertes, et ce bord noir projette une ombre dans la fourrure faciale. Ne pas l'oublier. De profil, il est inutile de dessiner les lèvres; l'ombre suffit.

**3** Le museau continue à monter avant d'affecter la peau du dessus. Ce sont les dents du bas que l'on voit en premier.

**4** La gueule s'ouvre plus, mais elle ne provoque pas la distorsion de la partie supérieure de la face, ceci pouvant se produire la gueule fermée. Le museau repousse la peau en plis visibles, et l'arête du nez **B**, qui était lisse, se ride.

**5** **A** se rétrécit au maximum; **C** remonte à l'extrême; les rangées de follicules de **C** sont tordues vers l'œil, ce qui fait pointer les moustaches. Des sillons longitudinaux sont visibles sur le nez, et d'autres apparaissent en travers, devant et sous l'œil. Les sourcils se froncent. Tout **B** change. Des traits apparaissent derrière **C**, mais **C** en soi ne plisse pas. Il est probable qu'avec cette expression intense les oreilles s'aplatissent en arrière.

6

7

Les 2 têtes ci-dessus, vues de face, sont légèrement en perspective, afin que l'on voie le nez du dessus. Remarquez chez le tigre **6** et le lion **7** le museau ramené vers l'arrière et étalé. Des rides obliques descendent des yeux vers l'U formé au bout du nez. Ici l'action est symétrique, mais ce n'est pas toujours le cas **8**. Il est évident que le lion **7** n'est pas content du tout, même si sa gueule est fermée.

Le croquis de droite est la vue de face d'un grondement féroce unilatéral. La gueule n'a pas à être remontée autant que cela : un feulement peut être à peine perceptible. Ici le nez est incliné, mais les rides sont seulement près des yeux. Le haut du museau fait pointer les moustaches vers le haut. La lèvre inférieure est droite.

8

Normalement le sillon central du nez serait perpendiculaire à la lèvre inférieure, mais le grondement le tire sur le côté.

L'expression du léopard de gauche n'est pas violente ; il se contente d'avertir, mais les rangées de base de ses moustaches sont toutefois un peu soulevées. Elles comportent rarement plus d'une douzaine de poils, et sur un petit dessin, 6 suffisent largement. Ici les yeux n'étincellent pas car les pupilles ne sont pas pleinement exposées. Le nez est modérément ridé.

# DANS LA GUEULE DES GRANDS FÉLINS

9

Les incisives supérieures du jeune lion de droite sont longues, mais chez la plupart des félins elles sont plus courtes. Les canines sont toujours longues, celles du bas étant plus serrées et s'ajustant entre et devant celles du haut quand la gueule est fermée. Remarquez les langues et le bord foncé des lèvres de ces 4 dessins.

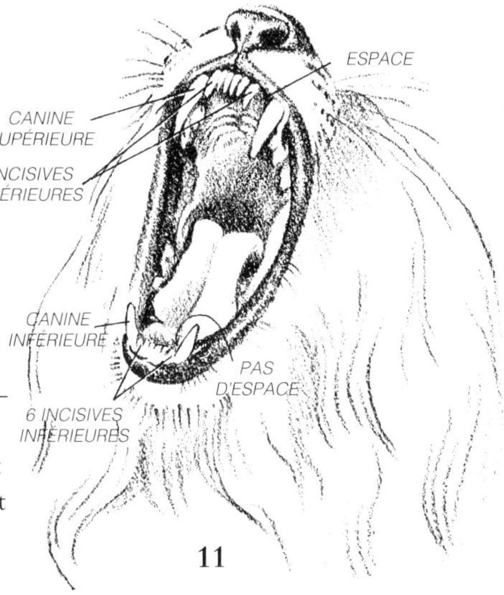


11

10

12

Le lion ci-dessus a des rides transversales en haut du nez. La face des félins est beaucoup plus flexible que celle de n'importe quel autre carnivore. Le lion de droite baille, le museau est détendu, les rangées de base des moustaches descendent, le nez est lisse, les canines supérieures sont à peine visibles et la lèvre inférieure n'est pas tendue.

(Voir la note en haut de la page suivante)

1. La tête d'un jaguar est légèrement plus grande que celle d'un léopard de même taille. Les ocelles exceptionnels du corps ne se retrouvent pas sur la face dont les taches sont semblables à celles du léopard.

2. La tête du guépard est plus arrondie et plus petite par rapport au corps. Une larme étrange descend de l'intérieur de l'œil jusqu'à la gueule et des taches dégoulinent de la partie externe de l'œil.

3. La tête de la panthère longibande est plus allongée, avec des rayures irrégulières sur le côté et peu de taches sur le front. C'est le félin qui a les crocs les plus longs par rapport à sa taille.

4. Les marques de la joue de l'ocelot sont plus parallèles; 2 bandes verticales peuvent descendre du front, avec quelques taches près des rayures.

5. La face du léopard est très tachetée et ses taches sont plus régulièrement réparties que chez les autres félins. Celles de forme hexagonale sont généralement situées juste derrière la tête; la gorge peut comporter des colliers de taches.

6. Le margay, ou chat-tigre, est apparenté à l'ocelot, mais il est généralement plus petit. La tête est plus ronde, les marques sont plus nettement définies que chez la plupart des autres félins. Les taches ne sont pas aussi reliées entre elles que celles des ocelots.

7. Le léopard des neiges a le museau plutôt court par rapport à sa face, plus poilue et moins tachetée que celle du léopard. Les oreilles sont bordées de noir avec une tache blanche derrière. Légère collerette autour des joues et de la gorge.

**1 jaguar**

**2 Guépard**

**3 Panthère longibande**

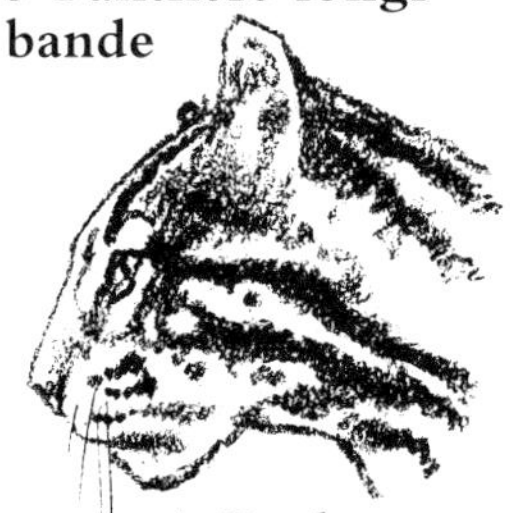
**4 Ocelot**

**5 Léopard**

**6 Marguay**

**7 Léopard des neiges**

**8 Chat doré**

**9 Lynx**

**10 Chat de la Pampa**

**11 Chat-léopard**

**12 Serval**

**13 Lynx rufus**

**14 Eyra**

8. Comparativement, la tête du chat doré est petite. La face a un dessin élaboré contrastant avec le corps doré assez uni. C'est le seul félin dont la tête et corps soient si différents. Les grands yeux sont entourés de rayures blanches, noires et grises.

9 Le lynx a des favoris exceptionnellement grands dont les extrémités se rejoignent presque sous le menton, et qui gonflent lorsqu'il feule. Au bout des oreilles une huppe. La collerette des joues comporte des bandes foncées.

10 La tête du chat de la Pampa, au poil ras, semble petite sur un corps hirsute. De légères rayures brun rougeâtre sur la face gris argenté lui donnent l'air fragile. L'arrière des oreilles est brun plus foncé.

11 Les chats-léopards peuvent avoir des robes très variées. Les taches sont assez allongées et sur le front 4 rayures longitudinales nettes apparaissent souvent. Museau et menton petits.

12. Le serval a une tête minuscule au bout d'un long cou mince. Le museau effilé se termine par une truffe épaisse. Les oreilles sont rapprochées et sont bizarrement grandes. La face est moins tachetée que le reste du corps.

13 La tête du lynx rufus est semblable à celle du lynx sauf les huppes des oreilles qui sont plus courtes. Collerette gonflée sur les mâchoires, mais pas aussi prononcées que chez le lynx. Les moustaches partent des bandes de follicules noires.

14 L'eyra, ou jaguarundi, est le moins « chat » de tous les félidés, il ressemble même plutôt à une énorme belette. L'œil rond est incapable de se contracter en fente comme chez la plupart des membres plus petits de cette famille.

# COMPARONS LES TÊTES DE FÉLINS

(Les têtes de la page précédente, ne sont pas à l'échelle : elles ont été réduites ou agrandies pour une meilleure comparaison des caractéristiques et des marques. Par ex. la tête du jaguar est plus grande, et celle du serval plus petite qu'elles apparaissent ici. N'oubliez pas que le félin moyen de profil risque plus d'avoir le contour du front comme ceci : avec la « bosse » au-dessus et devant l'œil, mais si ce même animal tourne un tant soit peu la tête, tout en restant de profil, le sourcil éloigné peu influencer l'arête du nez comme ceci : . Voyez les Fig. **1** jaguar et **7** léopard des neiges. Comme les humains, tous les félidés d'une espèce particulière n'ont pas la tête exactement de la même forme, mais ils ont des caractéristiques et des marques générales, et c'est cela que nous recherchons. Parmi ces points intéressants notez en particulier sur ces têtes l'ombrage ou la coloration qui viennent du coin interne de l'œil jusque sur la face, ainsi que la marque qui est souvent attachée au coin externe).

## PROFILS DE LION ET DE TIGRE

En fait, l'artiste peut dessiner une tête de tigre ou de lion d'après le même contour (voir la lionne et le tigre ci-dessous). Le lion aura plus de moustaches que le tigre. Les sourcils et le dessus du nez du grand lion peuvent être tout à fait semblables à ceux de sa femelle, sauf que parfois ils sont un peu plus bosselés (voir à droite). Ses traits peuvent être dessinés plus grossièrement.

## TÊTE EN PERSPECTIVE

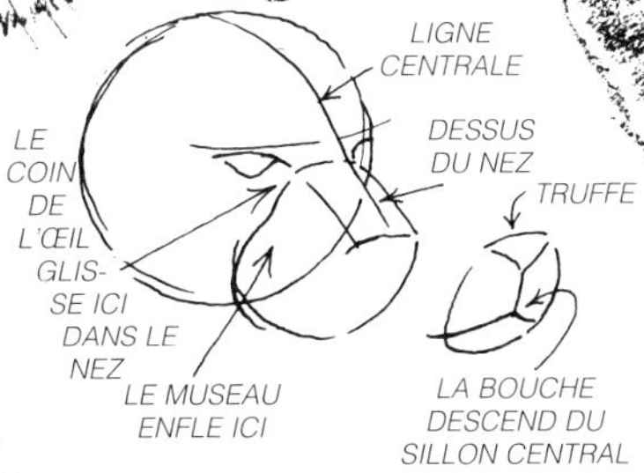


Représentez-vous la tête d'un félin en 2 sections : **A** et **B**. Esquissez toujours **A** en premier, puis **B**. Indiquez la division centrale du front, et montrez toujours le sillon central qui relie le nez à la bouche. Fig. **4** et **5** lionne; **6** et **7** léopard.

# FORMES CORPORELLES ET MARQUES

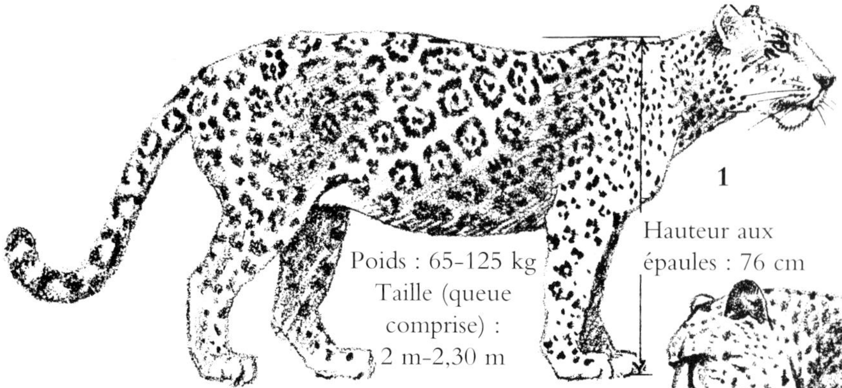

1

Poids : 65-125 kg
Taille (queue comprise) :
2 m-2,30 m

Hauteur aux épaules : 76 cm

1. Le jaguar est le plus grand félin d'Amérique. Trapu, pattes courtes, poitrail lourd. Grands ocelles noirs. Certains sujets les ont plus serrés que d'autres. La peau adhère plus au corps que chez le tigre ou le lion. Couleur de fond chamois ou blanc jaunâtre.

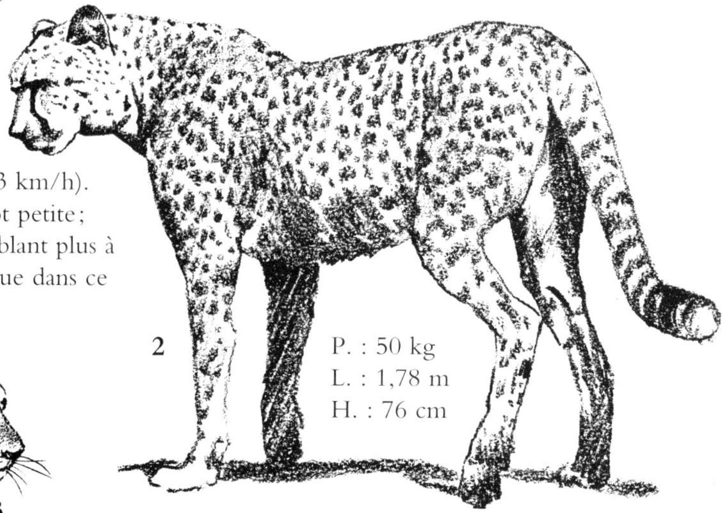

2

P. : 50 kg
L. : 1,78 m
H. : 76 cm

2. Le guépard est le plus rapide des quadrupèdes (jusqu'à 113 km/h). Membres démesurément longs, corps dégingandé; tête plutôt petite; griffes émoussées, seulement partiellement rétractiles, ressemblant plus à celles du chien. Parfois taches uniques noires plus espacées que dans ce dessin. Queue zébrée au bout. Couleur de fond, sable.

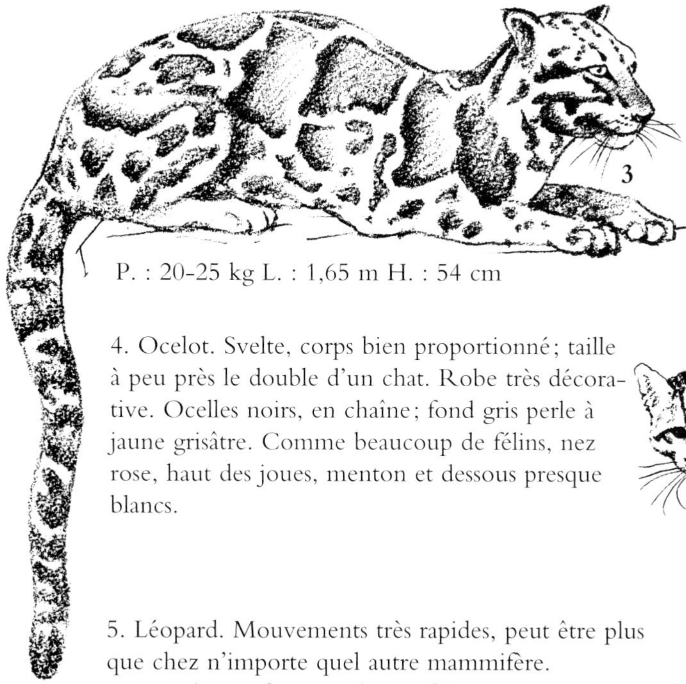

3

P. : 20-25 kg L. : 1,65 m H. : 54 cm

3 Panthère longibande. Énormes flaques nuageuses irrégulières entourées de gris foncé et de brun olive qui s'estompent au bord. Couleur de fond grisâtre à jaune; ventre blanc. Queue fournie et épaisse irrégulièrement annelée et d'une longueur exceptionnelle.

4. Ocelot. Svelte, corps bien proportionné; taille à peu près le double d'un chat. Robe très décorative. Ocelles noirs, en chaîne; fond gris perle à jaune grisâtre. Comme beaucoup de félins, nez rose, haut des joues, menton et dessous presque blancs.

4

P. : 12,5-17,5 kg
L. : 75 cm
H. : 40-45 cm

5. Léopard. Mouvements très rapides, peut être plus que chez n'importe quel autre mammifère. Immensément fort. Le plus perfide de tous les prédateurs. Nombreuses taches noires, pleines ou en ocelles, parfois plus grandes chez certains sujets. Couleur de base jaune chamois dessus et blanchâtre dessous. Dans une portée un individu parfois tout noir (panthère noire), mais les taches restent visibles dans la lumière.

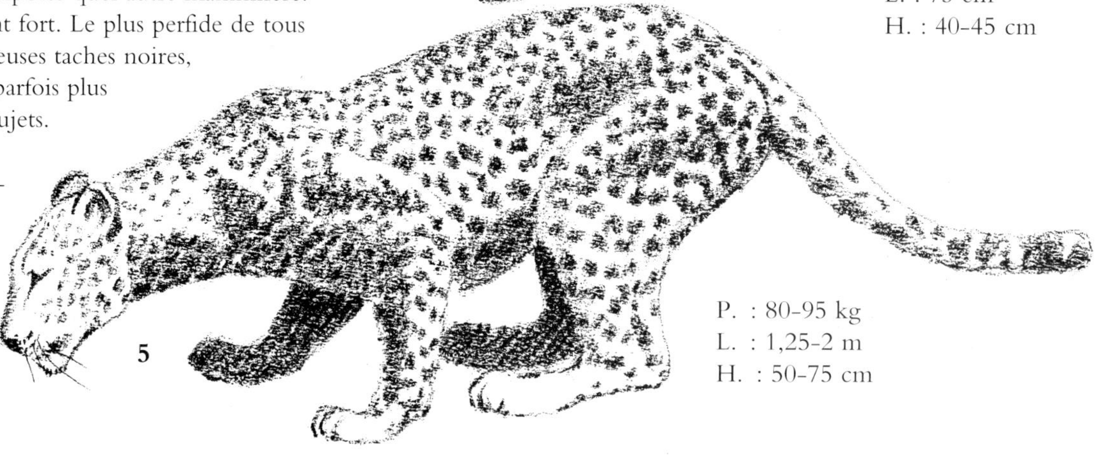

5

P. : 80-95 kg
L. : 1,25-2 m
H. : 50-75 cm

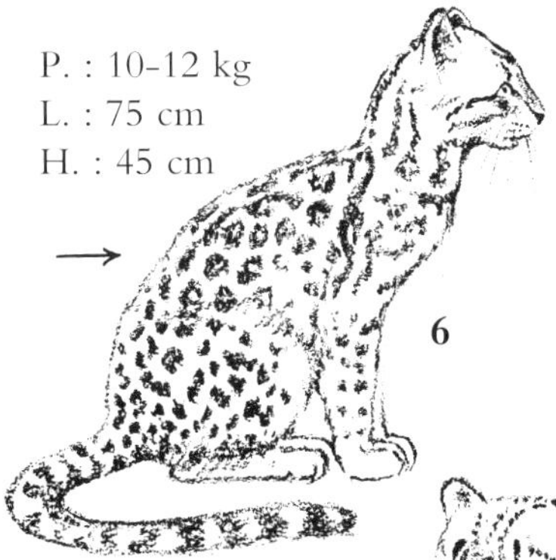

6

P. : 10-12 kg
L. : 75 cm
H. : 45 cm

6. Margay ou chat-tigre svelte et très longue queue. Taches de forme non définie. Marques verticales à l'épaule. Cou et dos à rayures brunâtres foncées. Robe jaune crème brillant ou rougeâtre à grisâtre.

7. Léopard des neiges. Le plus doux de tous les grands félins. Longue fourrure douce. Taches plutôt grandes et diffuses dont le centre peut être plus foncé que la couleur de base. Corps gris blanchâtre avec une touche de jaune. Dessous blanc. Traîne une lourde queue fournie.

7

P. : 20-25 kg
L. : 1,70 m
H. : 60 cm

9. Lynx. Petite tête, corps compact, longues pattes, grands pieds. Queue très courte toujours noire au bout. Couleur gris fumée et crème. Légèrement pommelé sur le corps. Les huppes des oreilles peuvent faire 5 cm.

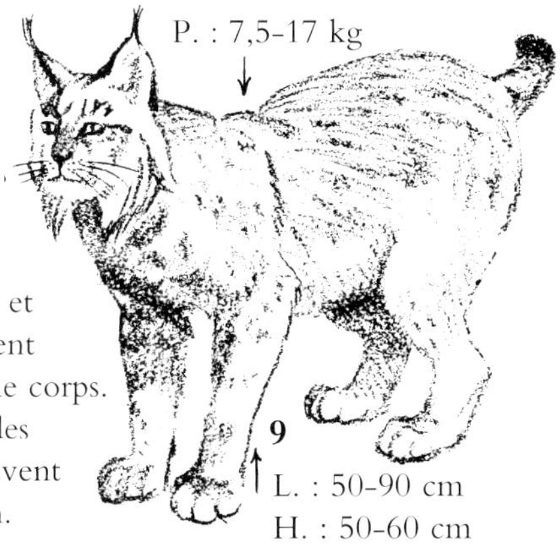

9

P. : 7,5-17 kg
L. : 50-90 cm
H. : 50-60 cm

8. Chat doré. Pas particulièrement féroce, mais aucun des félins de ces pages ne peut vraiment être apprivoisé. Mélange étonnant de dessins sur la face et de corps uni. Couleur brun doré et dessous blanc. Certains sont gris.

P. : 22 kg
L. : 1 m
H. : 53 cm

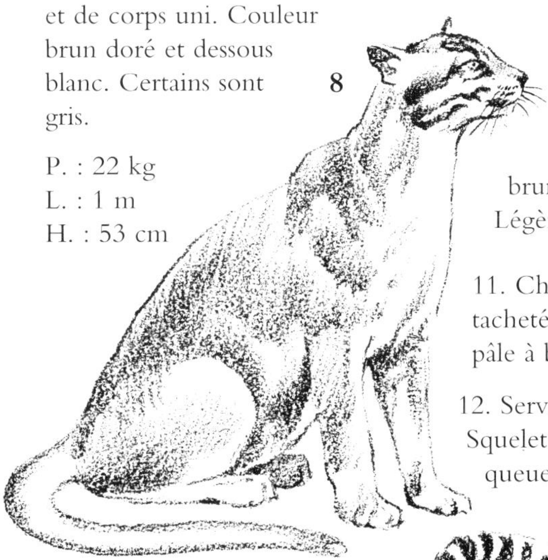

8

10 Chat de la Pampa. De la taille du chat domestique. Petite tête; queue épaisse, pattes poilues avec bandes brunes prononcées. Couleur gris argent. Légères rayures brun rougeâtre sur la robe.

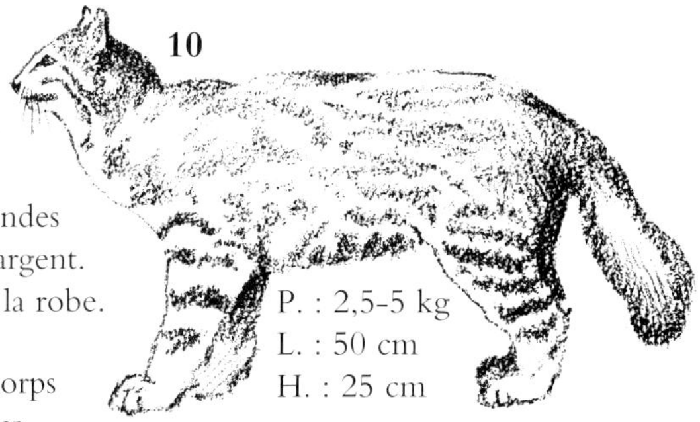

10

P. : 2,5-5 kg
L. : 50 cm
H. : 25 cm

11. Chat-léopard. Taille d'un chat; corps tacheté; queue annelée. Couleur fauve pâle à blanc dessous.

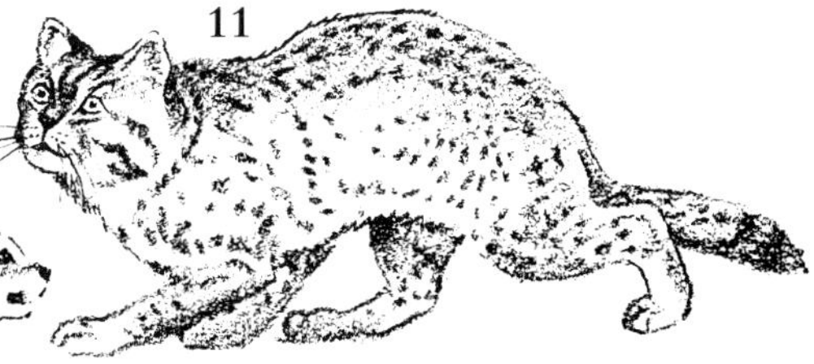

11

12. Serval. Chat de taille moyenne. Squelette plutôt long et émacié; queue courte; gris jaunâtre; taches noires.

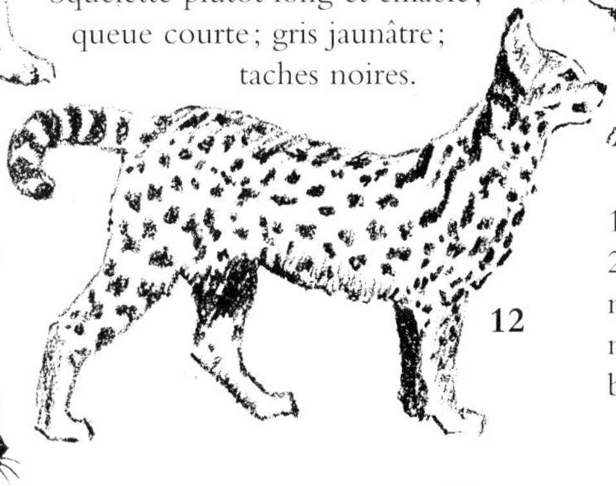

12

13. Lynx rufus. Légèrement plus petit que le lynx; fourrure plutôt longue et épaisse; queue courte et annelée au bout blanc; robe brun rougeâtre plus claire vers le dessous. Parfois rayures foncées et taches dans la robe. Comparer les queues pour le différencier du lynx.

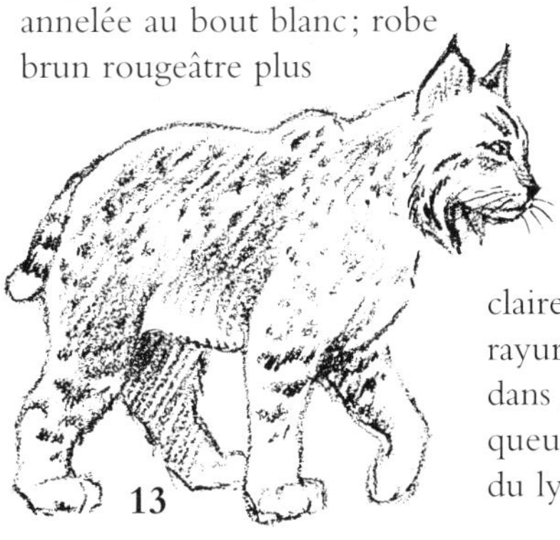

13

14. Eyra. Long et court sur pattes. Souvent 2 fois la taille d'un chat. Courbe le dos d'un mouvement furtif. Robe unie sans aucune marque. Rouge brunâtre ou gris; gorge blanche. Voir notes p. 42.

14

# CONSTRUIRE SUR UNE SIMPLE ESQUISSE

À chaque fois que l'on regarde un animal, il faut penser en termes de traits de base. Sur cette page voici des bases arrondies, et page suivante, elles sont angulaires. Pendant l'entraînement il faut essayer les traits de base qui semblent le mieux correspondre à la silhouette. Les ours peuvent prendre des positions plus amusantes que d'autres animaux. En voici une.

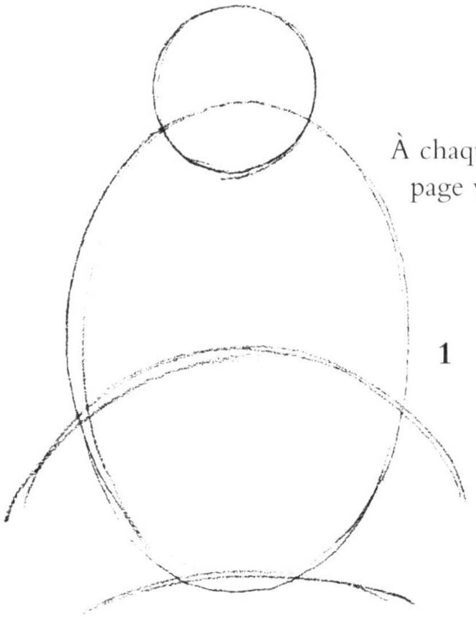

**1**

1. À partir d'un cercle, d'un ovale et d'arcs de cercle, nous poursuivons vers…

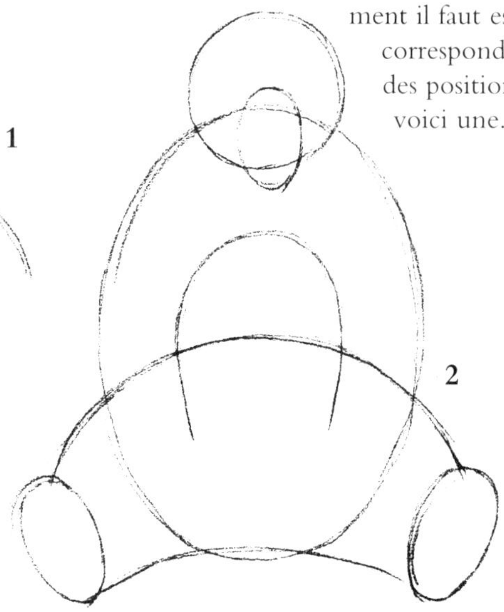

**2**

2. … un ovale plus petit placé devant la tête pour le museau, puis d'autres ovales pour les pieds et un fer à cheval pour le poitrail et l'intérieur des pattes.

**3**

3. Ici on ajoute des détails, tout en restant simple. On a trouvé les formes des membres et suggéré les traits faciaux.

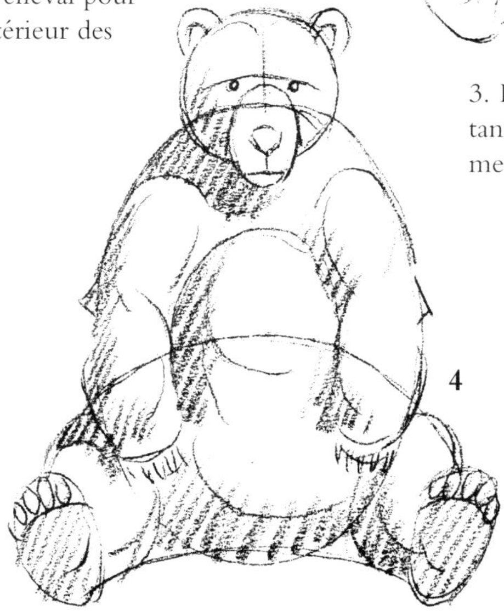

**4**

4. Ensuite on a donné de la dimension. On a fait comme si la lumière venait du dessus à droite; les ombres sont donc à gauche. Dans la pratique il ne nuit pas de donner les grandes lignes des ombres.

**5**

5. Maintenant que nous sommes sûrs de notre travail préliminaire, on ne risque rien à renforcer le croquis avec des traits plus foncés. Un revêtement diagonal a été utilisé de partout, ce qui est recommandé, car c'est la bonne méthode pour s'entraîner à l'esquisse.

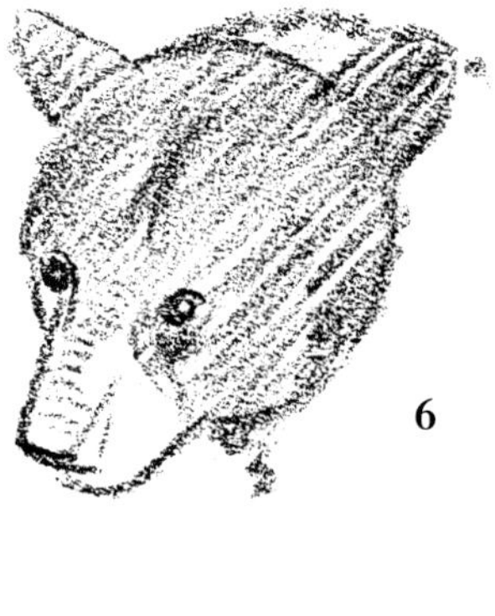

**6**

# LE CORPS SIMPLIFIÉ DE L'OURS

À gauche, différents croquis d'un ours noir. Chacun a été dessiné à partir d'une esquisse légère. Considérez les séquences **ABC** à droite.

1

2

3

4

5

6

A. 3 formes trapézoïdales (celle du centre légèrement plus grande que les 2 autres) forment un bon ours de profil. Debout sur ses 4 pattes, cet animal puissant a toujours l'air impassible, mais il vaut quand même mieux ne pas trop s'y fier.

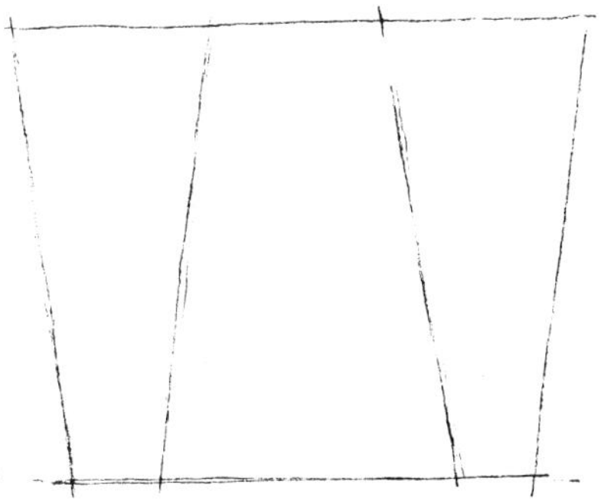

A

B. Le cou épais semble traverser la tête jusqu'au museau carré. Le haut du cercle forme l'arcade sourcilière et le bas, la mâchoire. Plus bas que la moitié indiquez le ventre et ajoutez la partie avant des pieds.

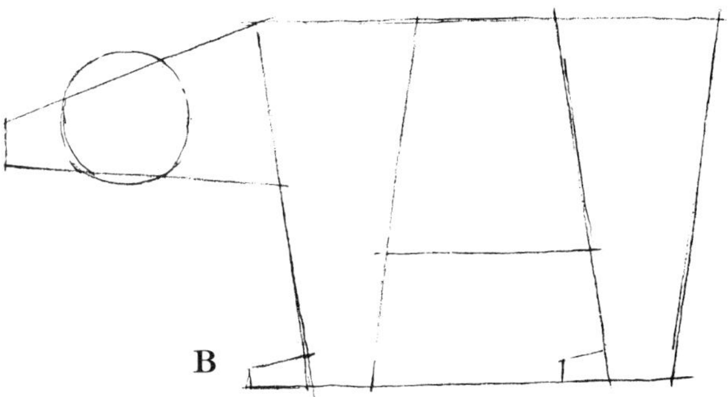

B

C. Arrondissez les angles, mais laissez aux membres leur force de pilier. Les oreilles se placent à l'arrière du cercle. L'œil est juste sous la ligne du cou et du nez.

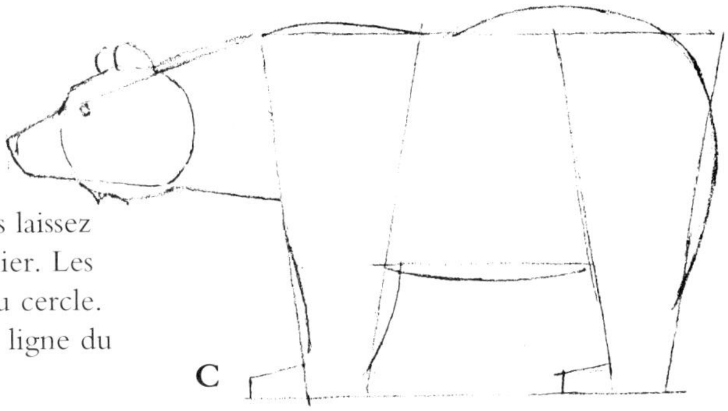

C

D. Bien que la fourrure de l'ours soit assez épaisse, laissez-lui son côté « solide » sous-jacent. Des touffes de poils sous le menton et derrière les pattes permettent de casser les lignes droites.

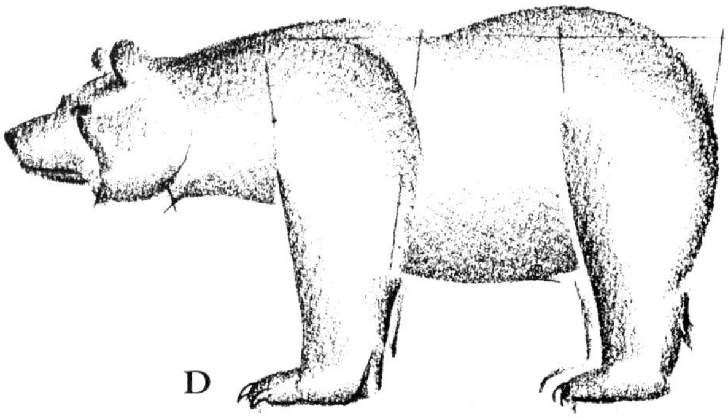

D

E. Le museau de l'ours noir est beaucoup plus clair que le reste de la face. La région des hanches est prononcée. Ses épaules sont visibles, mais jamais bossues. La fourrure est grossière et les pattes éloignées peuvent être foncées comme si elles étaient dans l'ombre.

E

# LES PRINCIPAUX OURS CÔTE À CÔTE

**Ours noir**
Longueur : 1,20 à 1,50 m
Hauteur au garrot : 60 à 90 cm
Poids : 100 à 235 kg

**Grizzly**
L. : 1,80 m à 2,25 m
Garrot : 90 à 1,05 m
Poids : 1,65 à 425 kg

**Ours polaire**
L. : 1,80 à 2,40 m
Garrot : 0, 90 à 1,20 m
Poids : jusqu'à 800 kg

**Ours brun de Kodiak**
L. : 1,80 m à 2,55 m
Garrot : 1,20 m à 1,35 m
Poids : jusqu'à 850 kg

Comparez la structure musculaire de l'ours **3** ci-dessous avec celle des autres animaux pp. 11-12. En dépit du fait que cette trame interne va être recouverte, une bonne partie du « moule musculaire » est visible.

Les ours bruns du monde entier sont apparentés **2**. Chaque division en coupe peut être rendue sur un court espace par des clairs et des foncés qui contrastent (flèche **1**, foncé; flèche **2**, clair).

Le côté « hivernal » d'un ours polaire est généralement rendu par une gamme de couleurs claires **4**.

2

**Ours brun européen**

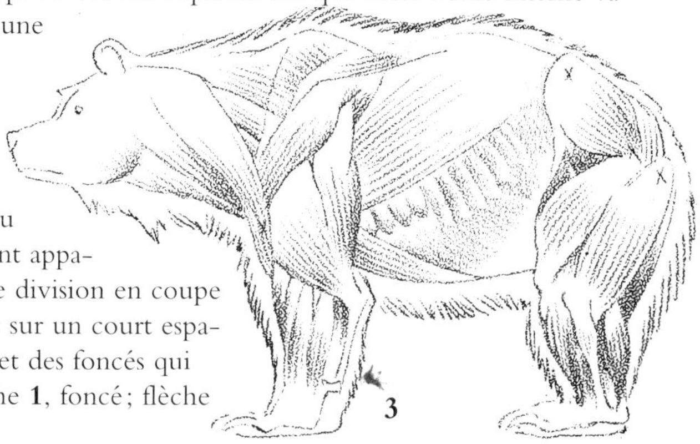

3

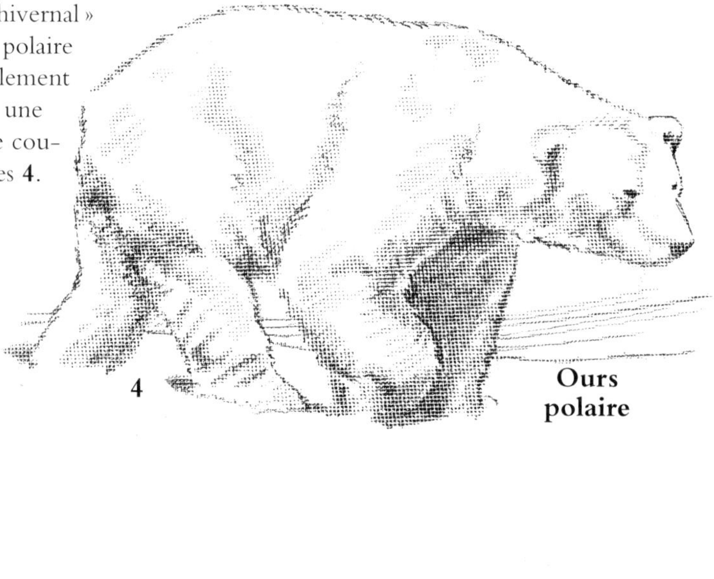

4

**Ours polaire**

# TÊTES D'OURS - EN QUELQUES ÉTAPES FACILES

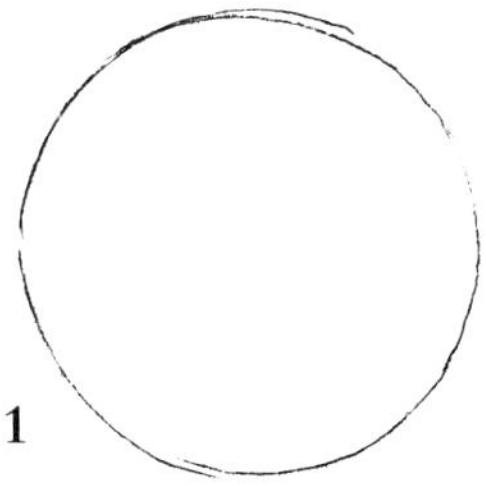
1

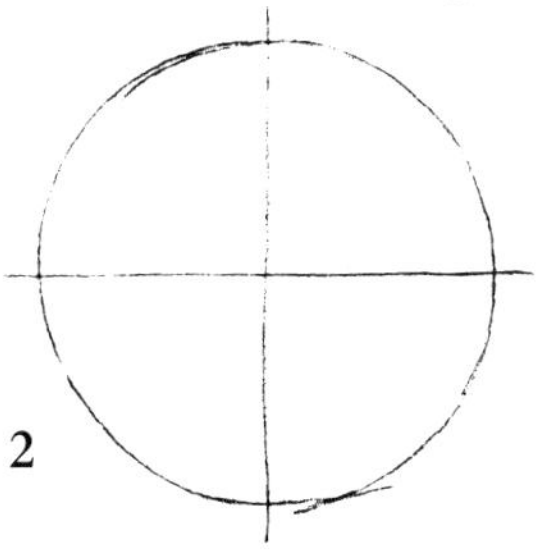
2

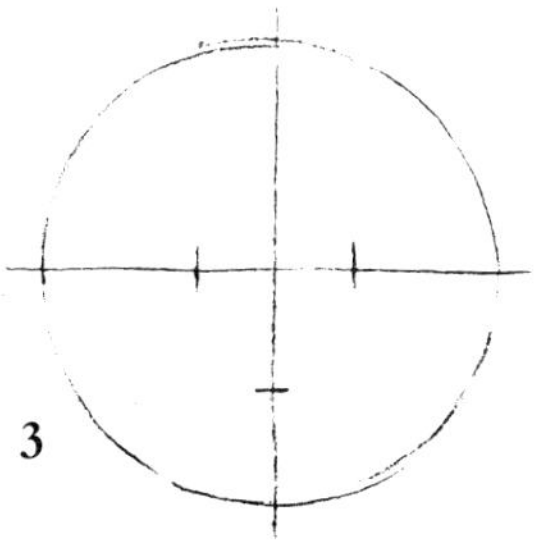
3

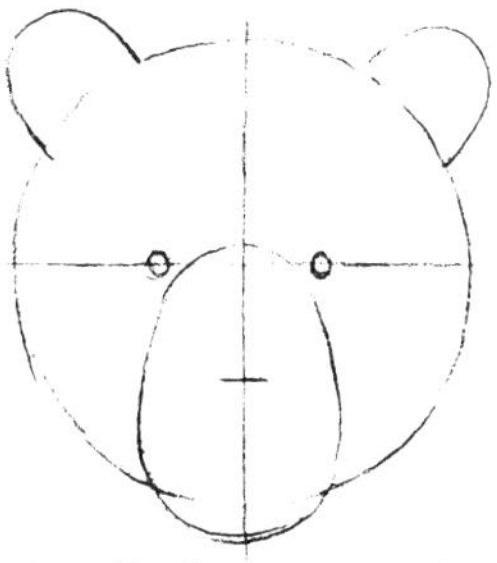
4

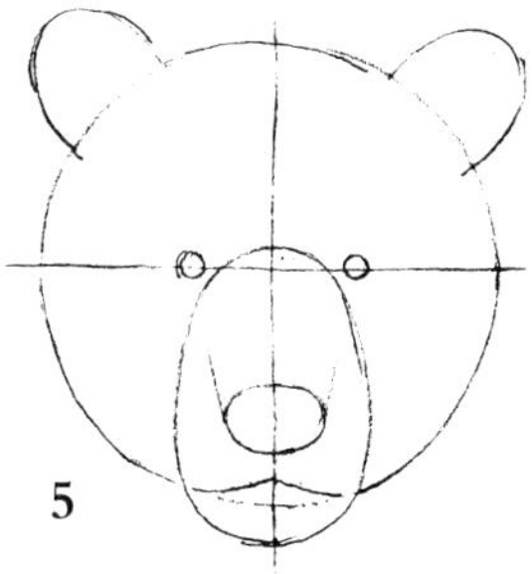
5

6

7

**Baribal (ours noir)**

8

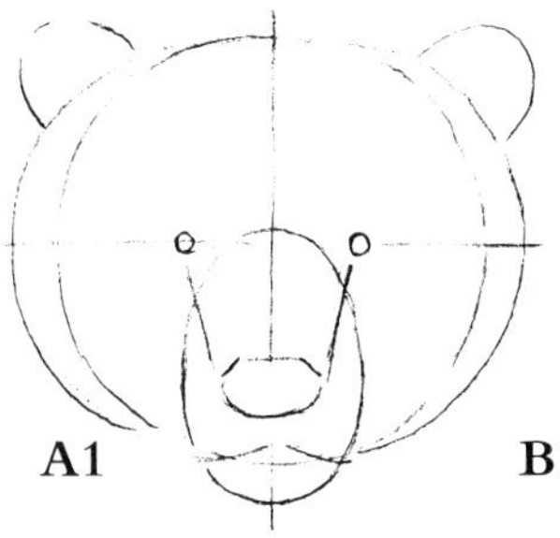
A1

B1

**Grizzly**

Ci-dessus le croquis d'un ours noir en 8 étapes. En **3**, la distance entre les yeux est la même que celle du côté externe (1/3 de la largeur de la tête), et ceci s'applique à tous les ours. Remarquez que dans toutes ces têtes la forme ovale du museau commence légèrement au-dessus du centre pour descendre sous le cercle de la face. La tête des grizzlys et des ours de Kodiak est plus large; celle de l'ours polaire et de l'ours des cocotiers est plus en forme de cœur. Les lignes du nez à l'intérieur du museau commencent près de l'œil et s'inclinent vers l'intérieur, vers les narines. Les poils partent vers l'arrière à partir du milieu du front et tournent autour des yeux. Le nez du Kodiak est proche du groin, sortant d'un museau plus large. Celui de l'ours polaire est plus fin, et les oreilles sont placées plus bas sur les côtés de la tête. N'oubliez pas ce qui concerne les yeux et le nez, pp. 16-17; et pour les gueules de ces ours voyez comment les lignes des lèvres descendent du centre. Pensez à faire une esquisse légère afin de pouvoir la modifier.

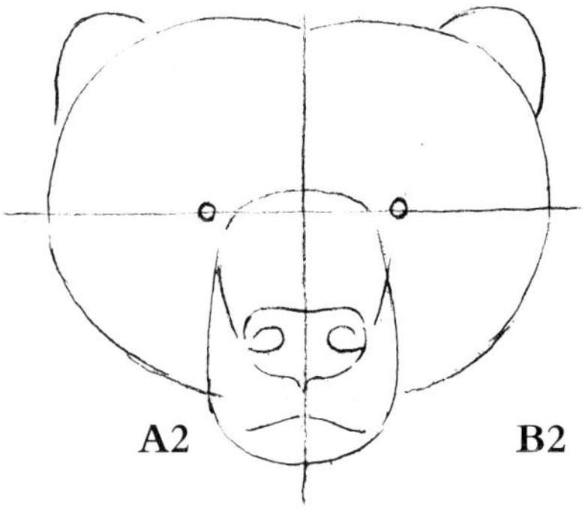
A2

B2

**Ours de Kodiak**

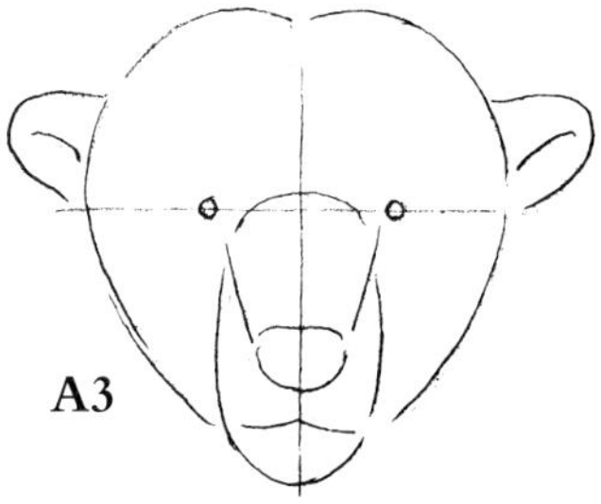
A3

B3

**Ours polaire**

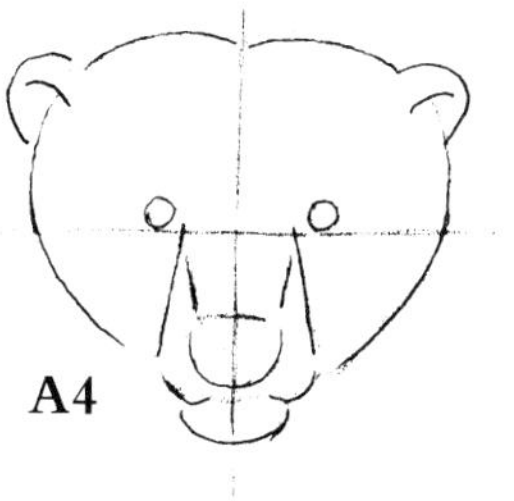
A4

B4

**Ours des cocotiers**

# COMPARONS L'OURS ET L'HOMME

Il est intéressant de comparer l'ours avec l'homme. L'ours étant un plantigrade (voir p. 15) il en tire quelques avantages.

Les notes sur ces croquis indiquent aussi bien les similitudes que les différences. N'oubliez pas que les omoplates humaines sont sur le dos, tandis que celles de tous les quadrupèdes sont sur le côté des épaules. Ainsi, de face, l'homme serait plus large aux épaules, mais les attaches des muscles qui découlent de cette disposition donnent une force de frappe énorme.

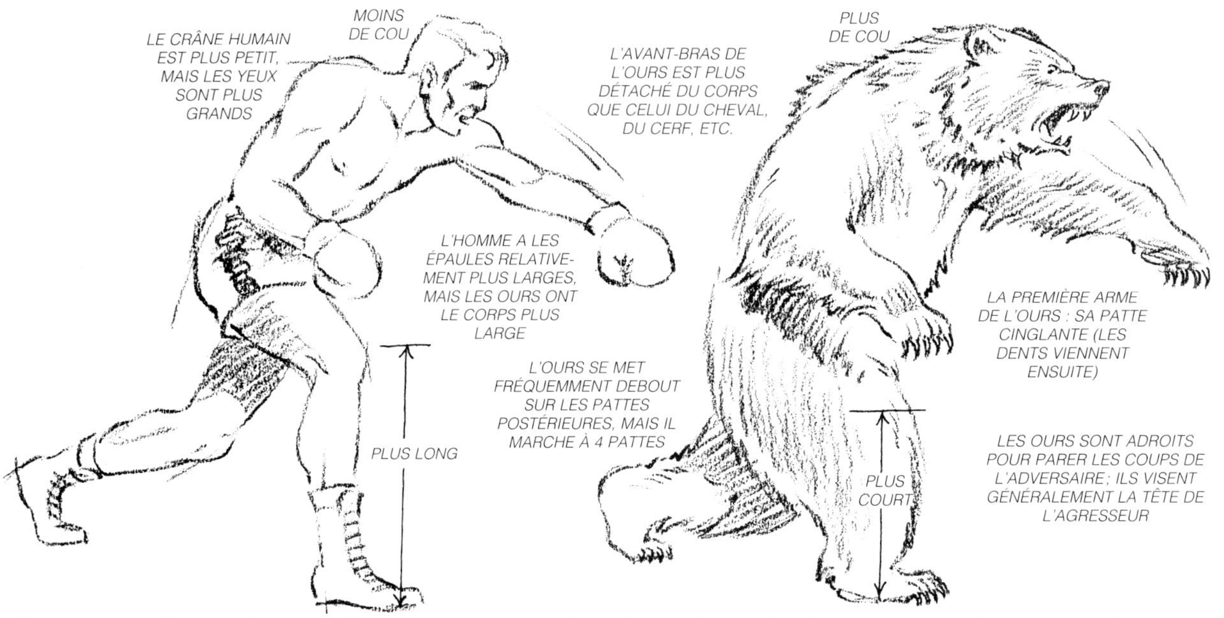


Tout comme les grands singes, l'ours peut se mettre dans des positions plus humaines que n'importe quel autre animal. Normalement ses mouvements sont plus lents et plus pesants que ceux de l'homme, sauf parfois lorsque le facteur surprise entre en jeu. Un grand ours a la force de 10 hommes.

Au zoo observez les ours rouler et faire des culbutes, surtout lorsqu'ils jouent. En général ils sont assez coopératifs et prennent de nombreuses poses pour les études de l'artiste. Dans la nature l'ourse fait des cabrioles merveilleuses avec ses oursons, mais dans les parcs nationaux américains il vaut mieux garder ses distances lorsque l'on rencontre une maman et sa progéniture.

# CARACTÉRISTIQUES SIMPLIFIÉES DE L'OURS

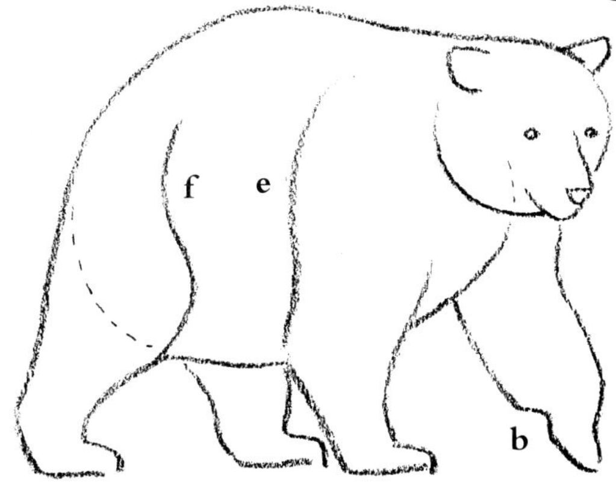


**1 Baribal**

**2 Baribal**

Après avoir décidé de la masse centrale du corps de l'ours (ovale modifié), dessinez le cou et la tête, les pattes et les pieds. Ces formes sont plutôt simples. Gardez à l'esprit que l'ours est une créature grasse et costaude. De tous les grands mammifères terrestres, c'est le plus « rond », surtout quand il a son pelage neuf. Des encoches et des angles subtils dans le contour peuvent fournir le relief demandé et renforcer cette rondeur. Vérifiez les notes ci-dessous :

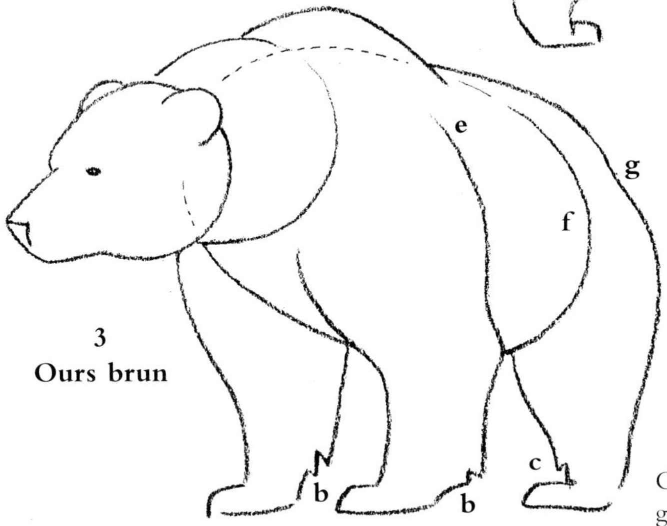


**3**
**Ours brun**

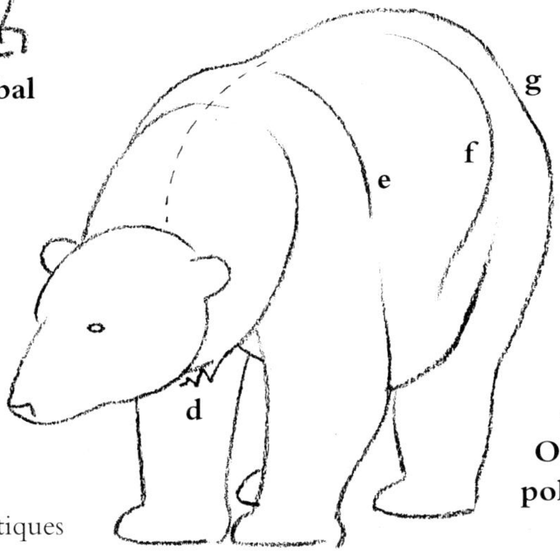


**4**
**Ours polaire**

Caractéristiques générales :

1. Courte distance entre le ventre et le sol
2. La ligne des pattes s'estompe en descendant vers les pieds (moins chez l'ours polaire).
3. La queue ne fait que quelques centimètres (fig. **2**).
4. Chez tous ces ours les poils font des mèches aux endroits suivants : A. Aux coudes **2a**, **5a** ; B. Au-dessus et derrière le talon du pied antérieur, **1b**, **3b**, **5b** ; C. Au-dessus et devant le pied postérieur, **3c**, **5c** ; D. Sur la gorge ou la base du cou, **4d**.
5. Une ombre traverse souvent de l'omoplate au coude, **1e**, **2e**, **3e**, **4e**, **5e**.
6. Une ombre ou « sillon » peut apparaître dans la fourrure épaisse entre la section médiane et l'arrière-train, **1f**, **2f**, **3f**, **4f**, **5f**.
7. Un léger aplatissement peut se voir au-dessus de la cuisse vue de trois-quarts, **3g**, **4g**, **5g**.

Caractéristiques individuelles :

1. Museau plus pointu chez l'ours noir ; plus massif chez l'ours brun et le grizzly ; plus arqué chez l'ours polaire.
2. Cou plus long chez l'ours polaire.
3. Bosse aux épaules chez l'ours brun et le grizzly.
4. Ours brun et grizzly un peu plus hauts aux épaules ; arrière-train plus élevé chez le baribal et l'ours polaire.
5. Pieds plus larges chez l'ours polaire.

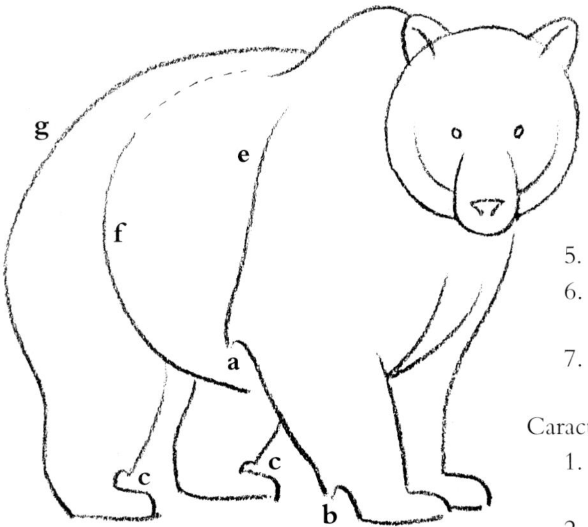


**5 Grizzly**

# COMPARONS LES OURS

(commentaires page suivante)

1
Ours de Kodiak

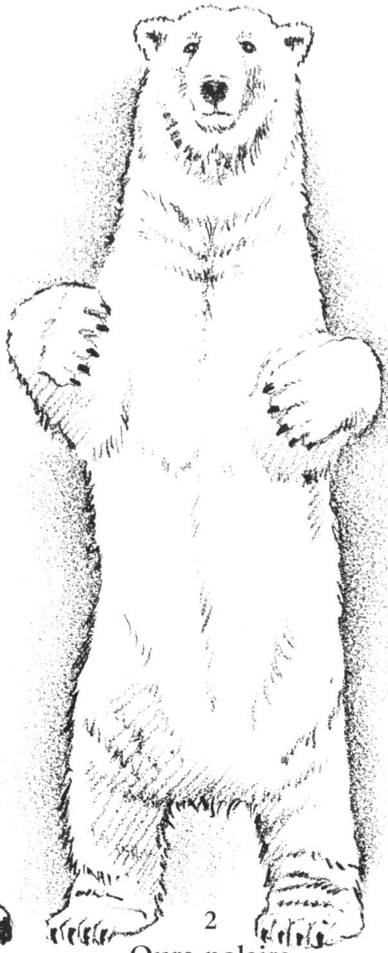

2
Ours polaire

3
Grizzly

Tous les ursidés peuvent se mettre debout sur les pattes postérieures pendant de courts instants. Page suivante vous en trouverez la description. Référez-vous aussi au schéma comparatif de la p. 48.

4
Baribal

5
Ours de l'Himalaya

6
Prochile

7
Ours des cocotiers

# VÉRITÉS SUR L'OURS

Les ours sont extrêmement variables. À l'intérieur d'une même espèce, ou parmi les membres d'une même famille, il peut y avoir des crânes et des caractéristiques faciales différents. L'expérience montre que si un grand ours brun (ou un Kodiak) et un grizzly de la même taille marchaient côte à côte, il serait souvent difficile de les différencier. Un ours brun deviendra pourtant plus grand, et de près les différentes variations notées p. 48 se verront. On ne peut confondre l'ours polaire, mais il peut toutefois avoir la même taille que l'ours brun. Les notes suivantes correspondant aux dessins de la page précédente pourront vous aider.

**1 Ours de Kodiak** (ou grand ours brun) peut faire plus de 2,70 m; énorme tête en forme de baril; c'est le plus grand carnivore terrestre vivant. Sa couleur est moins variable que celle du grizzly ou du baribal, mais il peut être brun roux, cannelle, bleu ou noir de jais.

**2 Ours polaire** étonnamment grand lorsqu'il est debout; les épaules sont fuyantes sous le long cou; de face, corps assez étroit; particulièrement bon nageur (tous les ours nagent); pieds larges en « raquettes »; meilleure vision que les autres ursidés; la fourrure blanche (plus souvent jaunâtre) est bien huilée pour le protéger de l'eau; tue en mordant, et pas d'un coup de patte cinglant.

**3 Grizzly** peut-être le plus féroce; la fourrure peut être ondulée sur certaines parties du cou et du corps; la bosse des épaules porte parfois une crinière partielle; différents tons de brun : jaunâtre, grisâtre, noirâtre avec quelques poils à la pointe argentée.

**4 Baribal** (ou ours noir) n'est pas si bienveillant qu'il en a l'air; fourrure de longueur plus régulière que chez les autres ursidés; derrière son nez brun roux il peut être noir, brun, cannelle, bleu, jaune, blanc, rouille ou même argent (les oursons d'une même portée peuvent être de couleurs différentes).

**5 Ours de l'Himalaya** (ou tibétain) a une collerette gonflée de poils noirs, longs et grossiers autour du cou et un croissant blanchâtre sur le poitrail; la lèvre supérieure peut être blanche; oreilles plutôt grandes; petites griffes noires.

**6 Prochile** (ou ours jongleur ou mélursus) museau long presque nu et lèvre inférieure très extensible; fourrure noire, longue, grossière et à l'air négligé; museau jaunâtre; marque blanchâtre sur le poitrail; grands pieds avec d'énormes griffes blanches.

**7 Ours des cocotiers** (ours malais ou bruang) petit, pattes arquées; fourrure noire, très courte, brillante avec une marque jaunâtre sur le poitrail; museau gris brun clair; oreilles petites.

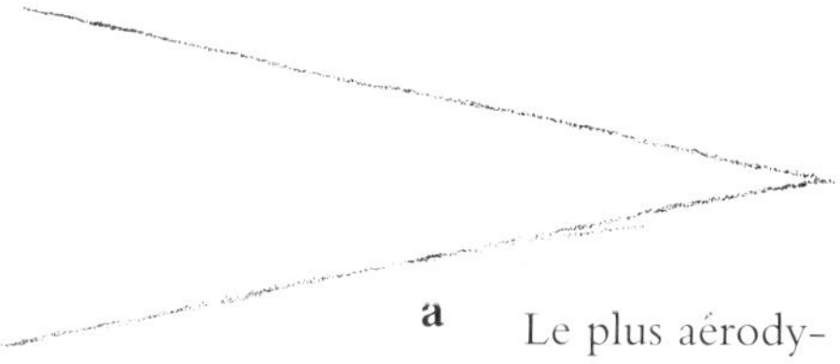

**a** Le plus aérodynamique est l'ours polaire…

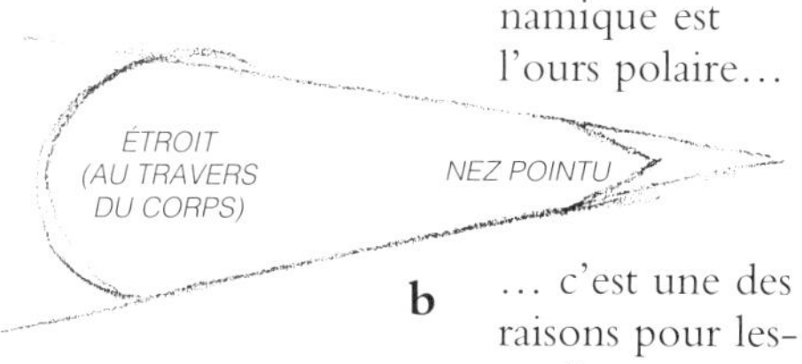


**b** … c'est une des raisons pour lesquelles…

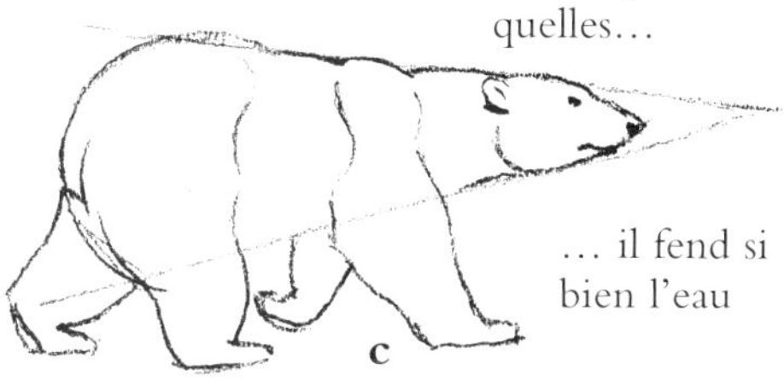

**c** … il fend si bien l'eau

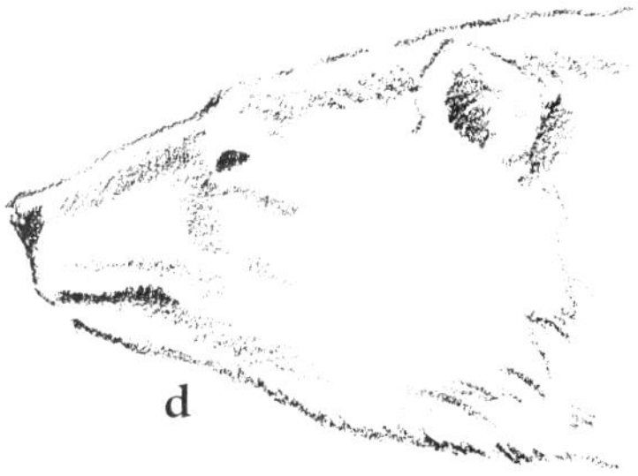

**d**

# L'OURS QUI GROGNE

Comme chez le chien, le bout du nez d'un ours furieux remonte et se retrousse (beaucoup plus que chez les félidés), par contre, la joue d'un chat irrité remonte sous l'œil (plus que chez le chien ou l'ours); voir fig. **B**, **C** et **D** ci-dessous; p. 40 pour un grand félin en colère.

**A** Ours brun européen sur papier à côtes

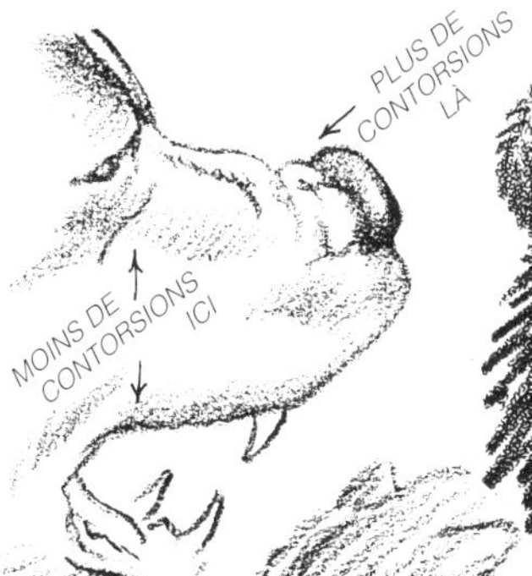


**B**

**C**

**D**

# COMMENT MARCHE UN OURS

Ce baribal à gauche marche plutôt lentement, ce qui est sa démarche normale quand tout va bien; on pourrait dire qu'il se dandine. Dans cet acte, 3 pattes sont généralement simultanément sur le sol, mais, comme chez la plupart des animaux, lorsque les 2 pieds les plus à l'intérieur sont en suspension (**A** et **B** fig. **1**) les 2 pattes de support sont toujours du même côté du corps; si les pieds le plus en avant et le plus en arrière sont en suspension (**C** et **D** fig. **7**), les 2 pieds de support sont toujours des côtés opposés du corps. Si l'ours démarre avec le pied avant droit (fig. **2**) et l'avance (fig. **3**) puis le pose (fig. **4**) c'est le pied arrière opposé (fig. **4**) qui se lève, est amené en avant puis posé (fig. **5**). Entre temps, le pied avant gauche (fig. **5**) suit le même schéma. Parfois un obstacle va obliger un pied à se lever plus haut, **E** fig. **8**, que **F** fig. **4**.

Parfois un ours va se mettre partiellement sur les pattes postérieures, puis revenir à 4 pattes (fig. **9**).

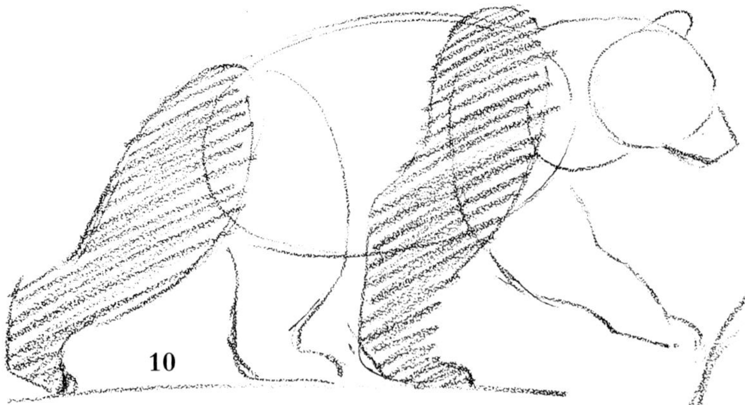

Un des animaux les plus faciles à sectionner est l'ours. Les zones ombrées de cet exemple sont de ce côté pour qu'on les distingue de celles qui sont les plus éloignées. Commencez par l'ovale simple; diviser votre dessin de cette façon vous aidera.

# LE CHEVAL CRÉATURE DE BEAUTÉ

Peu d'hommes ont regardé un cheval au fond de ses yeux expressifs sans se demander ce que pouvait bien penser ce majestueux animal. Bien que pour l'aider dans ses labeurs l'homme ait mis le cheval plus à contribution que n'importe quelle autre créature, il reste toujours à des années-lumière du fonctionnement « mental » de sa plus belle conquête. Le mystère semble composé par la tête massive et sa « cuirasse » qui semble en acier. Ces caractéristiques inhabituelles comportent peut-être plus de traits magnifiques que n'importe quel autre animal.

La tête d'un cheval est souvent la partie à laquelle s'attaque en premier l'artiste amateur. Quelles en sont les bases ? Les pages suivantes vont simplifier le problème.

# PRENONS LA TÊTE D'UN CHEVAL POINT PAR POINT

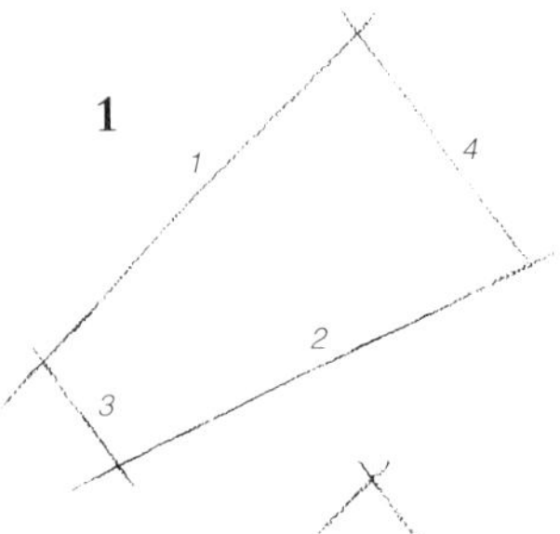

1

En règle générale le premier trait que l'on fait est celui qui descend du front **1** et qui est presque toujours incliné à 45°, si le cheval est debout. Après la ligne **1**, tracez la **2**. Plus le cheval est lourd (animal de trait) plus les lignes **1** et **2** seront parallèles et éloignées. La ligne **3** peut faire moins de la moitié de la ligne **4** chez un cheval de monte léger, ou plus de la moitié chez un lourd cheval de trait. (Esquissez légèrement).

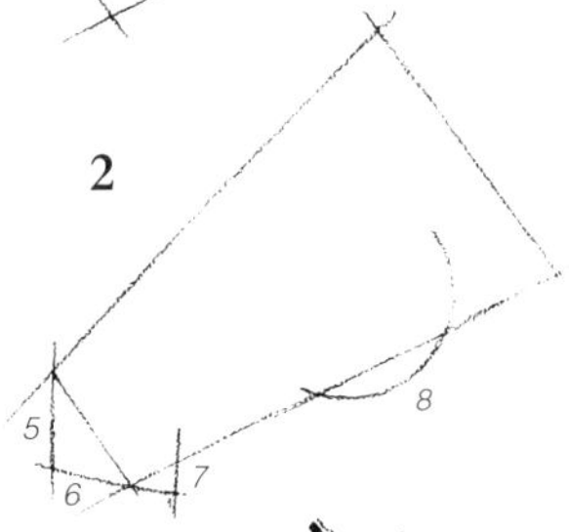

2

Ensuite, esquissez un petit triangle devant la ligne **3** ci-dessus. La ligne **6** de ce triangle s'étend pour rejoindre la ligne **7** qui fera le menton. Remarquez qu'en tant qu'esquisse, la courte ligne **7** peut être parallèle à la ligne **5**. À peu près à mi-chemin le long du reste de la ligne **2** d'origine, tracez l'arc **8**, qui sera le bas de la pommette saillante de la mâchoire inférieure. Cette courbe tombe sous la ligne droite **2**, presque autant que le petit triangle du menton.

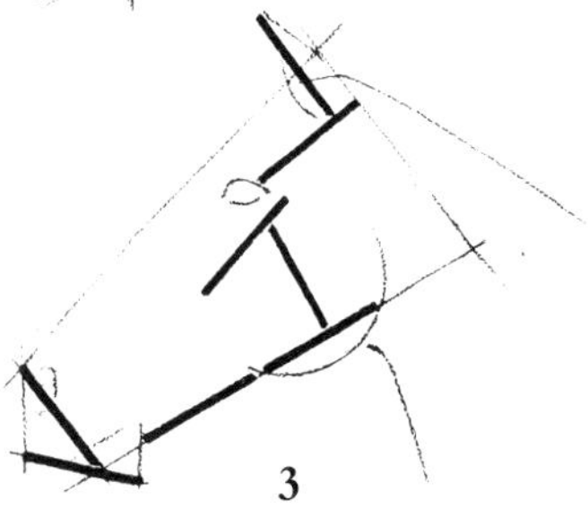

3

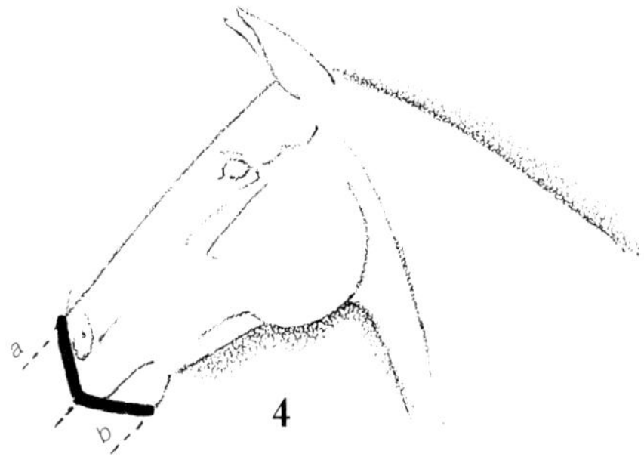

4

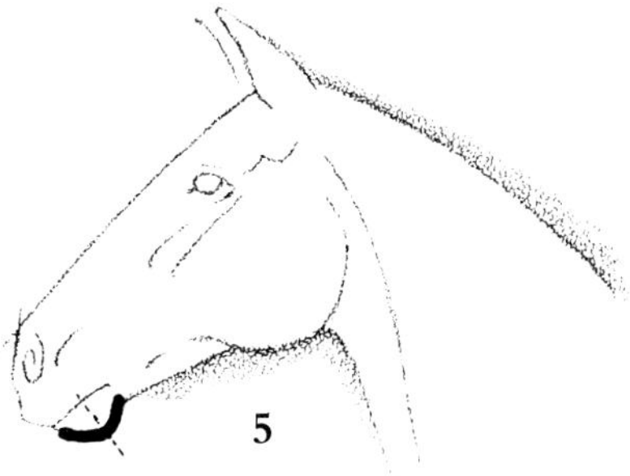

5

Fig. **3** Toutes les distances représentées par un trait noir sont très semblables. Il n'est cependant pas nécessaire de les mesurer exactement. En être conscient aide simplement l'œil à opérer un jugement rapide.

Fig. **4** Le bout du nez au-dessus des lèvres est approximativement à mi-chemin entre **a** et **b**.

Fig. **5** La saillie visible du menton du cheval n'est pas en os, elle est flexible et remonte jusqu'au coin de la bouche. Ce menton est relativement petit par rapport au reste de la tête.

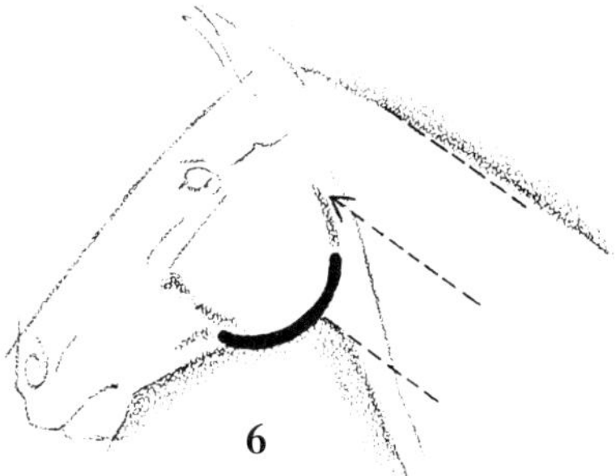

6

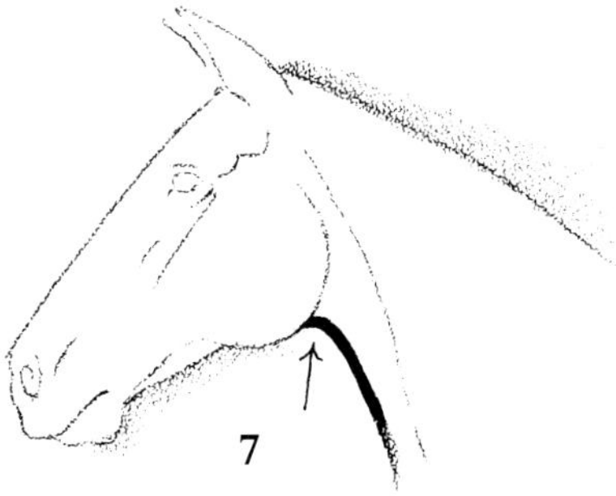

7

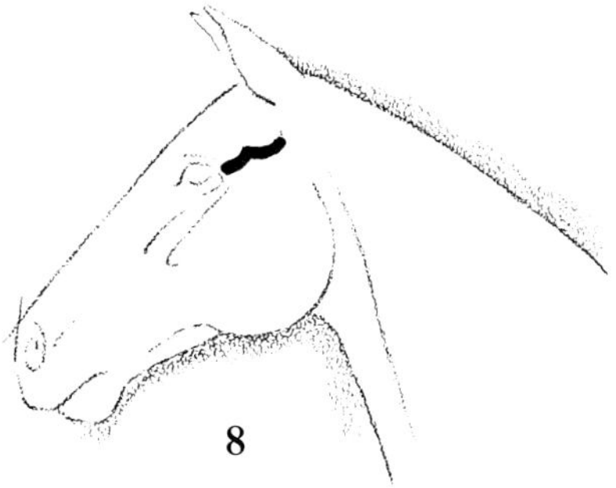

8

Fig. **6** L'os le plus saillant de la tête d'un cheval de profil est la mâchoire inférieure. Si la ligne arrière était prolongée, elle s'alignerait parfaitement sur la racine de l'oreille (voir aussi fig. **10**). La partie visible de cette courbe se termine à la flèche qui est le point central en haut du cou.

Fig. **7** Ici une courbe subtile là où la ligne inférieure du cou s'arrondit derrière l'os maxillaire. Ce changement de direction ne doit jamais faire un angle aigu.

Fig. **8** Cet « accent circonflexe » est exceptionnellement saillant chez tous les chevaux. Chaque tête de cheval correcte aura, sous une lumière normale, une ombre à cet endroit. C'est l'arche zygomatique, os fixé juste au-dessus et derrière l'œil (voir fig. **10**).

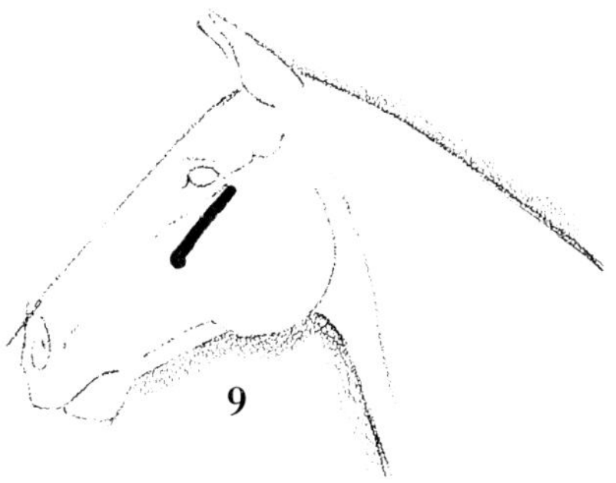

9

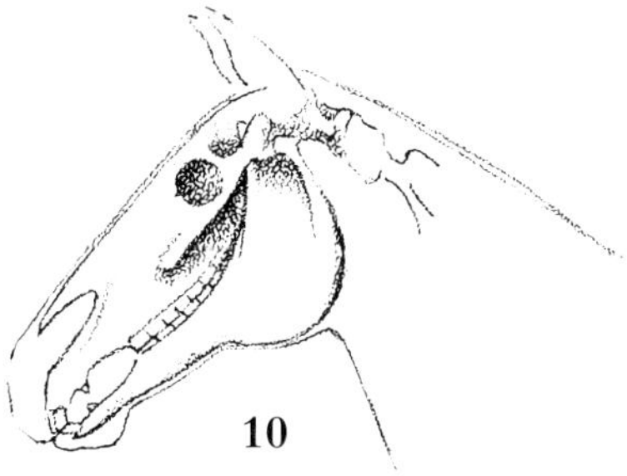

10

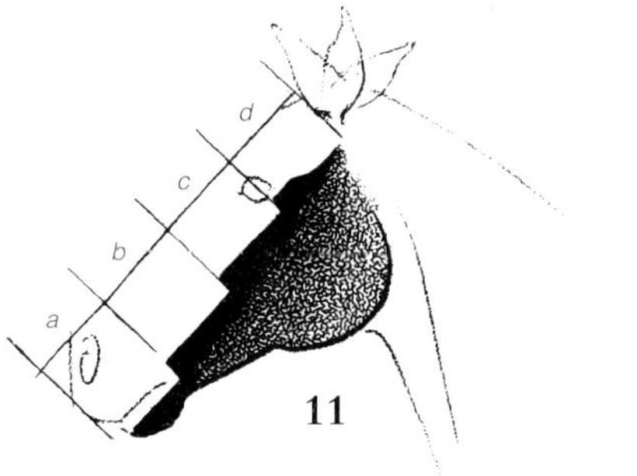


11

Fig. **9** La seconde saillie faciale est l'os zygomatique, qui est très voyant (fig. **10**). C'est la continuation de l'accent circonflexe (mais plus bas) mentionné fig. **8**. Recherchez-la à chaque fois que vous verrez un cheval de près ou en photo.

Fig. **10** Voici un crâne ajusté dans le contour. Aucun animal n'a un relief osseux plus évident dans la tête.

Fig. **11** Ici, escalier de changement de plan où se trouvera l'ombre. Un peu de temps passé ici ne sera jamais perdu. (Remarquez aussi la mobilité de l'oreille).

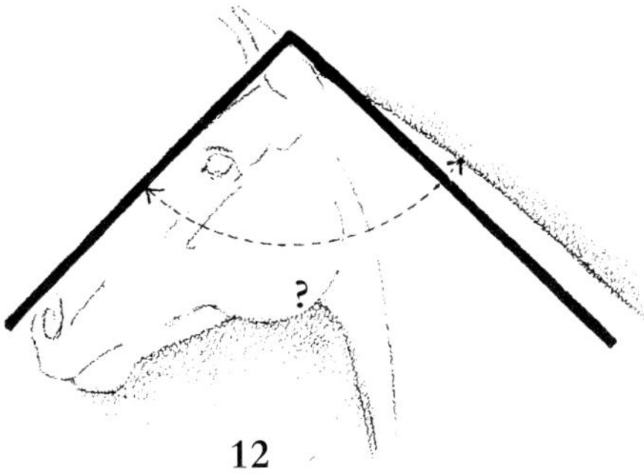


12

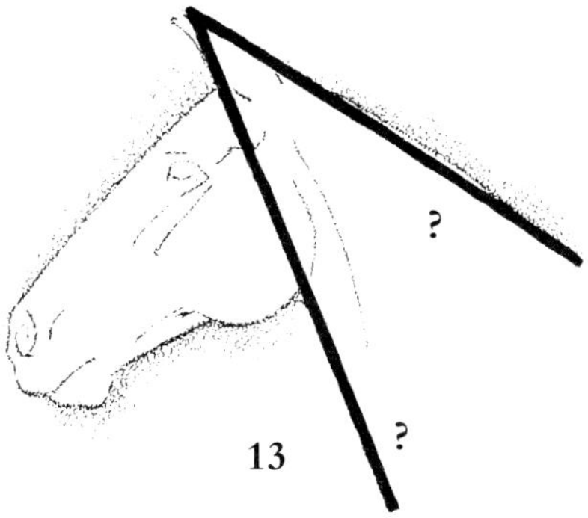


13

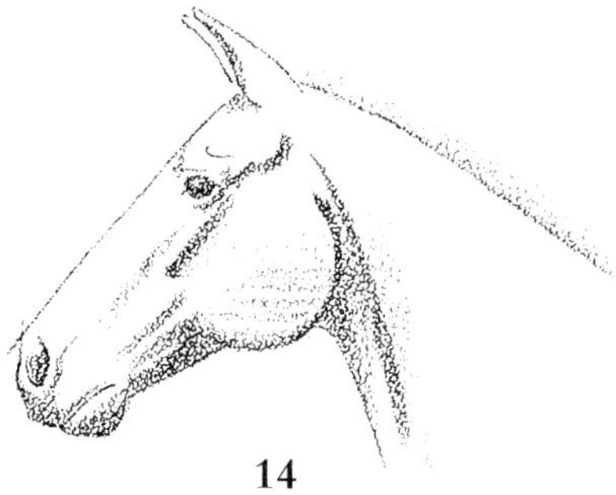

14

Fig. **12** Port normal de tête d'un cheval par rapport au dos du cou (peu de variation selon les races).

Fig. **13** Lignes du cou par rapport aux oreilles lorsqu'elles sont de face.

Fig. **14** Tête terminée après avoir suivi les points précédents.

Pour vous entraîner à esquisser une tête de cheval :

1. Essayez de dessiner autour de la forme d'ensemble avec des lignes générales pour vous limiter.
2. La plus grande étendue est sur le front entre les yeux. Le long nez se rétrécit rapidement.
3. Voici ce qui ressort dans une vue de trois-quarts.
4. Il faut absolument compter avec les lignes **a**, **b** et **c**.
5. Bien qu'il y ait un certain nombre de changements subtils de plan dans la tête d'un cheval, les deux principaux sont **A** et **B**.
6. Les variations longitudinales suivent les découpages en coupe transversale faites par les traits de crayon superposés.

# GUIDES POUR BIEN DESSINER UN CHEVAL

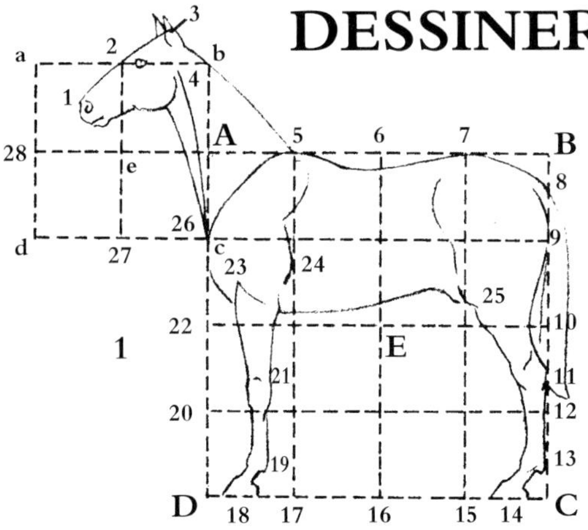

1

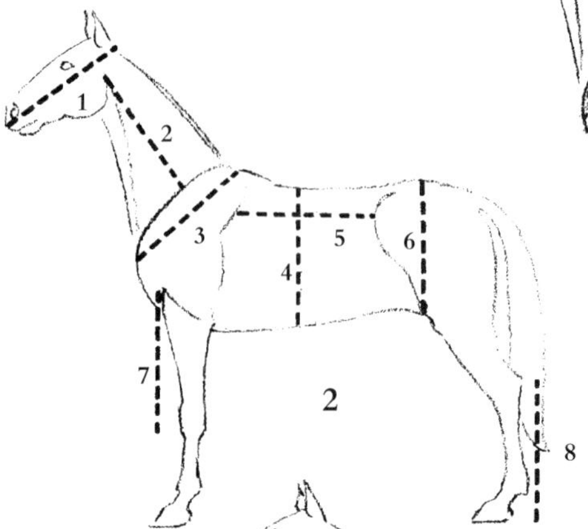

2

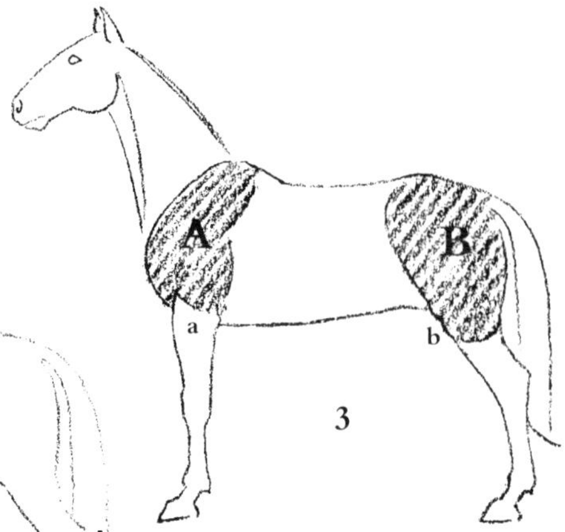

3

Il n'y a pas de formule magique pour bien dessiner un cheval, mais de nombreux facteurs vous y aideront. Le corps de chaque cheval n'entrera pas dans un carré comme **ABCD** de la fig. **1**. La plupart sont un peu plus longs; très peu sont plus hauts. Le cheval de selle moyen ne tient pas la tête aussi haut; beaucoup d'individus fougueux et de concours la tiennent ainsi, et certains, plus haut encore. Suivez les chiffres **1** à **28**. Notez l'endroit où les différents points touchent les pointillés.

2. Tout d'abord, comparez les distances en prenant la longueur de la tête comme unité de mesure (voir fig. **2**).

3. Les avant-mains **A** et l'arrière-main **B** d'un cheval sont des formes très belles en soi. Il est utile de les isoler et de s'y entraîner. Observez leur ligne (entaille **a** et double saillie **b**).

4. Voici un point très utile qui s'applique à presque tous les mammifères. L'articulation antérieure A est sous l'articulation postérieure **B** par rapport à la ligne pointillée **a-b** (voir p. 6).

5. La plupart des chevaux portent la tête de telle façon que **A** est parallèle aux épaules **B**. Les parenthèses **a** (les garrots) sont généralement parallèles aux parenthèses **b** (bas du triceps).

6. Le coude **A** (olécrane) est au-dessus de la ligne du ventre; le grasset **B** (rotule) est dessous.

7. Chez la plupart des chevaux, une ligne **A** descend de l'arrière du cou vers l'avant des jambes postérieures, et **B** descend également de l'avant du cou vers l'avant-bras.

8. En général les poils descendent et remontent (voir les flèches). Les tourbillons principaux sont sur les flancs dans une vue de profil, ce qui affecte beaucoup l'ombrage de la surface (page suivante).

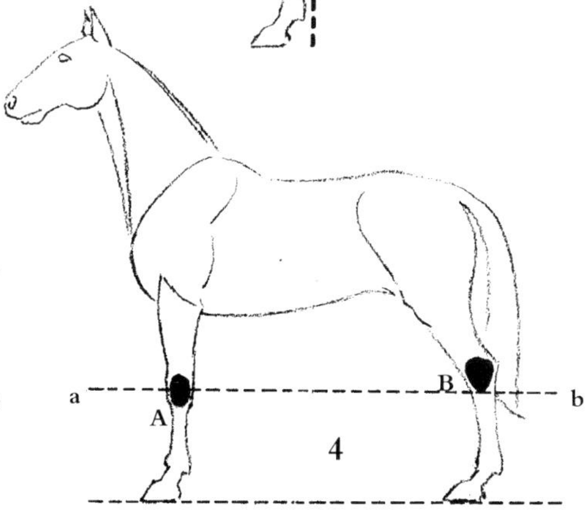

4

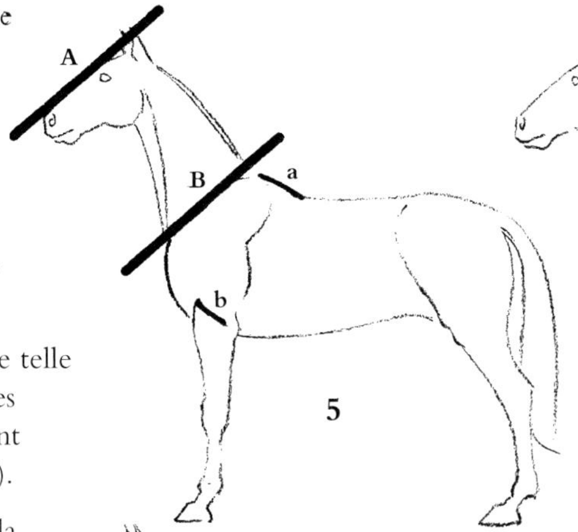

5

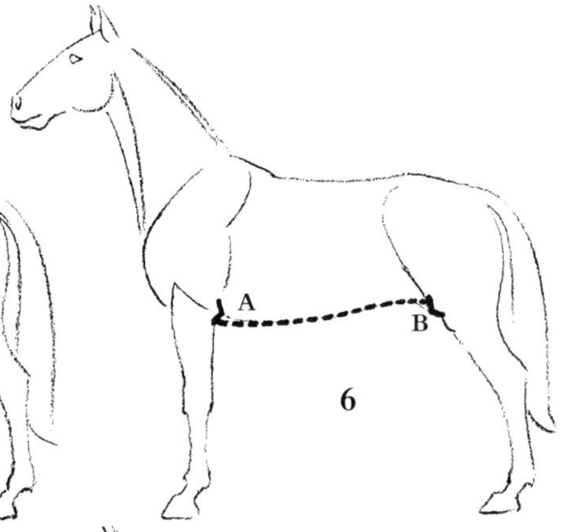

6

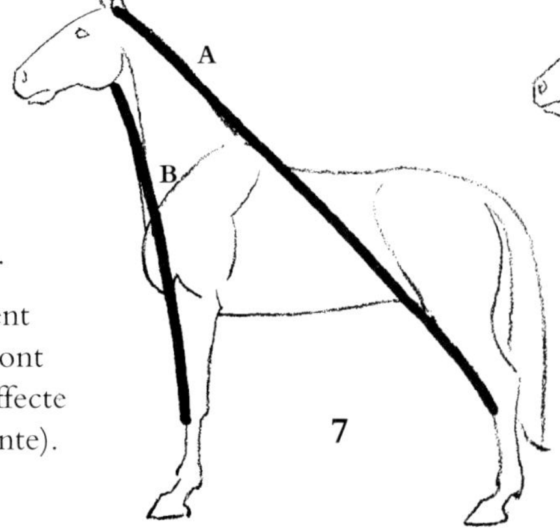

7

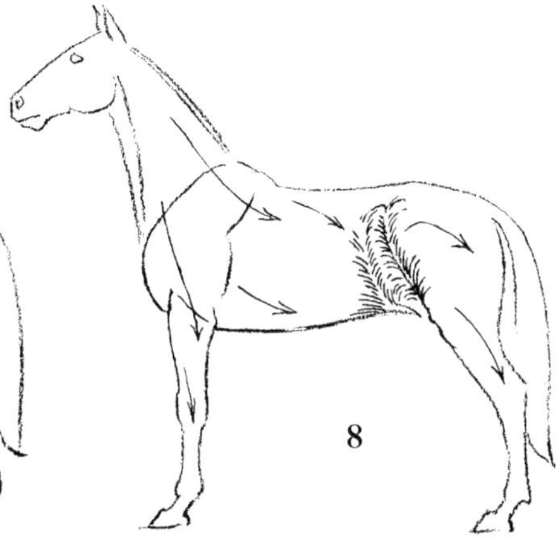
8

# AIDES POUR L'ANATOMIE EXTERNE

1

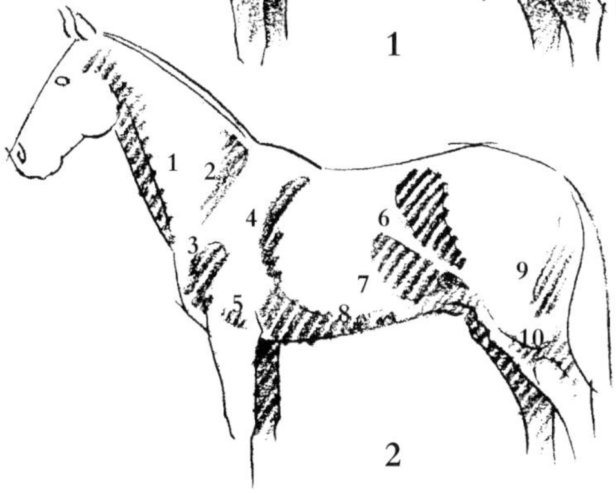


2

L'un des gros problèmes quand on dessine ou qu'on peint un cheval, est son anatomie externe. Pour faire un lien entre les données simples de la page précédente et les discussions ultérieures sur la structure interne, voici quelques détails illustrés :

1. Les chevaux clairs exposés à une lumière venant du dessus peuvent avoir une nuance de tons très subtile. Regardez la lumière aux flèches.

2. Dans ce dessin : 10 endroits clés où un changement de ton peut avoir lieu. Cela ne signifie pas qu'il n'y en a pas d'autres, mais il est utile de connaître ceux-ci.

3

4

**3** à **5** sont des gradations suggérées pour les chevaux clairs **3**; aux tons moyens **4**, et foncés **5**. Il est certain que la source lumineuse, la ligne des muscles, la qualité de réflexion des poils, etc. ont un lien étroit avec l'apparence. Remarquez les épaules : en **3**, claires; en **4** traitement en double traits; en **5** ombrage fort. Observez les ombres en **3** et les rehauts en **5**. Cherchez les « îlots » d'ombre sur le devant des hanches (flèches **3a**, **4a** et **5a**, ainsi que sur le grand étalon fig. **6**). Là où la croupe s'arrondit sur le haut de la cuisse (flèches **3b**, **4b** et **5b**) il peut y avoir un changement de valeur. Aux flèches **3c**, **4c** et **5c**, il y a un changement de plan, mineur, mais évident, qui signifie souvent une petite différence dans l'ombrage.

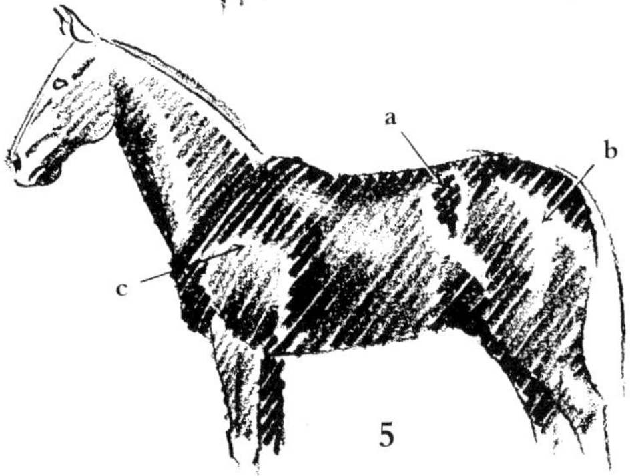


5

Regardez la fig. **7** : il y a 3 zones relativement lisses et unies, numérotées **1**, **2** et **3**; puis 3 autres où l'on voit les muscles ou les poils **4**, **5** et **6**.

6

Dans le croquis du grand étalon de trait ci-dessus, vérifiez les différents points énumérés sur cette page.

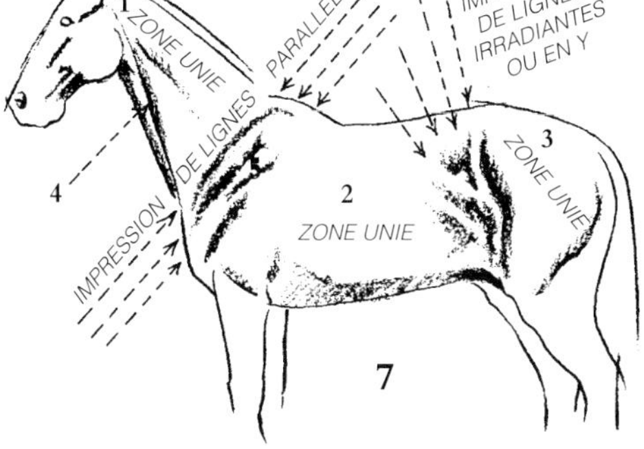


7

# STRUCTURE OSSEUSE DU CHEVAL

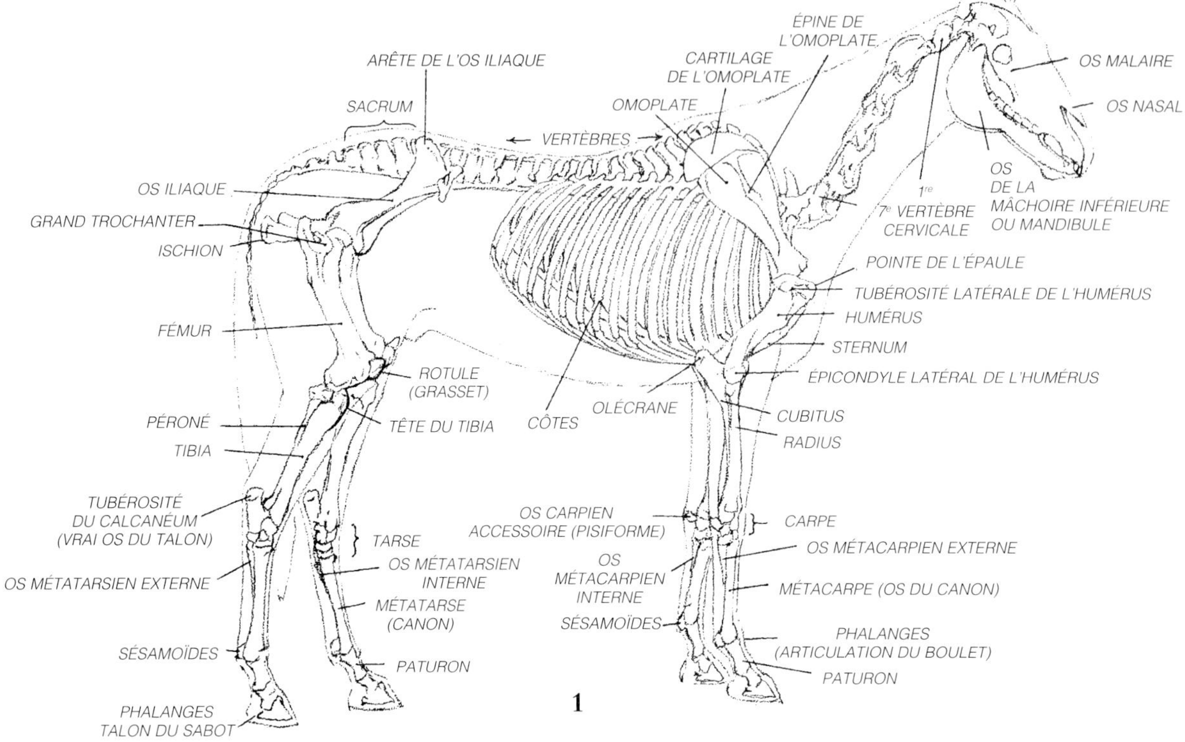


1

Pourquoi inclure les figs **1** et **2** dans un livre pour artistes? et surtout, pourquoi indiquer les noms scientifiques des différents os et muscles? On aurait pu facilement les omettre, car les mémoriser tous n'est pas aussi important que de savoir où sont situés ceux qui se voient. Si, cependant vous avez vraiment envie de dessiner un bon cheval, vous ne devez pas seulement savoir où se trouvent le contour et la masse, mais aussi en connaître le pourquoi, et si vous vérifiez ce qui se passe, vous vous en souviendrez mieux si ce pourquoi a un nom, car même si celui-ci ne fait que désigner quelque chose, il vous aidera à comprendre la surface évidente du cheval, fig. **3** page suivante.

# MUSCLES

Les muscles profonds de l'arrière-main sont identifiés, mais seulement suggérés ici. Ils sont représentés sans les muscles superficiels qui viennent par-dessus p. 11.

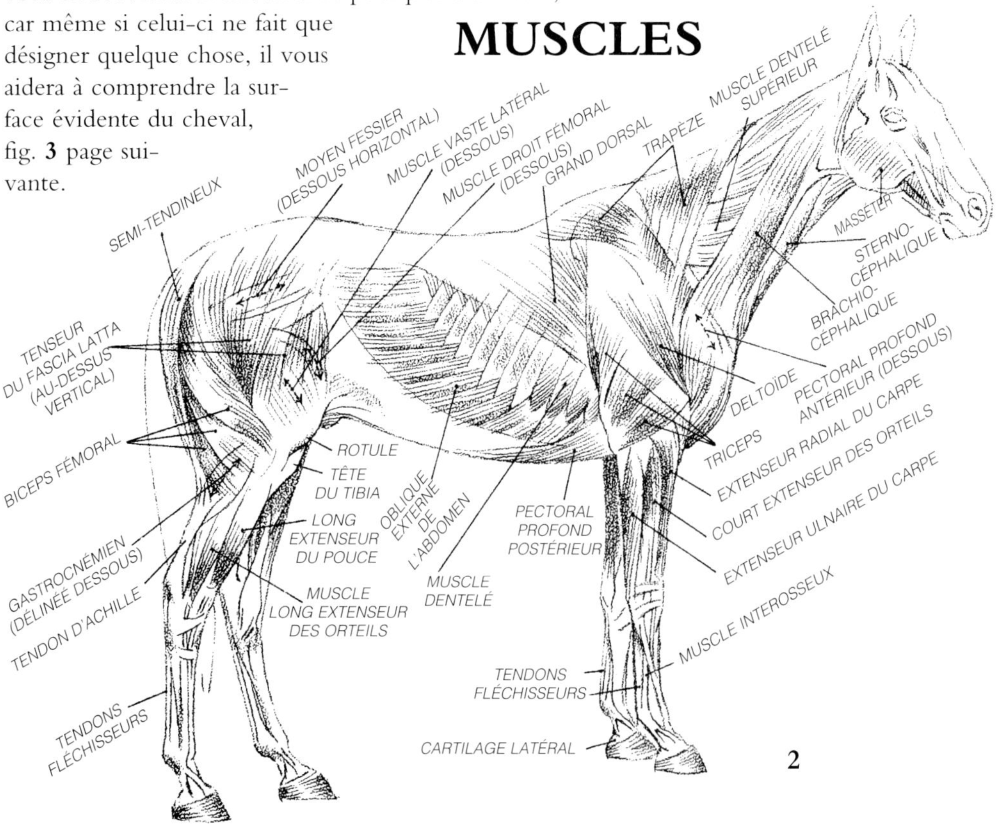


2

Glossaire

Tenseur : muscle qui étend une partie
Extenseur : muscle qui étend ou redresse un membre ou une partie
Fléchisseur : muscle qui plie un membre ou une partie
Postérieur : situé derrière
Antérieur : situé devant
Dorsal : situé près ou sur le dos
Ventral : appartenant à la partie basse
Externe : près de l'extérieur
Interne : près de l'intérieur

# ANATOMIE EXTERNE DU CHEVAL

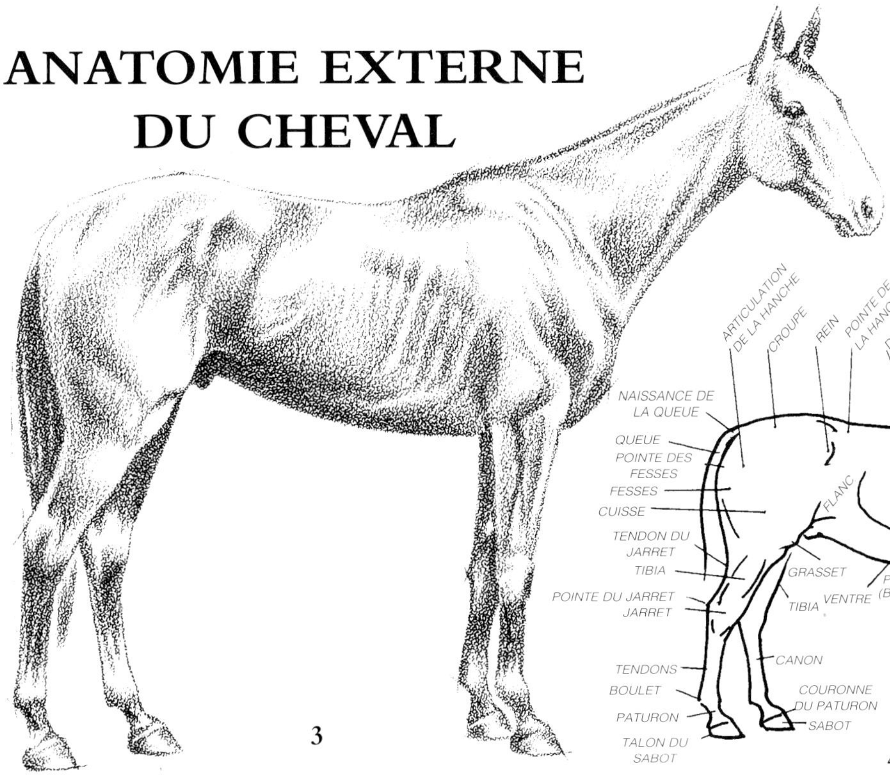

3

### Parties d'un cheval en langage du cavalier

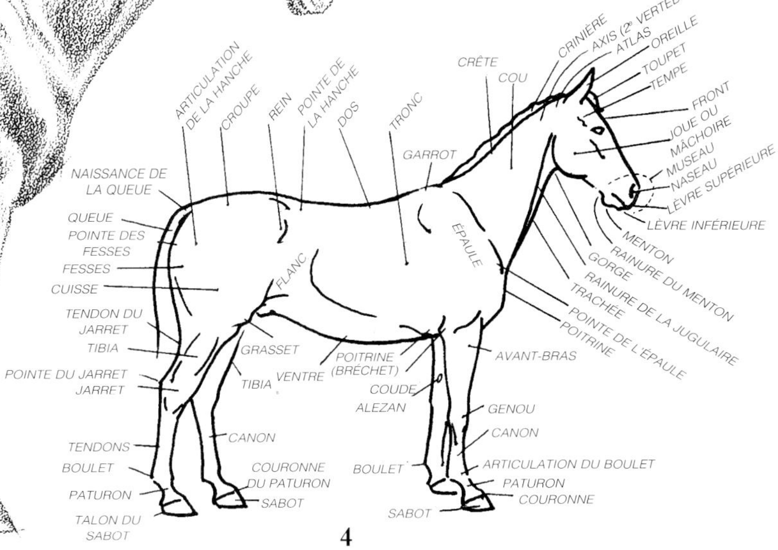


4

Le nombre de preuves manifestes des parties internes d'un cheval bien conformé, visibles à l'extérieur est surprenant. Il est donc bon de s'entraîner à aller de la fig. **3** aux **1** et **2** pour faire des comparaisons. Essayez de vous souvenir de cette étude quand vous dessinerez votre propre cheval.

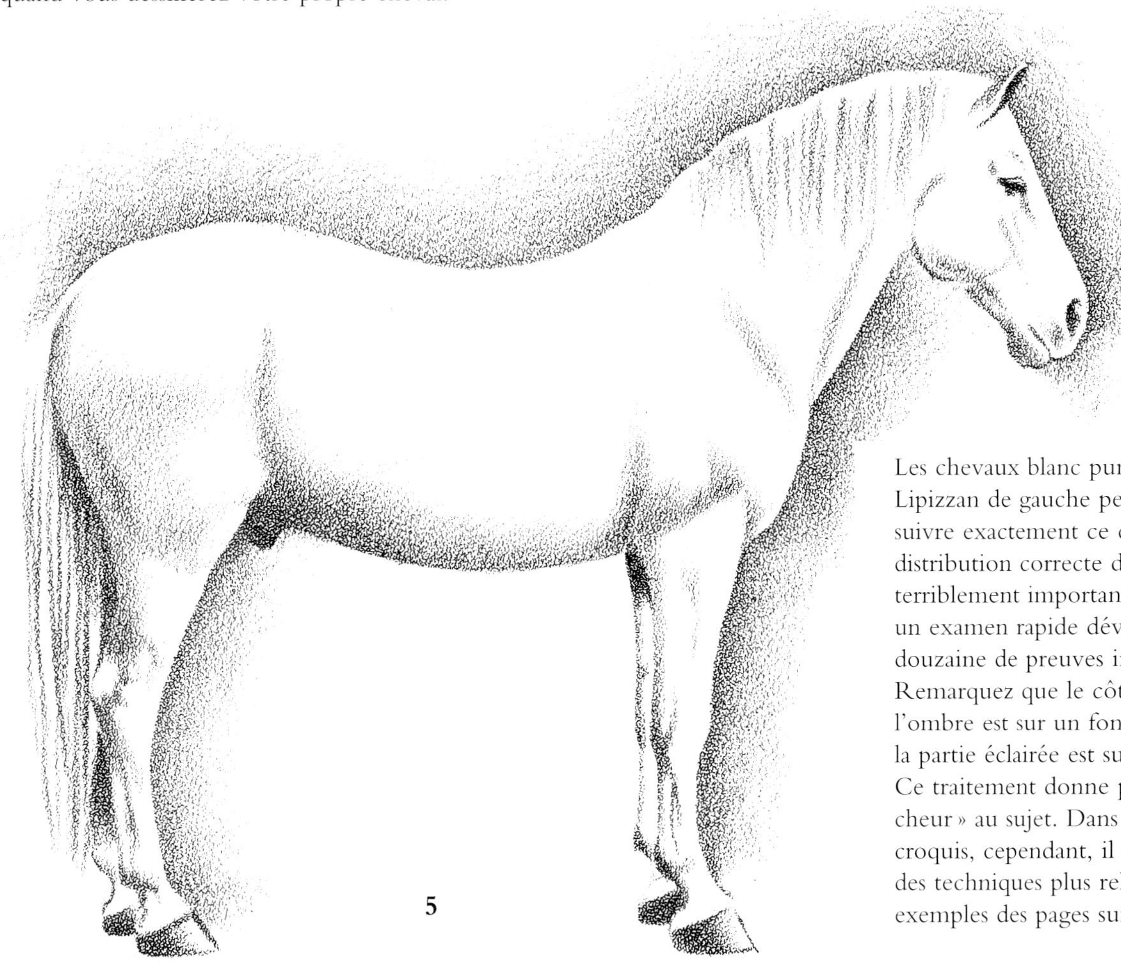

5

Les chevaux blanc pur comme le Lipizzan de gauche peuvent ne pas suivre exactement ce contour, mais la distribution correcte de leur masse est terriblement importante. Même ainsi, un examen rapide dévoilera plus d'une douzaine de preuves internes. Remarquez que le côté du cheval dans l'ombre est sur un fond blanc, et que la partie éclairée est sur un fond foncé. Ce traitement donne plus de « blancheur » au sujet. Dans la pratique du croquis, cependant, il est bon d'utiliser des techniques plus relâchées. Voir les exemples des pages suivantes.

# ÉTAPES FACILES POUR DESSINER UN CHEVAL

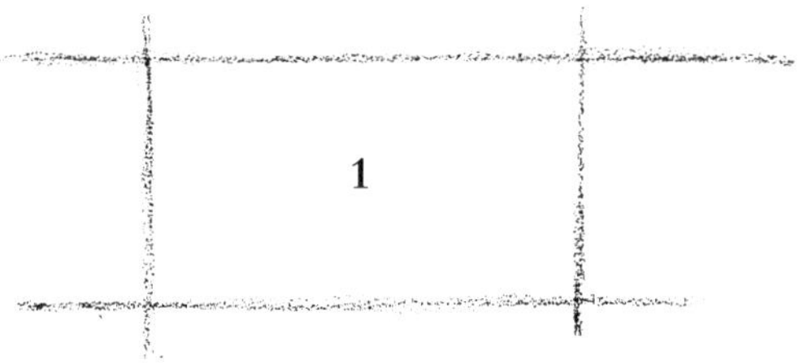


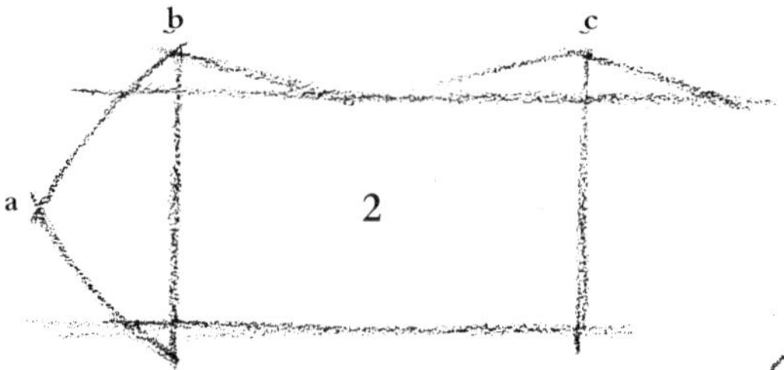

1. Esquissez légèrement un rectangle dont les traits débordent.

2. À peu près au milieu devant, trouvez la pointe de l'épaule **a**. En surmontant les 2 verticales vous obtiendrez le garrot **b** et le haut des hanches **c**.

3. Ajoutez la ligne du poitrail **a**, celle du ventre **b** et celle des fesses **c**.

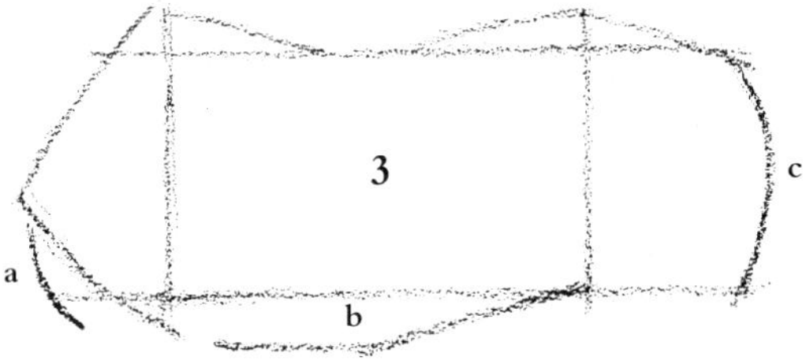


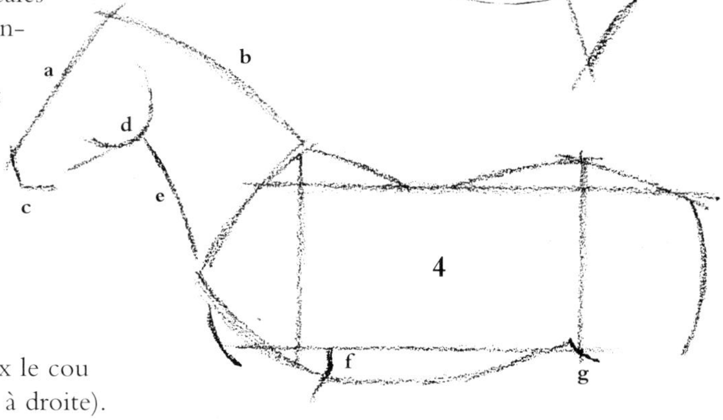


4. Esquissez le cou et la tête (**a**-**e**). Chez beaucoup de chevaux le cou n'est pas beaucoup plus long que la tête (voir schéma en haut à droite). Placez le coude **f** et le grasset ou la rotule **g**.

## NOTES SUR LES PIEDS

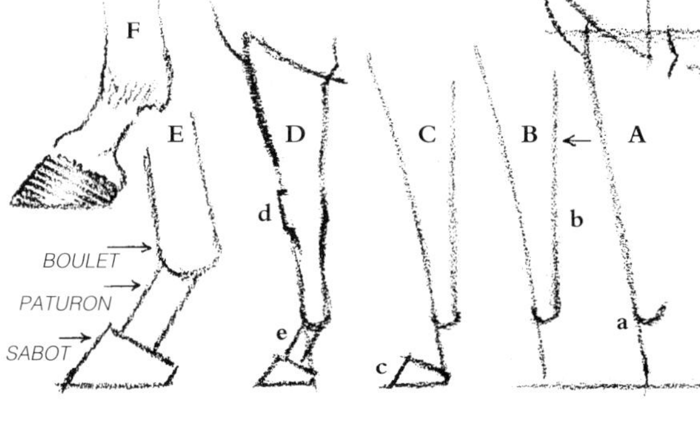


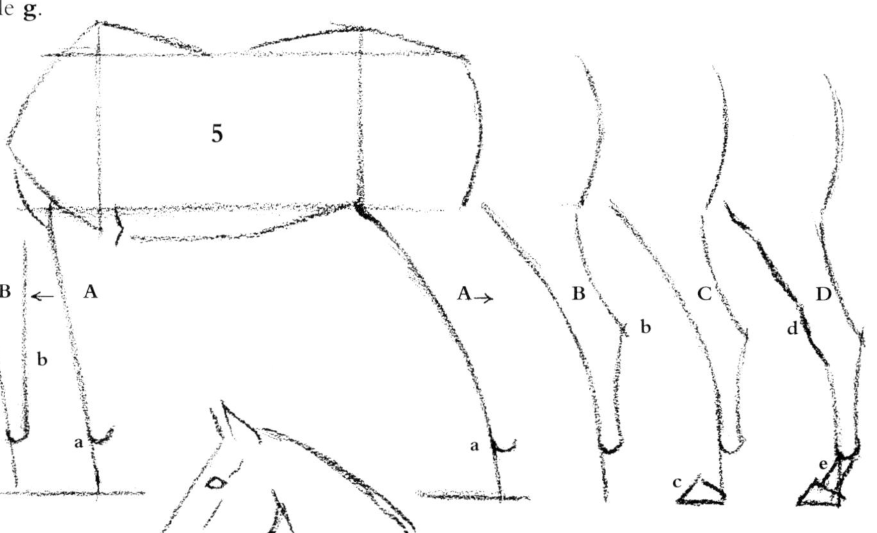


5. Esquissez 2 traits descendants (avant **A** et arrière **B**). Celui de derrière doit être plus aigu que celui de devant et plus incurvé. Ajoutez les 2 saillies des boulets **a**. Maintenant développez les jambes de **A** à **D**. Remarquez que dans chaque cas le sabot **c** est <u>devant</u> la ligne (étape **C**). À l'avant **D** trouvez le genou **d**, et à l'arrière **D** trouvez le jarret **d**. Reliez également le boulet avec le sabot, par 2 courts traits parallèles **e**. Cette approche du dessin du pied d'un cheval va vous éviter beaucoup de problèmes ultérieurs. Étudiez l'agrandissement **E** et **F**.

6. Ajoutez quelques touches, tout en gardant le concept final simple. Faites plusieurs dessins jusqu'à ce qu'ils aient l'air juste.

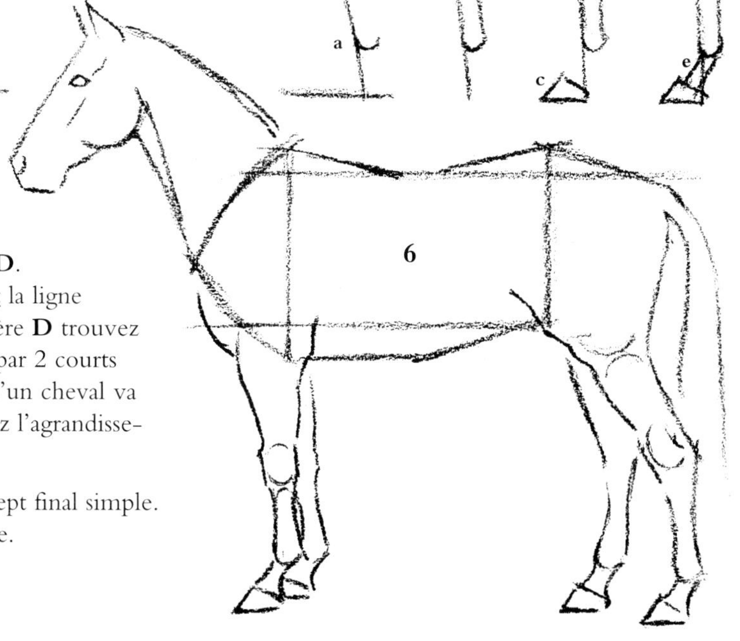

# UN CHEVAL DE FACE

1

2

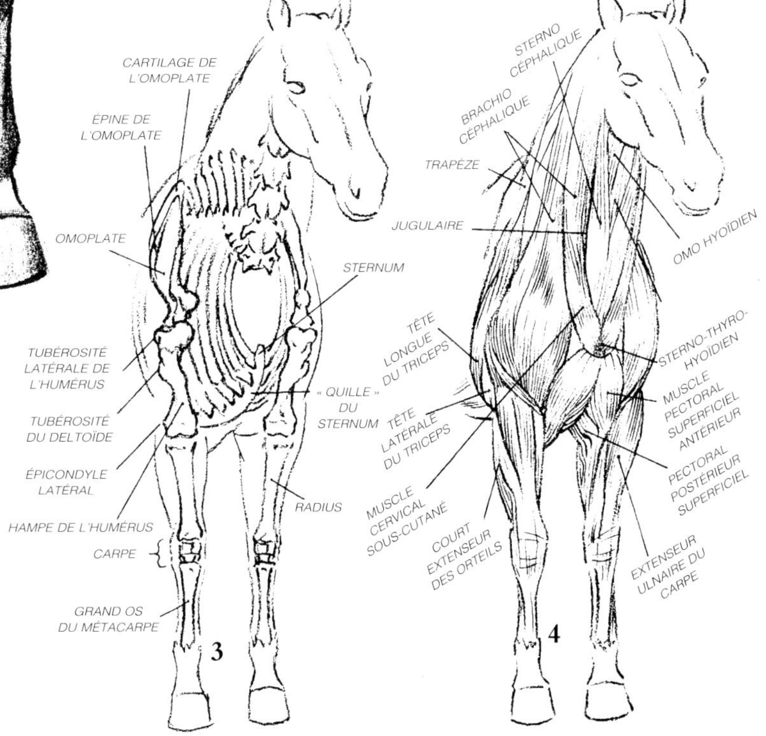


3 4

Les fig. **3** et **4** décomposent les os et les muscles des avant-mains de la fig. **1**. Remarquez le grand **X** qui traverse les muscles qui irradient de leur attache au sternum. Cette formation musculaire est plus en relief chez certains chevaux que chez d'autres. Lorsqu'un animal est en pleine action, comme dans la fig. **2**, les muscles du poitrail se nouent et ont tendance à refléter suffisamment de lumière et d'ombre pour qu'on les voie. La fig. **1** représente un cheval très musclé afin d'illustrer sa conformation puissante.

# LA MARCHE

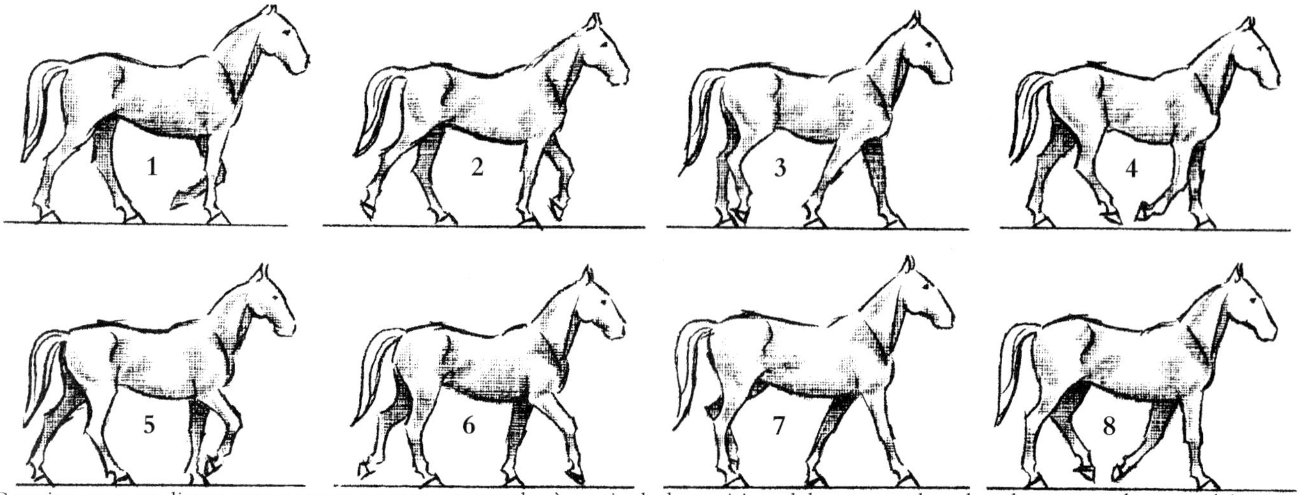


Certains experts disent que pour se mettre en marche à partir de la position debout, un cheval va lever un sabot postérieur en premier, et d'autres que ce sera un antérieur, mais l'artiste est plus concerné par l'allure du cheval pendant le pas. Si vous n'avez pas encore appris la loi de support concernant les animaux en mouvement mentionnée p. 31, § 2, ou p. 54, § 1, il faut y revenir. Remarquez comment ceci est illustré dans les fig. **2** et **6** et **4** et **8**. Dans le pas, 2 ou 3 pieds sont toujours au sol. Lors d'un pas lent il y en a systématiquement 3, et dans la marche la plus rapide, il est possible que seulement 2 pieds soient au sol en même temps. Si l'on représente un cheval au pas, il faut donner un air vertical plus prononcé à la totalité des jambes, PLUS le contact avec le sol ci-dessus mentionné, mais cela ne signifie pas que les jambes soient raides. Comparez le pas avec le trot, le canter ou la course. Ces trois allures ont soit : 1. les jambes plus en diagonale ; 2. les jambes plus pliées ; ou 3. plus de sollicitations lorsque l'animal est en suspension. Par exemple : les pieds postérieurs de la fig. **1** (pas) ressemblent beaucoup à ceux de la fig. **5** (course), p. 67, mais remarquez la différence dans les jambes antérieures. Le pas les rend plus verticales, en plus d'un autre contact avec le sol. La queue verticale (plutôt que « volante ») aide à donner l'air de marche.

# LE TROT

Dans le trot le cheval est complètement en suspension 2 fois par cycle. Les jambes opposées tendent à s'imiter entre elles. Aucune autre allure n'est autant symétrique. Comparez la fig. **1** avec **3** et **2** avec **4**.

# LE CANTER

Le canter est en fait un galop lent. L'étalement des jambes est moindre lorsqu'elles sont tendues (comparez les fig. **4** et **5** avec les fig. **6** et **7** p. 67). Lorsque le cheval est complètement au-dessus du sol, les jambes sous le corps ne sont pas tant ramassées que pendant le galop (comparez la fig. **7** avec la **2** p. 67).

2

3

4

5

6

7

# LE CHEVAL EN MOUVEMENT

Faites toujours l'esquisse légère !

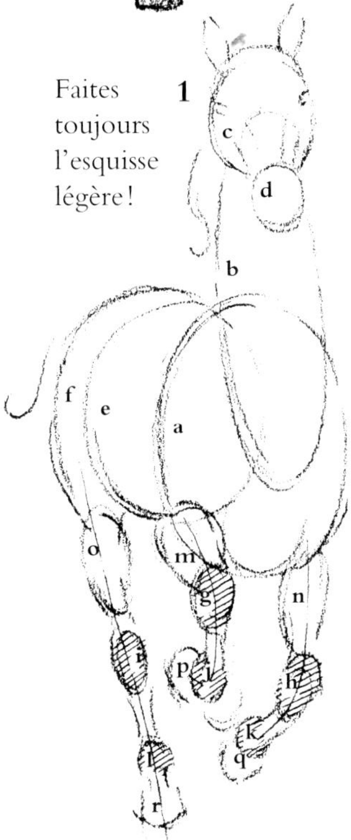


1

Pour tous les animaux, la perspective est question de : d'abord voir les cercles proportionnellement de l'avant vers l'arrière; de développer ensuite les bonnes parties dans ce cadre circulaire. On a utilisé 3 médiums dans cette page : crayon (fig. **2**, **3** et **4**), pinceau et encre (**5**, **6** et **7**) et plume et encre (**8**). L'esquisse circulaire de la fig. **1** est développée fig. **2**. Dans chacun des dessins de **2** à **8** cherchez comment le « circulaire » est retransmis. Dans un croquis terminé, le cercle ou l'ovale, suivant le cas, n'est pas nécessairement complet, mais la forme qu'il représente est par-dessus la forme sous-jacente. Ainsi, nous avons une dimension solide de la perspective : les choses étant l'une sur l'autre, on obtient un dessin bi-dimentionnel.

En ce qui concerne la séquence pour placer les formes circulaires de la fig. **1** il est suggéré que **a** soit tracé en premier, puis **b**, **c** et **d**. Le **a** est le premier parce que de face : c'est la masse centrale. Le cou et la tête, qui suivent, nous fourniront le signal pour la taille du reste de l'animal. Avant de faire les cercles pour les jambes, il est bon d'établir une ligne directionnelle là où elles seront et sur laquelle vous indiquerez les « saillies » ou articulations (ombrées ici pour les accentuer), en faisant toujours les antérieures en premier, les genoux **g** et **h**, puis le jarret **i** (le second est caché). Ensuite, les boulets **j**, **k** et **l**, puis le reste des jambes, à votre convenance. Les avant-bras **m** et **n** et le tibia **o**; les sabots **p**, **q** et **r**; ou l'inverse. Un coup de crayon pour les sabots est important. Enfin, les traits qui relient les articulations, les oreilles, les yeux et autres « accessoires ». N'oubliez pas de toujours faire très LÉGÈREMENT votre esquisse.

8

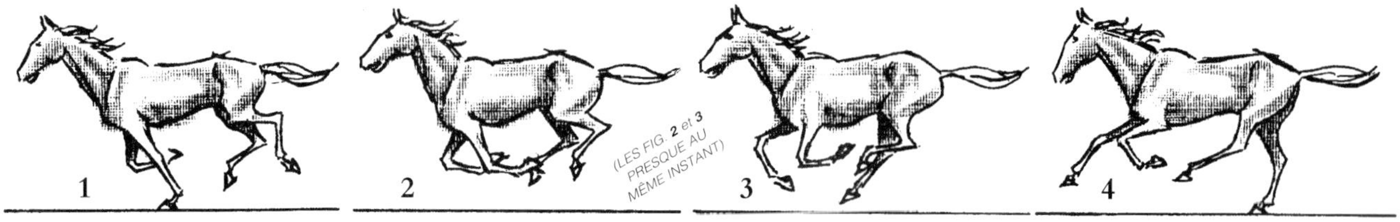


# LA COURSE

Étant donné que l'artiste est assez souvent amené à dessiner des chevaux au galop, il est utile de considérer les « bon » et « mauvais » qui l'aideront à résoudre le problème. Tout d'abord le galop rapide est toujours une seule et même course. Ci-dessus 8 phases de son cycle. Les fig. **2** et **3** sont au-dessus du sol (suspension totale). Bien sûr le cheval ne passe pas 1/4 de son temps dans l'air, mais ces brefs instants sont d'une importance toute particulière pour l'artiste. Pendant le cycle complet de mouvements des jambes, les positions qui donnent le plus l'apparence de la vitesse sont les instants pendant lesquels le cheval est en totale suspension. La plupart des artistes donnent la priorité à l'une ou l'autre phase de cette période, lorsqu'ils dessinent un animal seul à grande vitesse. En fait, la fraction de seconde de grande vitesse a lieu juste lorsque le cheval pousse de son second pied antérieur (fig. **1**), mais même cette position n'a pas l'air aussi rapide en dessin, bien qu'elle ait l'air plus rapide que n'importe quelle autre position pendant la course où 1 ou 2 pieds sont en contact avec le sol. La raison en est que la ligne diagonale qui va de la tête au sabot (fig. **1**) est une ligne brusque en avant. Toutes les autres phases de la course (fig. **4** à **8** et les instants non montrés entre), ont une jambe étendue soit : 1. en avant, qui par la nature des choses est nécessaire pour empêcher que l'animal ne tombe la tête la première, mais qui apporte un air raide ou cassé; ou 2. haut et bas (fig. **8**) qui étant verticale ne dénote pas la vitesse.

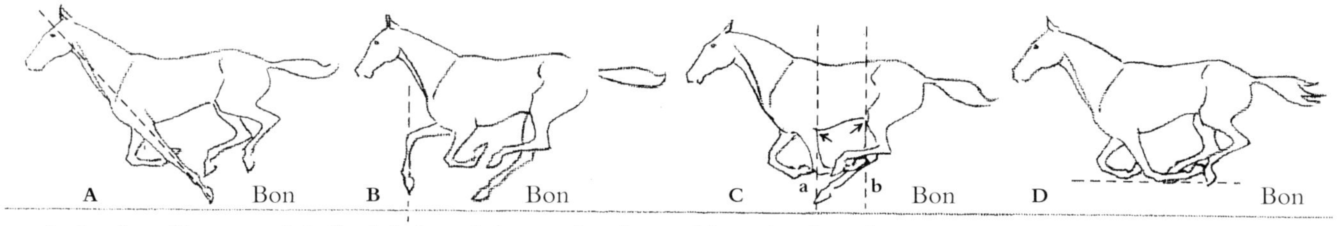


La fig. **A** est l'instant après la fig. **1** du haut de la page. Le sabot antérieur vient juste de quitter le sol et les jambes « se rassemblent » pour revenir en contact avec le sol. La fig. **B** est presque simultanée avec la fig. **3** du haut, mais elle comporte une verticale (partie de la jambe avant) qui diminue l'apparence de vitesse. La fig. **C** illustre que dans une course, un sabot arrière ne va jamais devant la ligne **a** (coude-flèche), ni qu'un sabot avant ne va derrière la ligne **b** (rotule-flèche). L'épine dorsale du cheval n'est pas aussi flexible que celle d'un lévrier ou d'un guépard dont les pieds passent ces lignes pointillées lorsqu'ils sont en suspension. La fig. **D** montre que les parties les plus en arrière de la jambe et du pied peuvent s'aligner quelque peu directement en travers (ligne pointillée). Dans la fig. **E** les pieds qui donnent l'impression de rapidité sont plus ou moins confinés à un cercle. De **A** à **E** tous les chevaux sont en suspension. La tête d'**E** est droite. Plus basse elle aurait peut-être l'air plus rapide. Ne dessinez jamais le cou parallèle au sol, ni le nez qui pointe tout droit, comme une fusée.

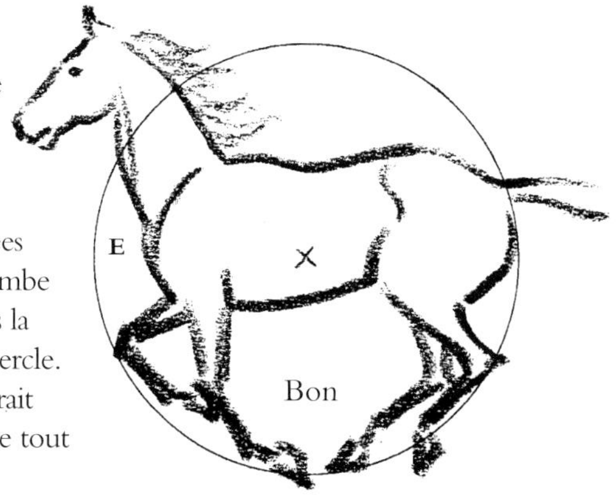


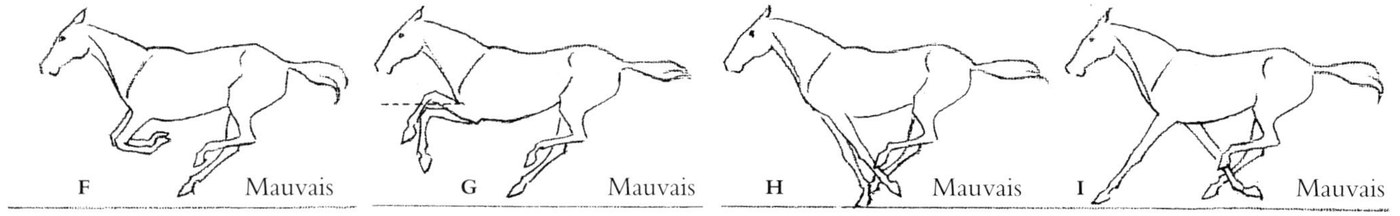


Les fig. **F** à **I** sont mauvaises et impossibles pendant le galop ou la course. Ni les jambes antérieures, ni les postérieures ne sont jamais posées exactement côte à côte (même dans les autres allures) comme on les voit en **F**. Avec un pied postérieur en train de se poser au sol comme en **F**, où seraient les pieds antérieurs? Les jambes avant ressembleraient aux rayons d'une roue (voir **3** en haut de la page). En fait à peine un pied antérieur est-il arrivé, que l'autre est sur le point de partir. En **G** le genou avant ne vient jamais au-dessus de la ligne pointillée. En **H** les jambes antérieures ne s'inclinent jamais ensemble, droites (non pliées). Dans **I** les 2 jambes antérieures ne seraient jamais au-dessus du sol lorsqu'elles sont séparées à l'extrême, comme ici, et les postérieures seraient trop loin en arrière si elles étaient séparées ainsi.

Si l'artiste a besoin de dessiner un second cheval qui court avec ou derrière le premier, il est conseillé de choisir une position avec 1 ou 2 pieds sur le sol. D'une part pour que le dessin soit varié et d'autre part parce qu'il est plus qu'improbable que des chevaux côte à côte aient les jambes placées à l'identique. Notez que les 2 pieds postérieurs (**J1**) ne sont jamais étendus aussi loin que les 2 pieds avant (**K1**) lorsqu'ils sont au sol pendant la course. Les jambes antérieures de **J2** et **J3** sont « hors service » dans le cycle lorsque les postérieures sont ainsi alignées.

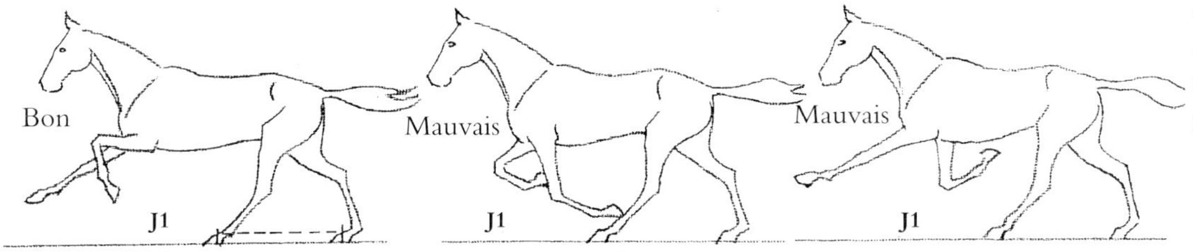


Lorsque les pieds antérieurs sont étalés et sur le sol (**K1**) ceci requiert que les 2 jambes postérieures soient sorties, l'une étant en pleine extension. **K2** et **K3** sont en désaccord avec cet alignement.

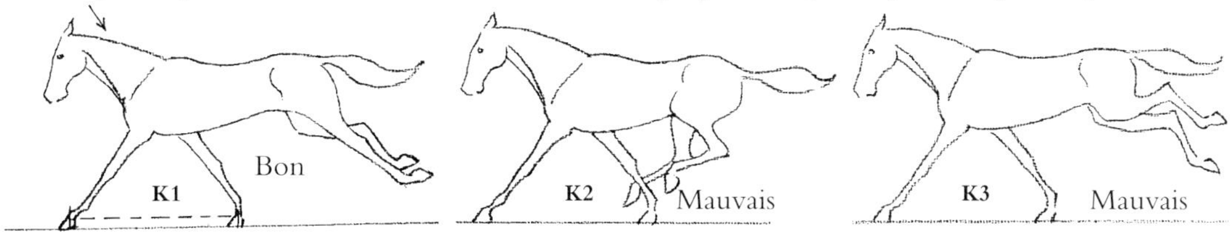


Lorsque dans la succession la jambe antérieure interne est verticale et qu'elle supporte (**L1**), toutes les autres doivent être tendues. Les jambes postérieures de **L2** commencent à fléchir prématurément, et celles de **L3** ne sont plus alignées pendant cette phase du cycle.

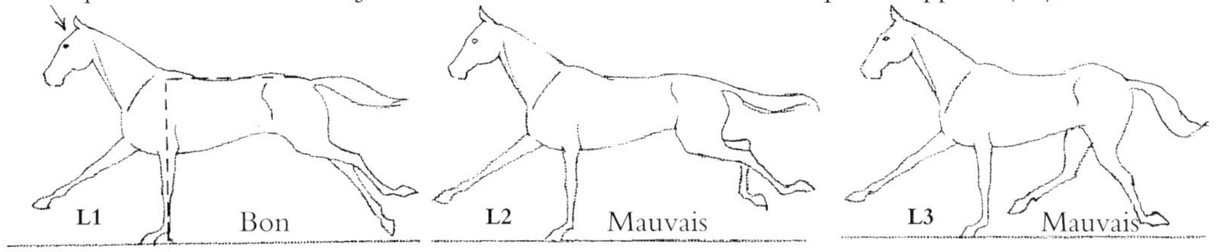


Si la plus avant des jambes antérieures est verticale et qu'elle supporte (**M1**) toutes les autres seront partiellement fléchies comme ici. Les jambes postérieures ne viendraient jamais comme en **M2** ni ne seraient étendues comme en **M3**.

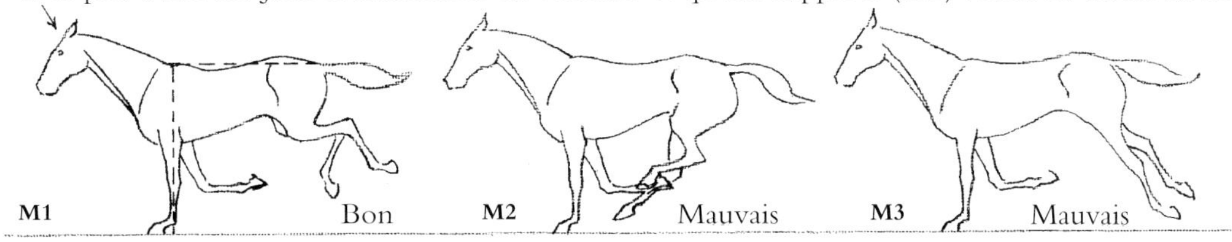


Lorsque la jambe postérieure la plus en arrière est verticalement sous les hanches et qu'elle supporte (**N1**), la jambe en arrière restante et une antérieure sont étendues vers l'avant et ont quitté le sol. L'autre jambe avant est fléchie et le pied est replié à l'intérieur.

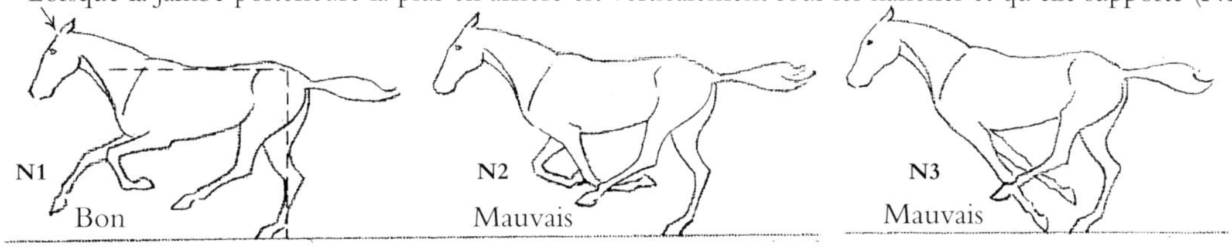


Lorsque la jambe postérieure la plus en arrière est verticale sous les hanches et qu'elle supporte (**O1**) la jambe arrière restante et une jambe avant sont étendues vers l'extérieur et toutes 2 sont en contact avec le sol ou presque. L'autre jambe antérieure est fléchie avec le genou élevé au maximum.

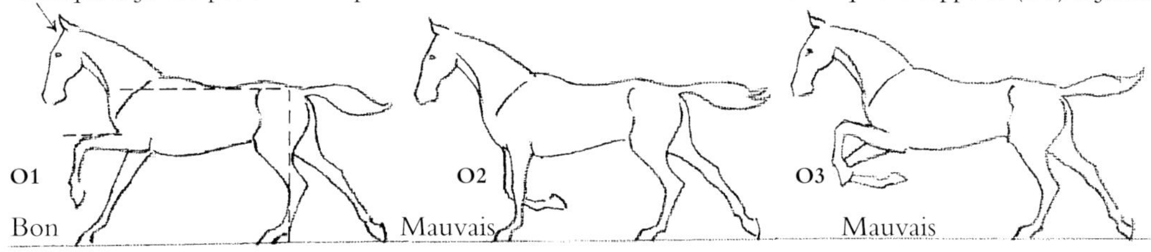

# AIDES POUR UN CHEVAL AU GALOP

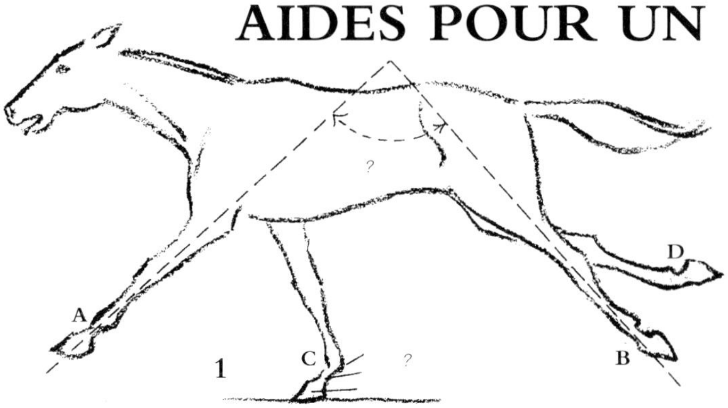


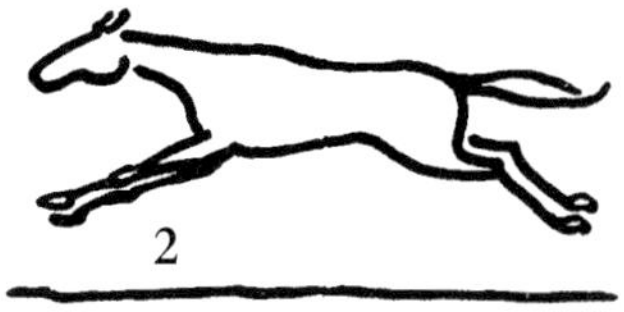


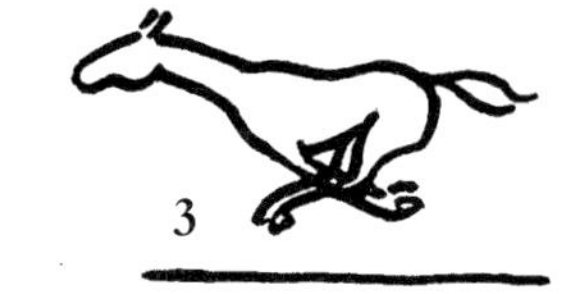


Même dans le galop le plus rapide, les jambes du <u>même côté</u> ne sont jamais séparées de plus de 90° (voir ci-dessus). Lorsqu'elles sont totalement tendues, l'une des antérieures est en contact avec le sol, et le paturon de cette jambe de support est plié au boulet à un tel point que l'un des boulets peut pratiquement toucher le sol. Les jambes ne sont jamais tendues ensemble comme on le voit sur des peintures anciennes (fig. **2**), ni jamais parallèles et croisées, comme dans la fig. **3** (voir p. 19).

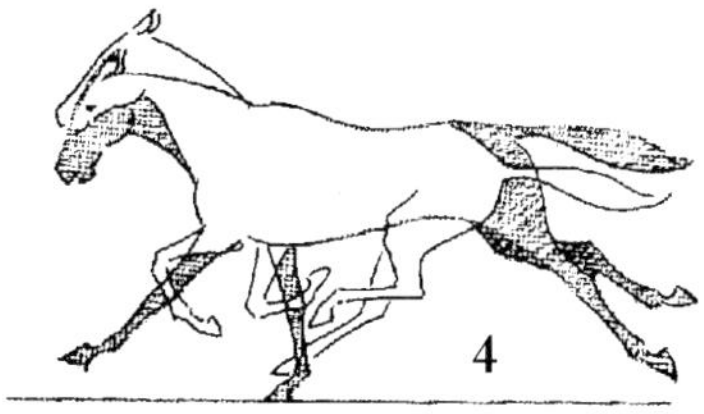


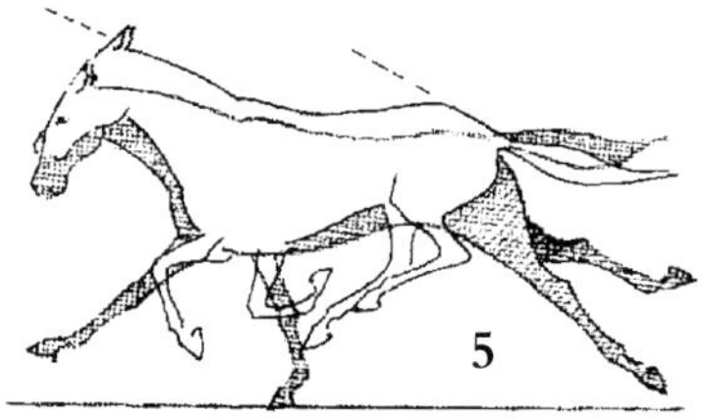


Lorsqu'un cheval a les jambes rassemblées (fig. **4** blanc), son corps n'a pas l'air aussi long que lorsqu'elles sont tendues (fig. **4** ombré) — ce sont les contours du même cheval — voyez la différence de longueur. En fait lorsqu'un cheval a les jambes rassemblées, la totalité de son corps est plus haut par rapport au sol que lorsqu'il est en contact avec, fig. **5**. Son cou est plus de biais, et la tête est plus haut. Les hanches sont plus pliées à la croupe (ligne pointillée). Le cheval en blanc et ombré **5** est le même que le **4**, mais le contour blanc est centré (en **4** les pointes de l'épaule sont placées ensemble pour montrer la différence de longueur à l'arrière, et la ligne du dos du blanc de **4** est superposée sur celle du cheval ombré. En fait, avec les jambes rassemblées, la ligne du dos serait comme en **5**). Remarquez la racine de la queue en **5** par rapport aux hanches.

Les fig. **6** et **7** ci-dessous et à droite sont des schémas dont les phases sont destinées à faire remarquer quelques points à l'artiste qui veut dessiner un cheval au galop. En **6** les jambes sont en pleine extension. En **7** elles sont pliées. Certaines phases de la course sont des combinaisons des 2, (mais ne les utilisez pas pour choisir des combinaisons). Les jambes étendues ne sont <u>jamais</u> au-dessus des lignes pointillées **a** et **b** fig. **6**. Lorsqu'elles sont sous le corps et tendues, elles ne sont <u>jamais</u> au-dessus **c** et **d** fig. **6**.

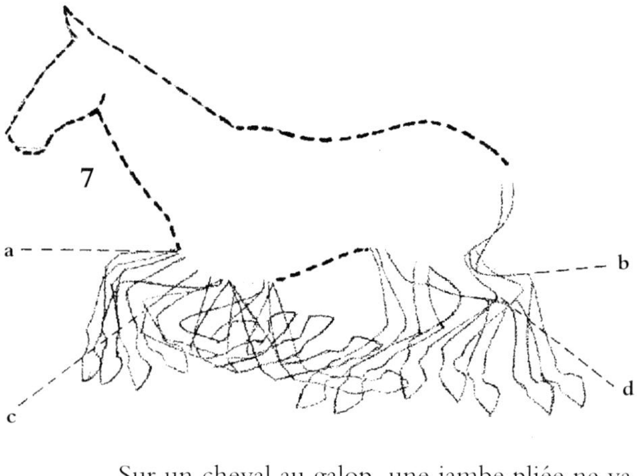


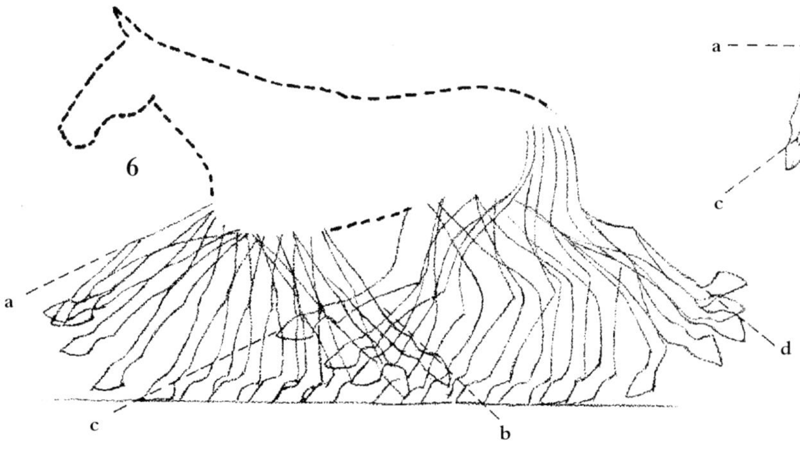


Sur un cheval au galop, une jambe pliée ne va <u>jamais</u> au-dessus de **a** ou **b** fig. **7** (ceci ne s'applique pas à un sujet qui caracole). Lorsque toutes les jambes sont <u>rassemblées</u> en suspension, elles sont toujours confinées entre **c** et **d**.

# LE SAUT

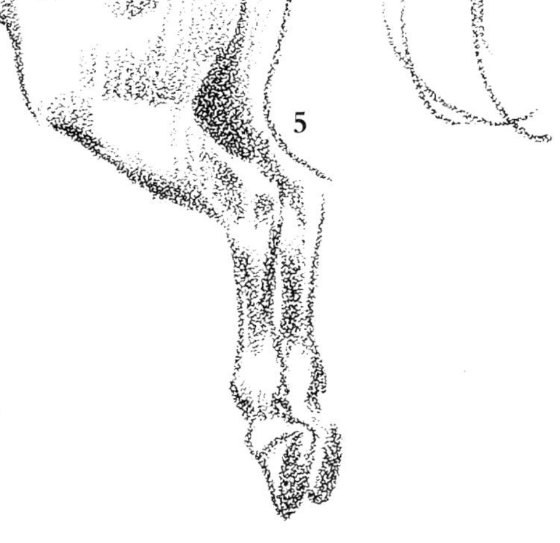

Ci-dessus 4 phases du saut d'un cheval. Chacune peut être isolée mentalement si le contour est suivi avec perspicacité. Lorsque l'animal saute, les jambes sont parallèles, ou du moins plus parallèles que dans aucun autre mouvement. Cependant, l'une ou l'autre peut mener, fléchie d'une manière légèrement différente. Directement au-dessus d'un obstacle, le cheval sera comme fig. **3**, le corps parallèle au sol, et les deux paires de jambes seront tirées vers le haut. Puis, lorsqu'il se prépare à atterrir, les antérieures sont tendues. Très souvent, il atterrira sur l'un ou l'autre des pieds antérieurs, une jambe absorbant une grande partie du choc, et l'autre se préparant pour le prochain pas à cause de la vitesse. Après avoir passé la haie, lorsque le cheval entre en contact avec le sol devant, ses jambes postérieures peuvent toujours être rassemblées et plus comme dans la fig. **3**. Si le cheval passe une rivière ou un fossé, il est inutile de serrer les jambes arrière, mais ces jambes devront se plier afin de venir sous le corps. Étendez-les et redonnez-leur leur responsabilité de support. La fig. 5 montre un cheval et son cavalier juste après le décollage. Le cou sera plus droit par rapport au corps à ce moment particulier que lors de l'atterrissage (voir le cou de la fig. **4**).

# VUE DE DOS

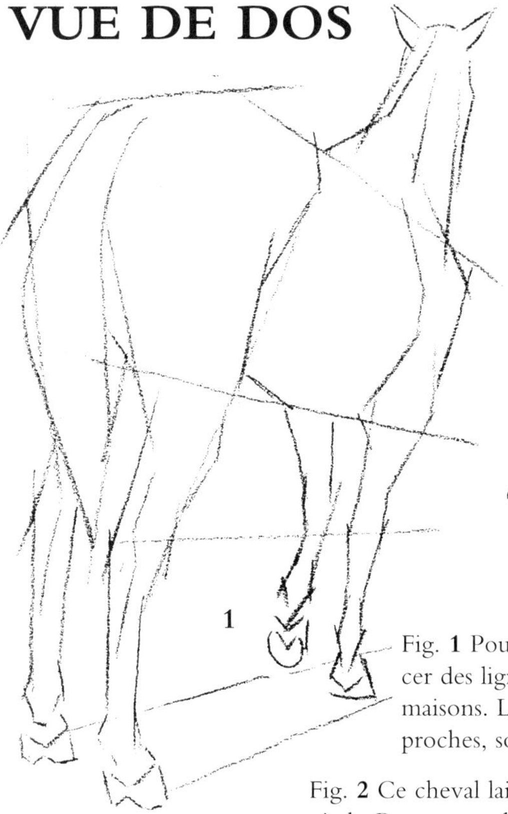

1

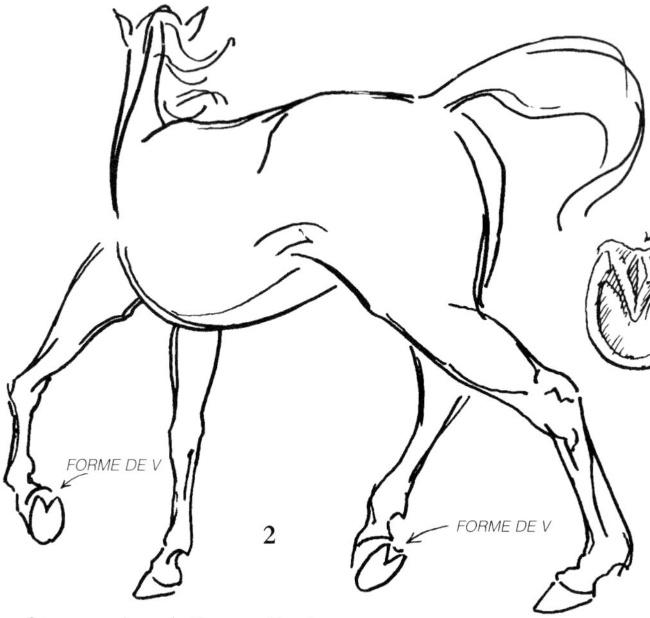


2

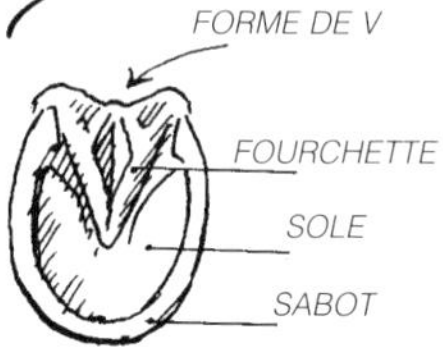


2A

Fig. **1** Pour faire un cheval, il est utile de tracer des lignes de perspective, comme pour les maisons. Les parties postérieures, plus proches, sont agrandies.

Fig. **2** Ce cheval laisse voir le dessous de 2 de ses pieds. Remarquez le V à l'arrière. Le bourrelet triangulaire élastique et cornu du milieu de la sole s'appelle la « fourchette » (voir schéma **2A** et les soles des croquis **1** et **3** et **2** et **6** page suivante).

3

# OS ET MUSCLES VISIBLES

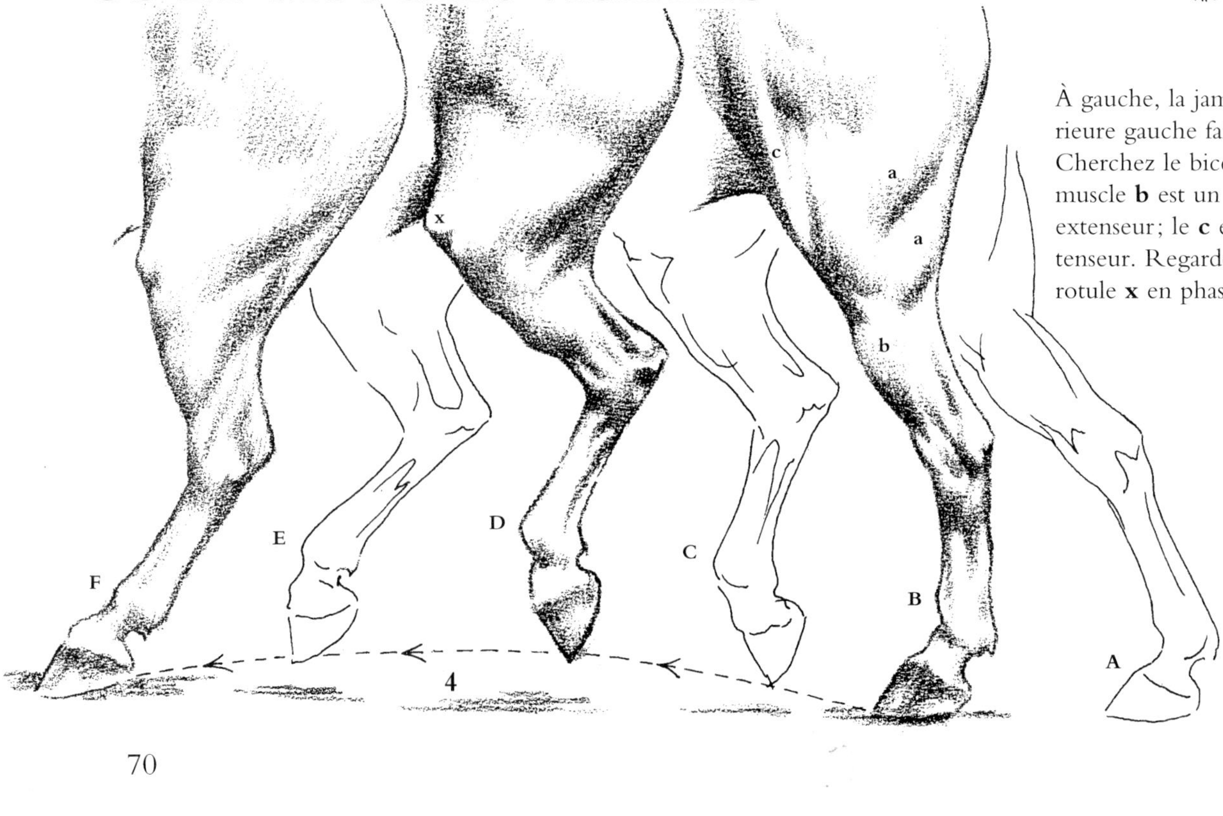


4

À gauche, la jambe postérieure gauche fait un pas. Cherchez le biceps **a** ; le muscle **b** est un extenseur; le **c** est un tenseur. Regardez la rotule **x** en phase **D**.

# POSITIONS INHABITUELLES

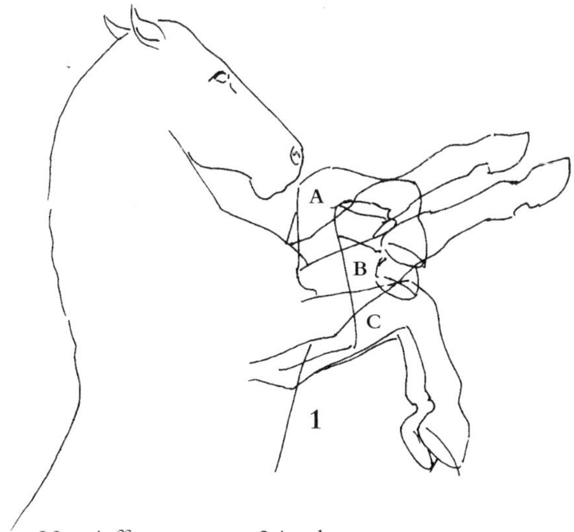


1

Un piaffement avec 2 jambes en l'air a 3 positions clés : **A**, flexion, **B**, extension, **C**, relâchement momentané Puis le cycle repart.

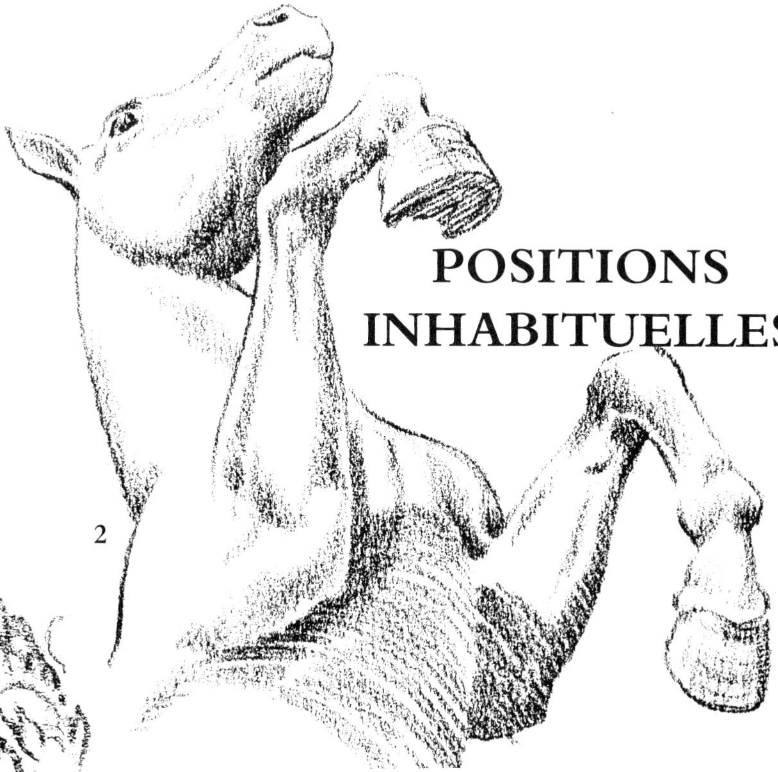

2

3

Voici différentes positions d'un cheval aux mouvements vigoureux. Un cheval qui se débat fait montre d'une puissance irrésistible, peut-être de par sa taille et son poids, ainsi que par ses sabots imprévisibles. Le cheval semble d'acier. Peu d'animaux ont un tel air de solidité. Il y a beaucoup d'angles durs dans ces jambes erratiques, et en art, les angles signifient le contraire de repos. Essayez de rendre ces qualités dans vos dessins les plus énergiques.

4

5

6

# CONSEILS SUPPLÉMENTAIRES

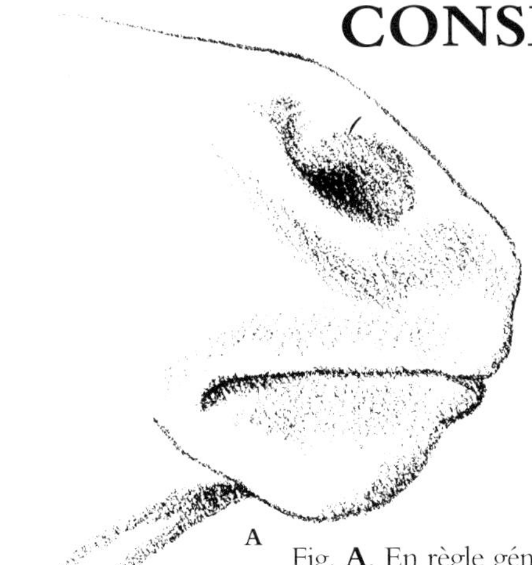

A

Fig. **A**. En règle générale la bouche des chevaux tombe aux coins, et à la différence des humains, cela ne leur donne pas pour autant l'air aigri. Le menton n'excède jamais la taille de celui de la fig. **A**, et la plupart sont même légèrement plus petits.

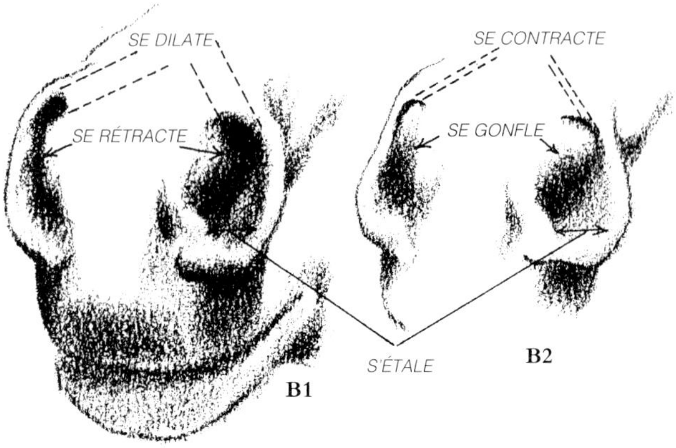


Les fig. **B1** et **B2** représentent les naseaux d'un cheval en train de respirer profondément, comme après une course ou lorsqu'il est de mauvaise humeur. Les bords sont plus saillants que lors d'une respiration normale.

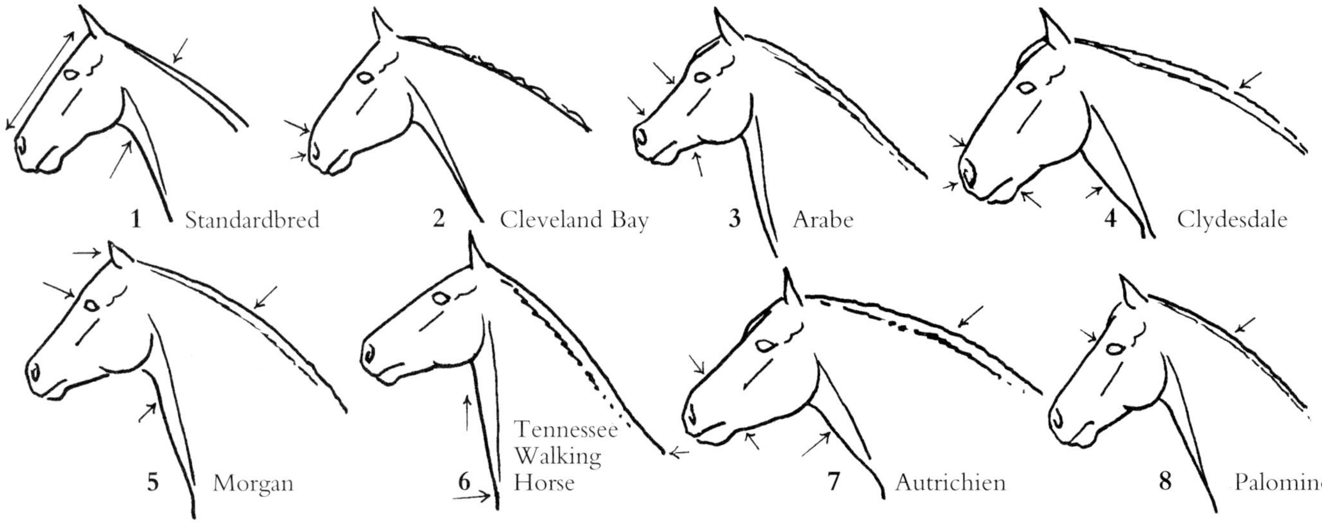

**1** Standardbred **2** Cleveland Bay **3** Arabe **4** Clydesdale

**5** Morgan **6** Tennessee Walking Horse **7** Autrichien **8** Palomino

Ci-dessus, quelques têtes de différentes races. Fig. **1**, front relativement droit, cou raffiné ; fig. **2**, nez légèrement arqué ; naseau arrondi ; fig. **3**, tête et museau plus petits ; plutôt concave du front au nez ; fig. **4**, museau large, grands naseaux ; cou bien bombé ; fig. **5**, petites oreilles, jolis yeux ; cou à crête ; fig. **6**, base du cou très large ; tête tenue haut ; fig. **7**, tête lourde ; museau de belle taille ; cou très épais ; fig. **8**, tête raffinée ; yeux foncés ; crinière claire.

Ci-dessous un trotteur (ombré) superposé sur un Clydesdale (blanc, contour épais). Remarquez les garrots hauts du cheval de trait, qui semblent faire partie de la base du cou en pente, ainsi que les épaules larges, les jambes trapues et les grands sabots.

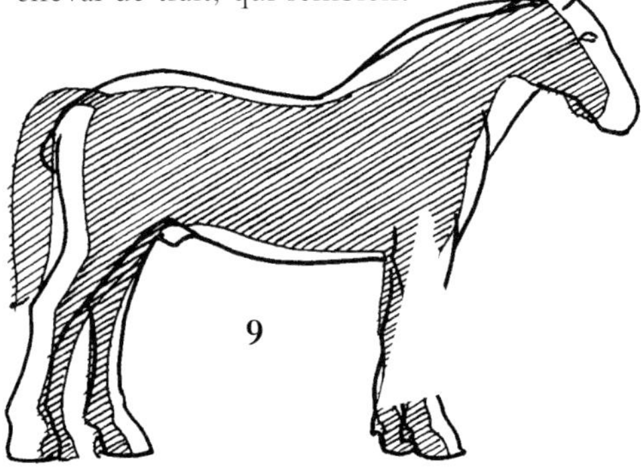

**9**

La fig. **10** montre les changements de plan. Les pointillés indiquent ceux que l'on doit sentir dans les différentes valeurs choisies, quel que soit le médium utilisé.

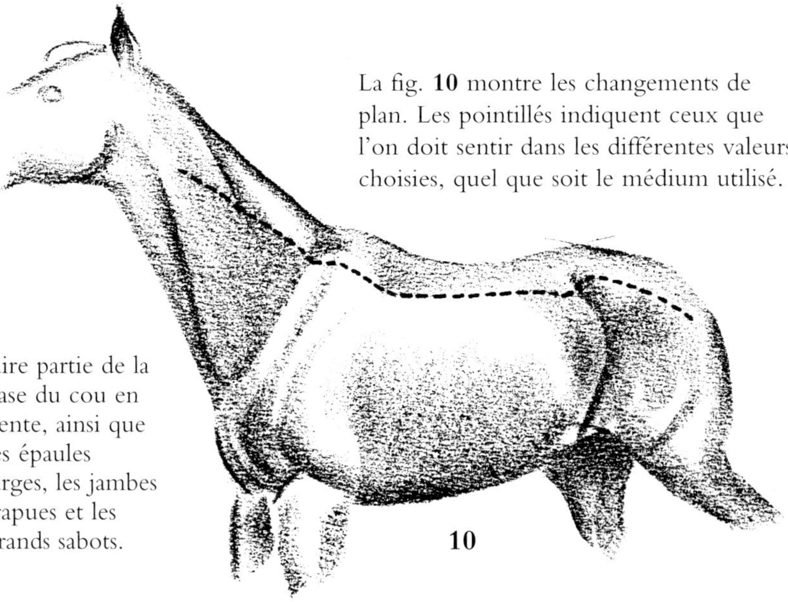

**10**

# FORMES ET RAYURES DU ZÈBRE

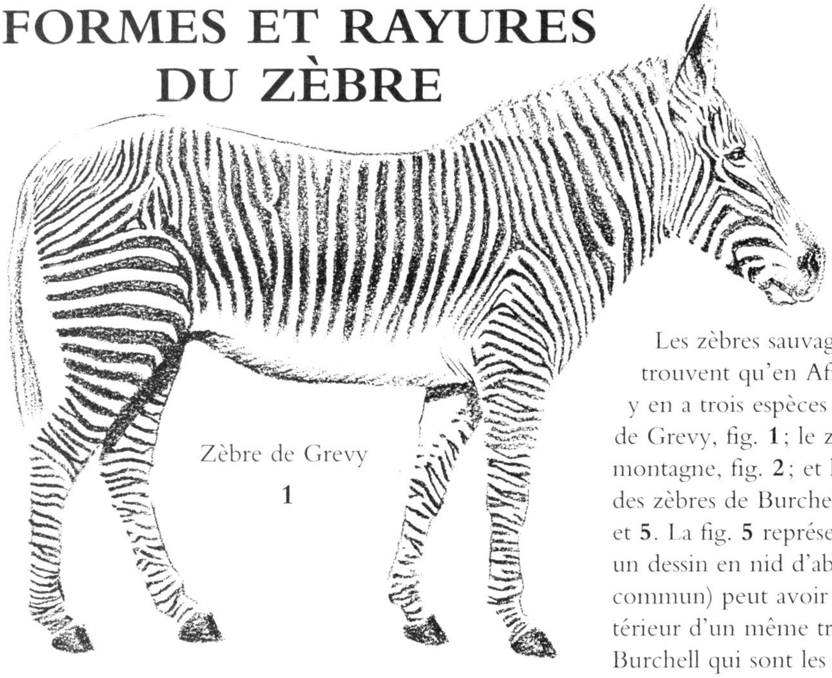

Zèbre de Grevy

1

2

Zèbre de montagne

Les zèbres sauvages ne se trouvent qu'en Afrique et il y en a trois espèces : le zèbre de Grevy, fig. **1**; le zèbre de montagne, fig. **2**; et le groupe des zèbres de Burchell, fig. **3**, **4** et **5**. La fig. **5** représente la sous-espèce Chapman, qui a parfois un dessin en nid d'abeille sur le dos. En fait le Burchell (zèbre commun) peut avoir beaucoup de dessins différents, même à l'intérieur d'un même troupeau. On a donné 4 ou 5 noms aux Burchell qui sont les zèbres aux rayures les plus grossières. Entre les rayures épaisses et foncées, surtout sur l'arrière-train, on trouve des « ombres » de rayures.

Les Grevy (fig. **1**) sont les plus grands; ils ne sont pas rayés sur le ventre, mais ont de nombreux traits minces sur les pattes. Le zèbre de montagne (**2**) est le plus petit; ses rayures sont étroites, sauf sur les hanches. Il a de nombreuses rayures perpendiculaires sur la face et à l'avant du corps. Remarquez le changement directionnel des rayures de la cuisse, de l'épaule et de la joue, fig. **1**, puis le dessin de la cuisse fig. **4** avec le V au milieu du corps.

Zèbre de Burchell (sous espèce Chapman)

**5**

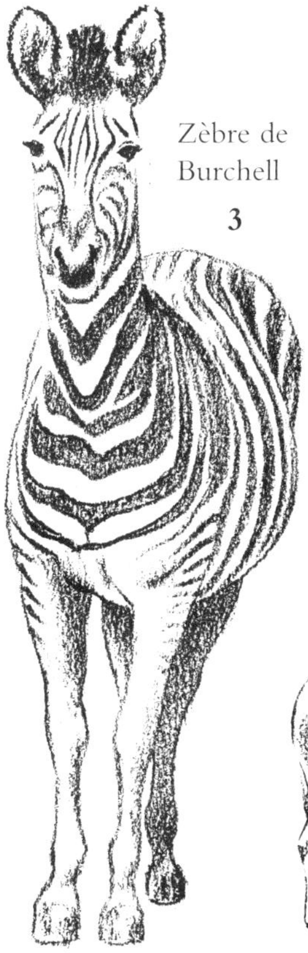

Zèbre de Burchell

**3**

Zèbre de Burchell

**4**

On pense que le couagga ci-dessous est éteint. Il n'avait des rayures que sur les avant-mains et la face.

Couagga

**6**

Proportionnellement, le zèbre a la tête plus grosse et le cou plus court que le cheval (surtout fig. **1**) et des sabots plutôt petits, mais la structure de base est celle du cheval. Si vous croquez au zoo, ne nourrissez pas les zèbres avec vos doigts : vous en avez besoin pour dessiner!

# POUR COMMENCER À DESSINER UN ÉLÉPHANT

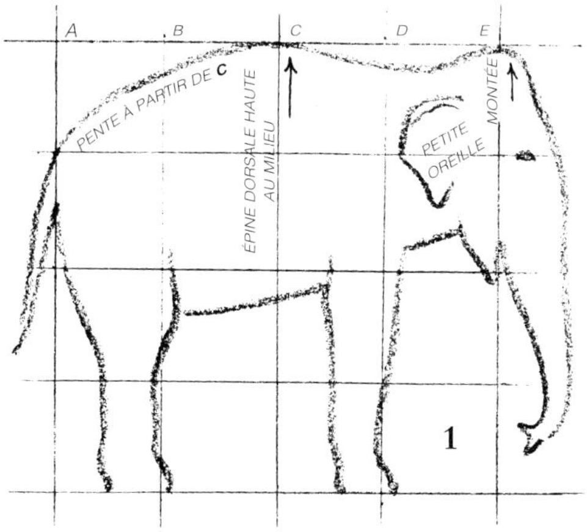


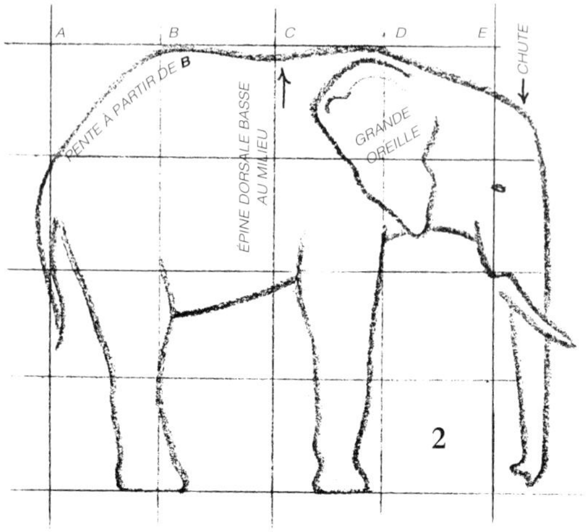


Les éléphants de cirque viennent presque toujours d'Asie (fig. **1**), mais certains zoos abritent aussi des éléphants d'Afrique (fig. **2**), aux oreilles beaucoup plus grandes.

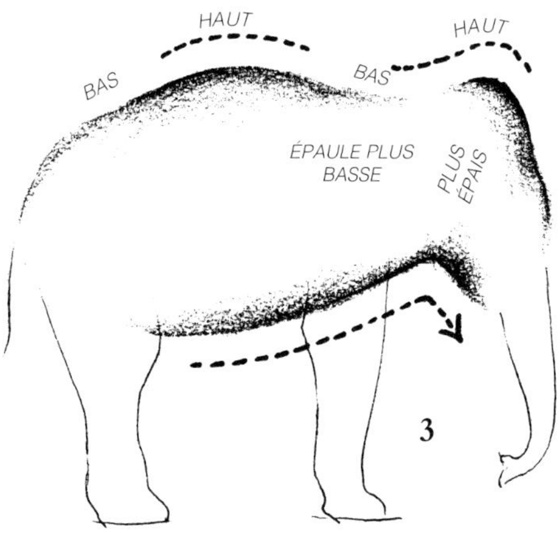


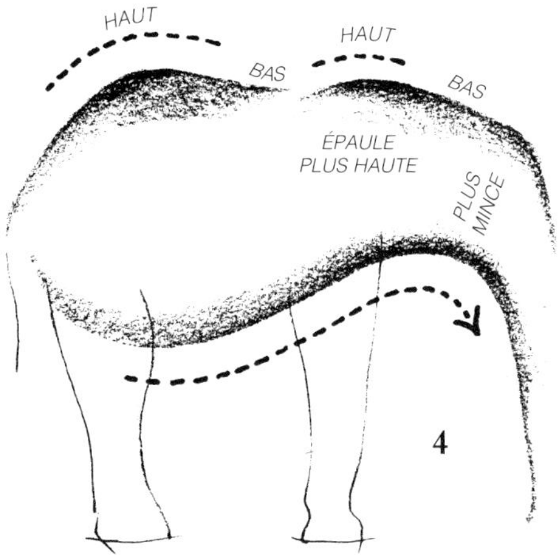


Observez la différence de contour des corps. Pour les reconnaître : l'éléphant d'Afrique semble ne pas avoir de menton (fig. **4**), le cou et la tête sont plus minces (de profil) comparé à celui d'Asie (fig. **3**). En fait, l'éléphant d'Afrique adulte est plus grand et plus lourd que son confère d'Asie.

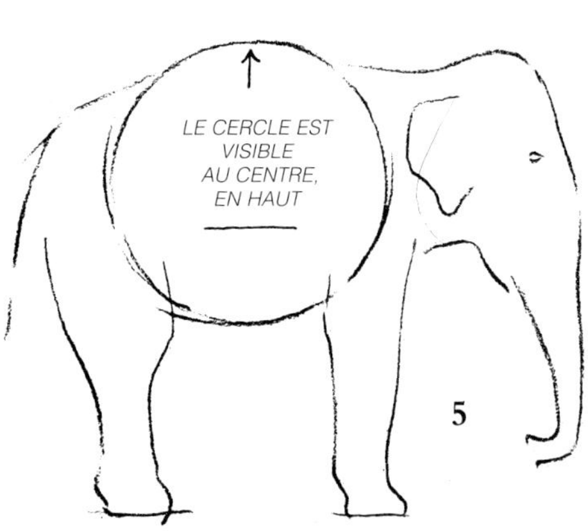


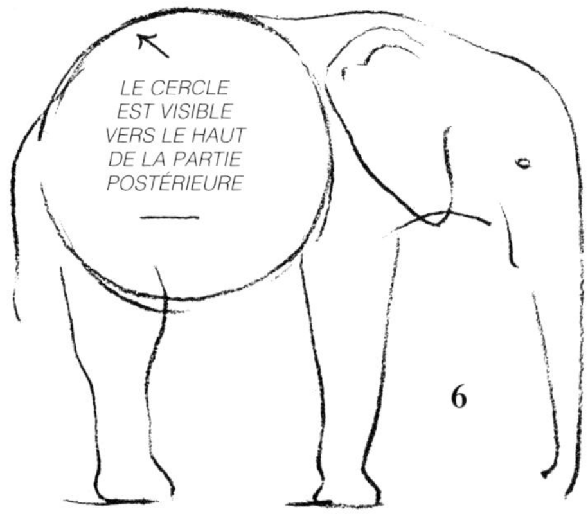


L'élévation très évidente de la colonne vertébrale dans les 2 espèces indique une différence importante à ne pas oublier. Si l'on trace un cercle partant de l'épine dorsale, on obtient le schéma **5**, de l'éléphant d'Asie et **6**, de celui d'Afrique.

# UNE TÊTE D'ÉLÉPHANT EN SEPT ÉTAPES FACILES

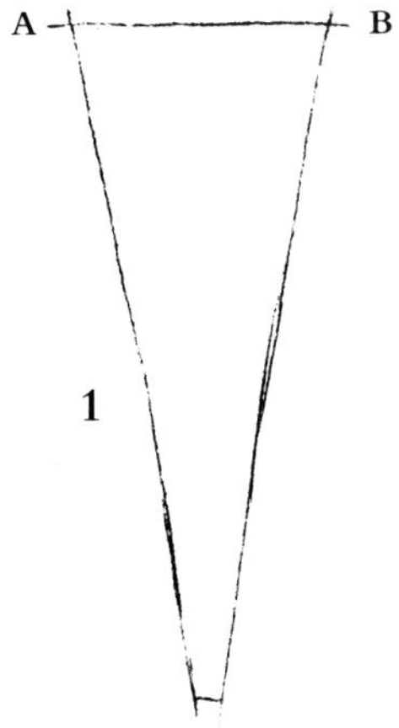


1. Pour dessiner un éléphant d'Afrique de face, construisez un triangle dont le haut **AB** fait environ le tiers de **AC**.

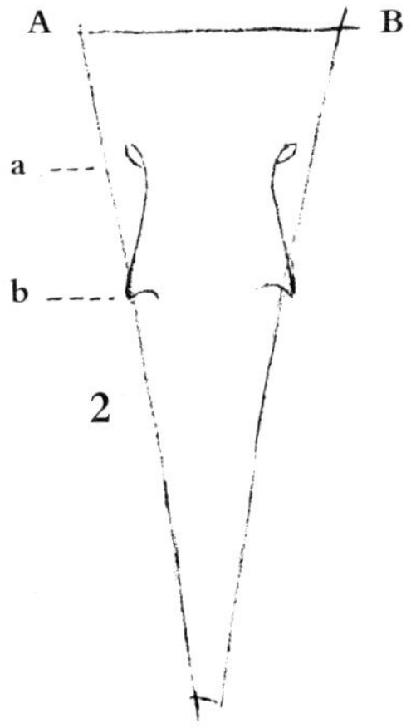


2. La défense vient en **b**. Remarquez que **AB** = **Ab**. Les yeux **a** sont à mi-chemin entre **A** et **b**.

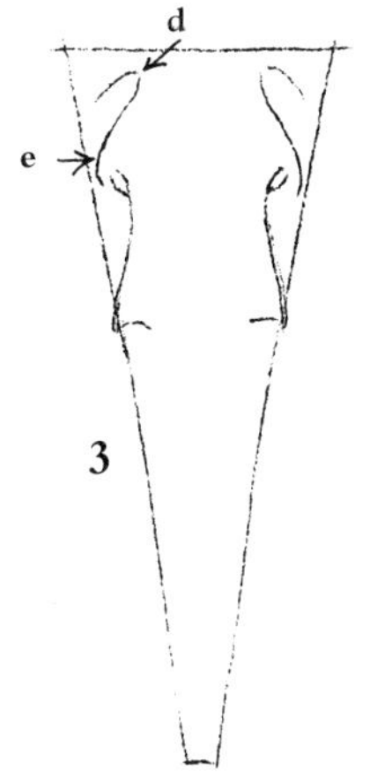


3. Arcade sourcilière saillante au-dessus de l'œil **c** et renfoncement du crâne **d**.

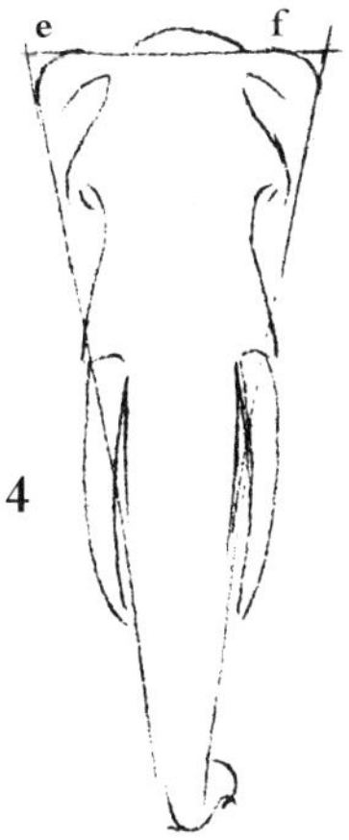


4. Les protubérances du front au-dessus des yeux **e** et **f** sont moins saillantes chez l'éléphant d'Afrique que chez celui d'Asie. Les défenses peuvent varier de taille.

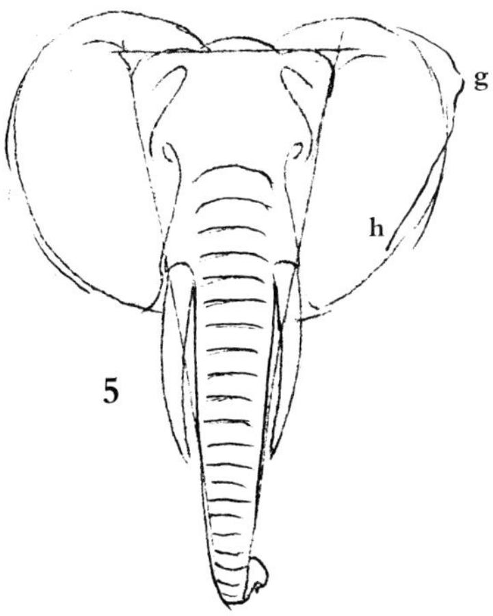


5. Les oreilles de l'éléphant d'Afrique sont énormes ; en général elles sont assez arrondies au bord, ou elles forment un léger triangle en **g** et sont un peu « coupées » en **h**.

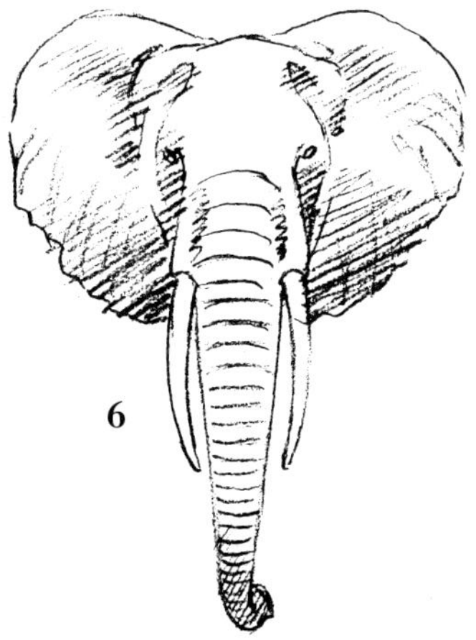


6. Des anneaux grossiers entrecoupés de plis plus petits entourent la trompe. Ils commencent juste sous les yeux et sont de plus en plus rapprochés vers le bout. Il n'y en a pas sur celle de l'éléphant d'Asie dont les rides parallèles sont moins profondes et plus nombreuses. Les grandes oreilles du sujet d'Afrique peuvent être festonnées sur les bords externes de la partie inférieure.

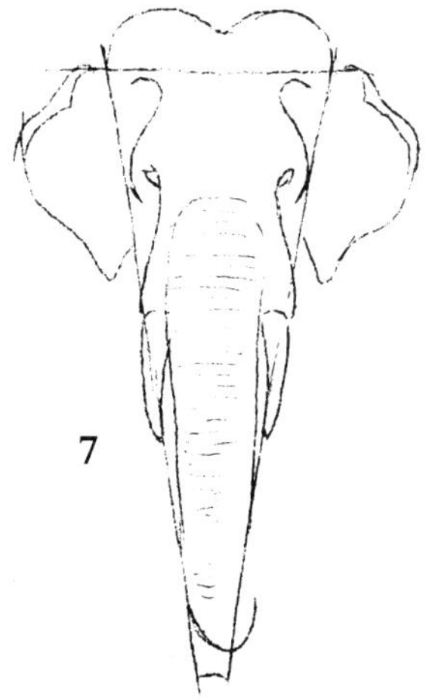


7. L'éléphant d'Asie a un double dôme sur la ligne **AB** du triangle de base. Ses oreilles plus petites sont placées plus bas sur la tête. Les défenses du mâle sont généralement plus courtes, et les femelles n'en ont pratiquement pas. Les mâles des deux espèces ainsi que la femelle d'Afrique peuvent en avoir de très longues.

# DES LIGNES SIMPLES POUR UN ÉLÉPHANT

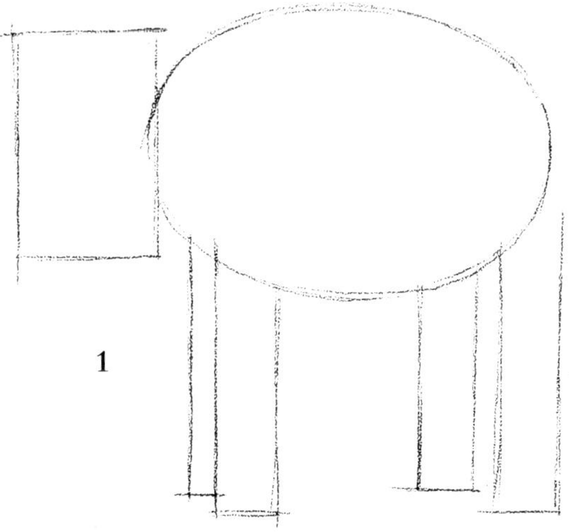

1

2

On peut commencer à dessiner un éléphant d'Asie par une sous-structure très simple. Son cou est court pour mieux supporter sa grosse tête et parfois de lourdes défenses. Étant donné que la tête n'aurait jamais pu atteindre le sol pour se nourrir et boire, il est équipé d'un tuyau souple composé de plus de 40 000 tendons et muscles entrelacés, qui s'allonge ou se raccourcit à volonté jusqu'à un certain point. Fig. **2** voyez comment le dôme et la mâchoire s'arrondissent des côtés opposés du rectangle. Les pattes sont des poteaux qui soutiennent sa masse énorme. Remarquez aussi fig. **2** le balancement de la ligne des pattes de chaque côté des piliers de la fig. **1**, et juste au-dessus des pattes, les divisions en coupe du corps. Cherchez les différents plans dans la fig. **3** et souvenez-vous en. Réfléchissez aux **x** de la fig. **3** ; ce sont des saillies.

3

## COMPARONS LES ÉLÉPHANTS D'AFRIQUE ET D'ASIE

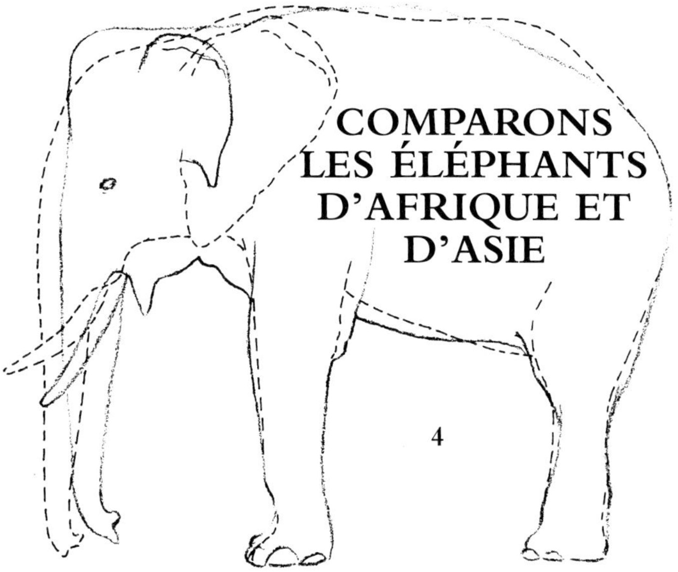

4

Ci-dessus en pointillés un éléphant d'Afrique, et en lignes pleines, un sujet d'Asie. Les principales différences se voient immédiatement. Celui d'Asie : dôme bombé avec oreilles petites, plus en avant; mâchoire volumineuse, trompe plus courte, ligne du ventre plus parallèle au sol. Celui d'Afrique : tête plus en pente; oreilles plus grandes et plus en arrière, mâchoire plus petite, trompe légèrement plus longue, ligne du ventre descendant plus vers les pattes postérieures.

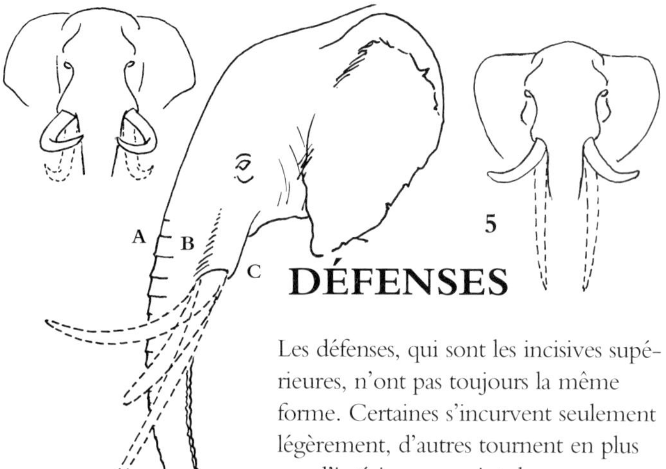


## DÉFENSES

Les défenses, qui sont les incisives supérieures, n'ont pas toujours la même forme. Certaines s'incurvent seulement légèrement, d'autres tournent en plus vers l'intérieur au point de presque se toucher, et chez certains individus (de face) elles peuvent au contraire s'étaler vers l'extérieur. Il est fréquent que des animaux sauvages aient une défense cassée, à moitié arrondie et polie par de nombreux fouillages et éraflements. Une défense africaine peut mesurer jusqu'à 3 m et peser jusqu'à 115 kg. L'entaille **B** est souvent ombrée. La défense prend racine <u>sous</u> l'œil.

(Un nodule unique peut se voir chez certains éléphants d'Afrique).

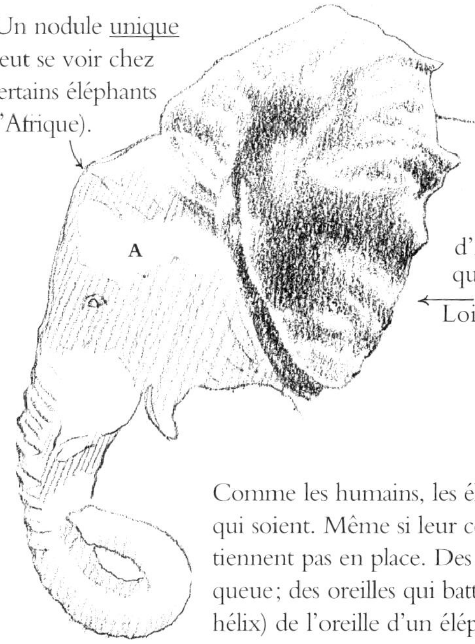


Oreille d'un éléphant d'Afrique plaquée au corps.

Loin du corps

B

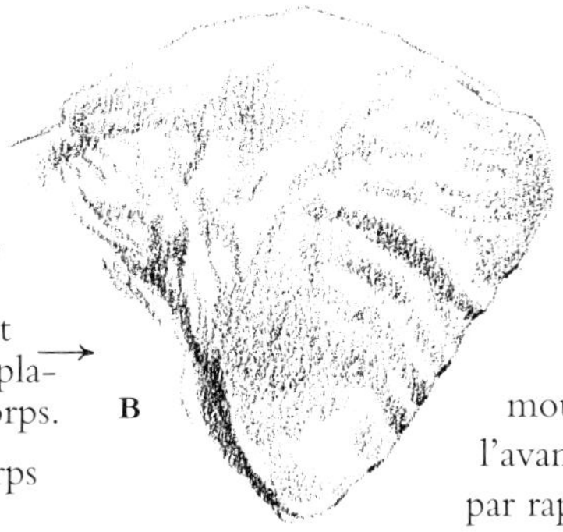

L'oreille C

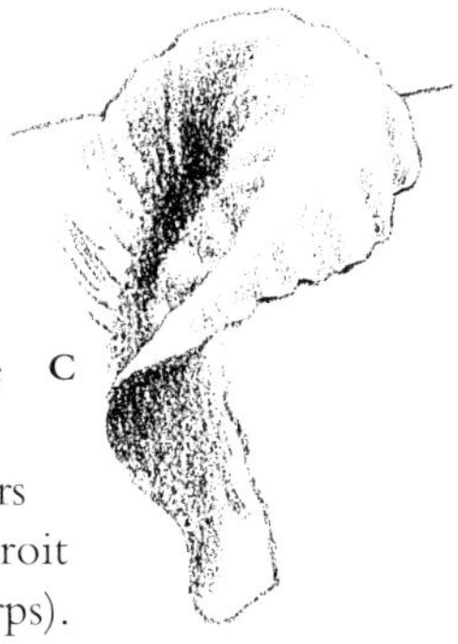

**A** et **B** en mouvement vers l'avant (à angle droit par rapport au corps).

# LES OREILLES

Comme les humains, les éléphants n'ont pas tous les oreilles de la même forme. Les leurs sont les plus agitées qui soient. Même si leur corps immense bouge lentement en général, ce sont malgré tout des créatures qui ne tiennent pas en place. Des oreilles déployées signifient colère, et elles sont accompagnées d'un fouettement de queue; des oreilles qui battent doucement expriment au contraire le contentement. L'ourlet supérieur (ou hélix) de l'oreille d'un éléphant d'Asie roule en avant (surtout chez les sujets âgés), tandis que le haut de celle d'un sujet d'Afrique a un roulement plus important en arrière. À cause de son poids, chez l'éléphant d'Afrique la partie la plus épaisse est la racine supérieure. Les cornacs d'Inde préfèrent les animaux aux oreilles rectangulaires, mais en général celles-ci ont l'air plutôt triangulaire. Les bords externes et inférieurs sont parfois déchirés (voir fig. **2** et **7**) et le coin d'une jeune oreille peut être « corné » (fig. **4**).

Attache de l'oreille de l'éléphant d'Asie.

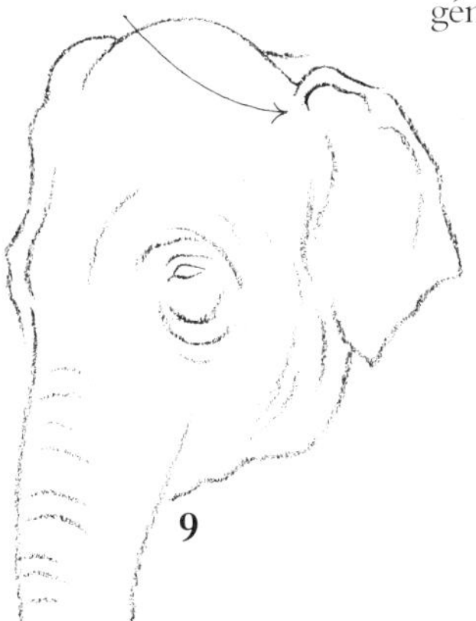

**9**

Formes des oreilles d'éléphants d'Asie

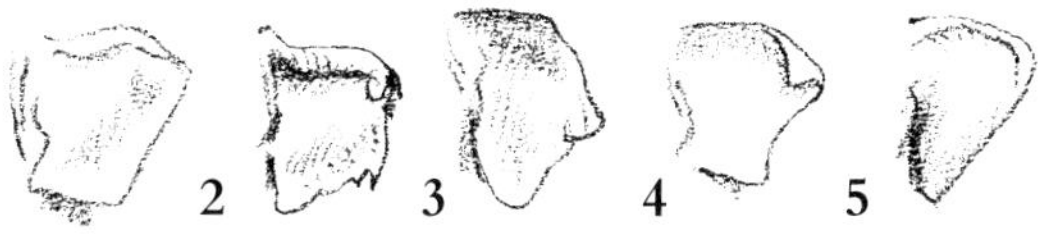

**1** **2** **3** **4** **5**

Formes des oreilles d'éléphants d'Afrique

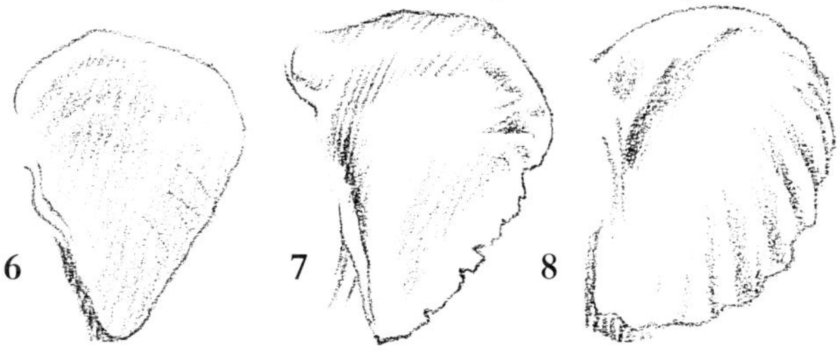

**6** **7** **8**

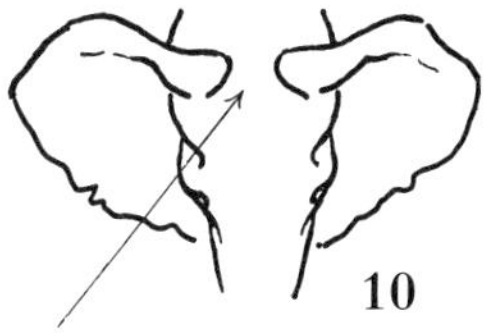

**10**

Schéma du haut de l'attache de l'oreille d'un éléphant d'Afrique. Certaines racines sont plus éloignées que d'autres.

Les éléphants d'Afrique souffrant de la chaleur oppressante utilisent leurs oreilles comme éventails.

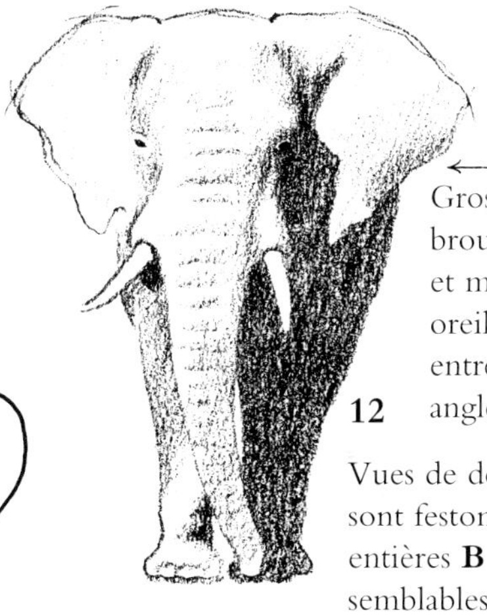

**12**

Gros éléphant de la brousse africaine (tête et museau larges). Les oreilles et le corps entrent dans un triangle.

**13**

Vues de dos, certaines oreilles sont festonnées **A**; d'autres sont entières **B** (elles sont toujours semblables des 2 côtés).

Vue de face d'un éléphant de forêt d'Afrique, plus petit. Elles peuvent remonter jusqu'au sommet du crâne.

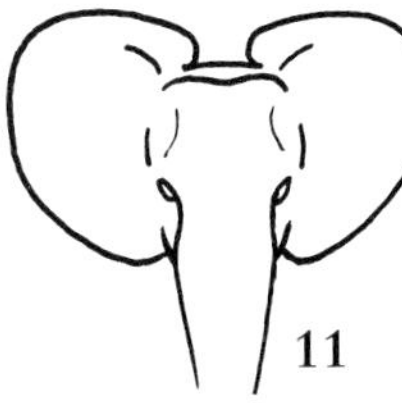

**11**

# PIEDS ET PATTES

**Nombre d'ongles sur le pied d'un éléphant**

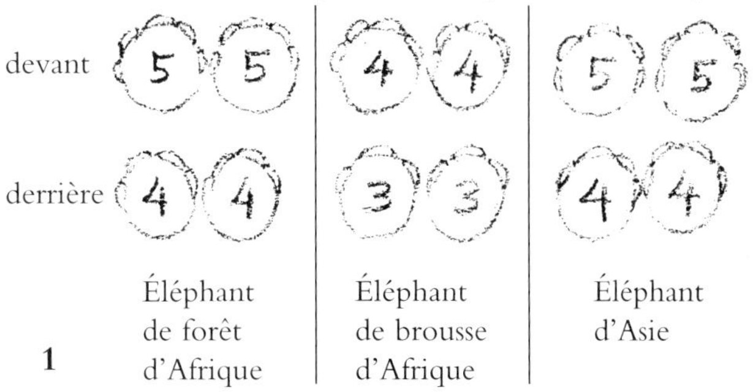


1

Tous les pieds comportent 5 doigts, même s'il n'y a pas autant d'ongles.

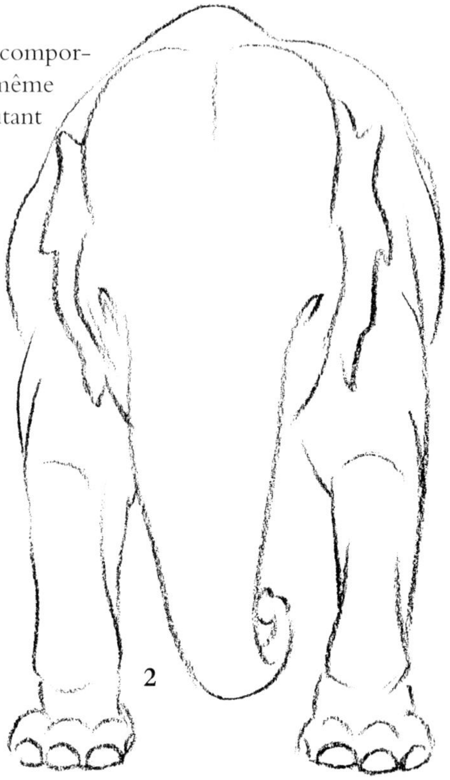

2

L'éléphant porte toujours ses chaussons silencieux. Les plantes de ses pieds sont bien rembourrées par un épais coussinet élastique de chair et de muscle. En fait, il marche sur la pointe des pieds (et des doigts — voir le squelette du pied fig. **6**). Son « poignet » et l'os de son talon s'élèvent à l'intérieur de ce pied-bot flexible, mais ils sont suffisamment proches du sol pour que l'animal appartienne aux « semi-plantigrades ». La grande souplesse des os du pied (fig. **4**) compense la rigidité de ceux du haut de la patte. Une des raisons pour lesquelles un éléphant peut dégager son énorme pied d'un marais, est qu'en le levant sa circonférence diminue. Le gros éléphant d'Asie fig. **2** va foncer tête baissée. Ses pattes postérieures ont quitté le sol. Remarquez ses orteils antérieurs qui gonflent au-dessus des ongles lorsque son poids pousse vers l'avant. Les pieds antérieurs sont un peu plus larges que les postérieurs, comme chez beaucoup d'autres animaux (tous les canidés et félidés). Le dessous des pieds de l'éléphante est un peu plus ovale que celui du mâle.

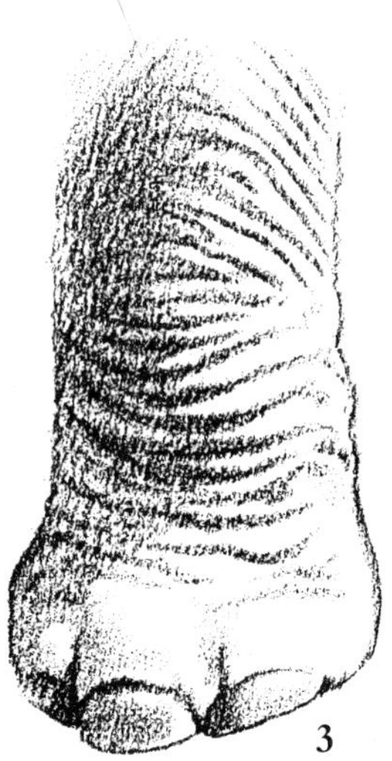

3

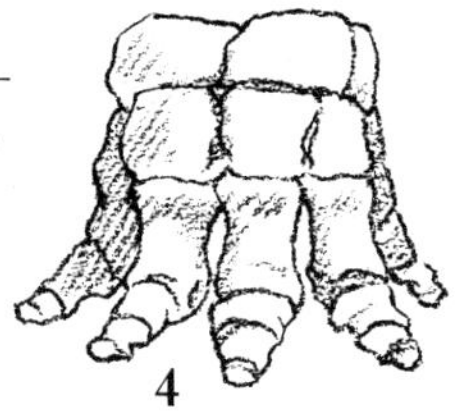

4

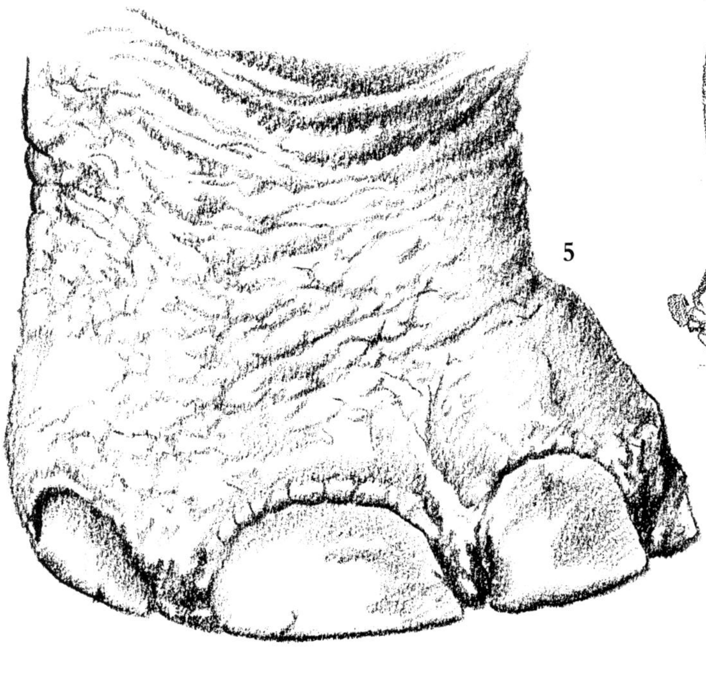

5

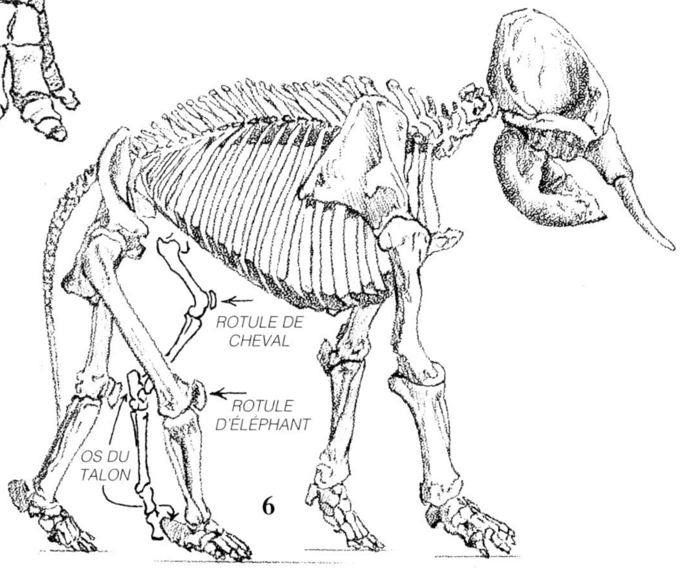


6

L'éléphant est incapable de sauter. Si sa foulée fait 2 m, il ne peut passer une tranchée de 2,50 m. La jambe du cheval est bâtie comme un ressort (voir ci-dessus), tandis que les os de la patte d'un éléphant sont presque droits. Ses articulations sont aplaties afin de supporter un grand poids, c'est pourquoi il est moins agile.

# COMPARONS LES PATTES

Y a-t-il des différences? Puisque les os robustes et lourds sont placés pratiquement verticalement l'un sur l'autre, on pourrait penser que les membres soient moins flexibles à l'extérieur, mais ce n'est pas le cas : la peau épaisse est toujours considérablement lâche et spongieuse. À chaque fois qu'il y a stress ou tension d'un muscle ou d'un os à l'intérieur, la peau relâchée se froisse à l'extérieur, comme un vêtement négligé. Alors que les pattes de tous les éléphants sont plutôt cylindriques, celles de l'éléphant d'Afrique le sont un peu plus uniformément, surtout les antérieures. Parfois, la forme de la partie inférieure de la patte et du pied antérieurs ressemble étonnamment au bout d'une batte de base-ball en bois (voir fig. **4**).

Lorsque la patte d'un éléphant est droite, de la peau s'amasse toujours aux articulations (figs **1** à **7**). L'ongle le plus en arrière est parfois un simple vestige faisant saillie avec une cuticule (fig. **3**), ou un vrai ongle visible (fig. **1**). Un gros plan indique l'espace entre les ongles (fig. **5** page précédente).

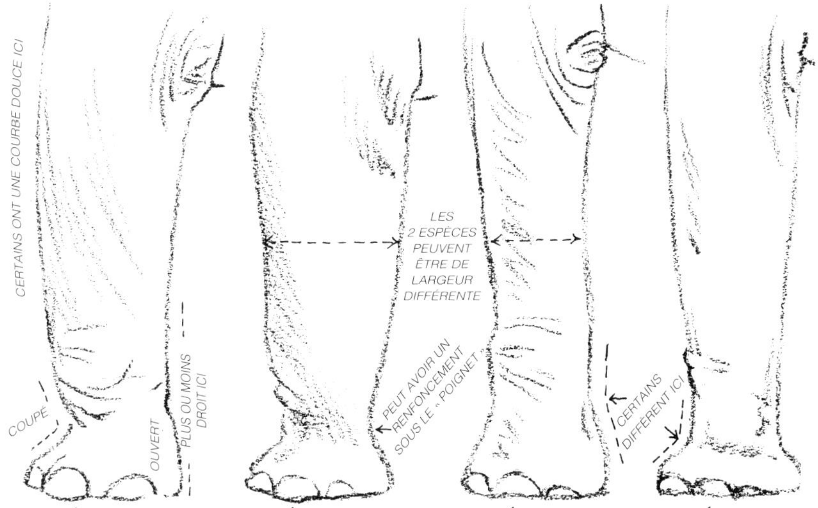


**1** Éléphant d'Asie — **2** Éléphant d'Asie — **3** Éléphant d'Afrique — **4** Éléphant d'Afrique

(**1** à **4** sont les pattes antérieures gauches; **5** à **7** les postérieures gauches).

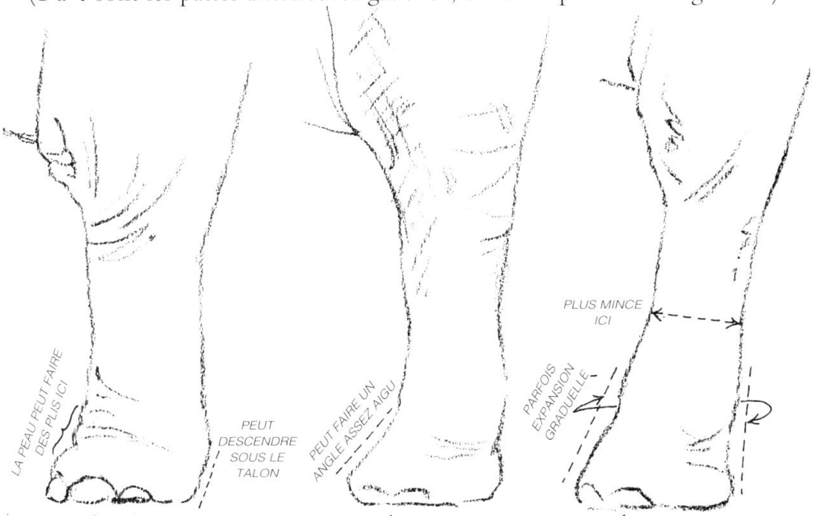


**5** Éléphant d'Asie — **6** Éléphant d'Afrique — **7** Éléphant d'Afrique

De face, les lignes des pattes se chevauchent lorsque les longs muscles les tirent (fig. **8**), et si la patte est en perspective, on a l'impression que le pied est posé sur un plateau (**x** de la fig. **8**).

**8**

**9**

Dessinés simplement, les poches et les plis des pattes sont illustrés de **a** à **g** fig. **9**. Les zones de peau **a**, **b** et **c** roulent et se froissent lorsque le pachyderme marche. Il se passe presque toujours quelque chose en **d**, **e**, **f** et **g** en ce qui concerne le changement de surface. Il y a torsion dans la patte arrière, ce qui entraîne **d**. Comme nous le remarquerons plus loin, il y a profusion de peau sous la queue, et de multiples plis peuvent s'y voir, **a**.

# LA TROMPE, LE NEZ, LA BOUCHE

À gauche, gros plan d'un vieil éléphant d'Asie sans défenses. Bien que la trompe soit parcourue de milliers de rides, elle ne comporte pas de « bardeaux » en travers comme chez le vieil éléphant d'Afrique fig. **6**. Remarquez les lèvres flasques sous les joues effondrées. Les lèvres de la fig. **2** sont jeunes et fermes. Les doubles poches sous les yeux sont typiques. Souvent les rides sont si prononcées qu'il est difficile de les différencier des poches. Le seul autre mammifère a être aussi ridé est le chimpanzé.

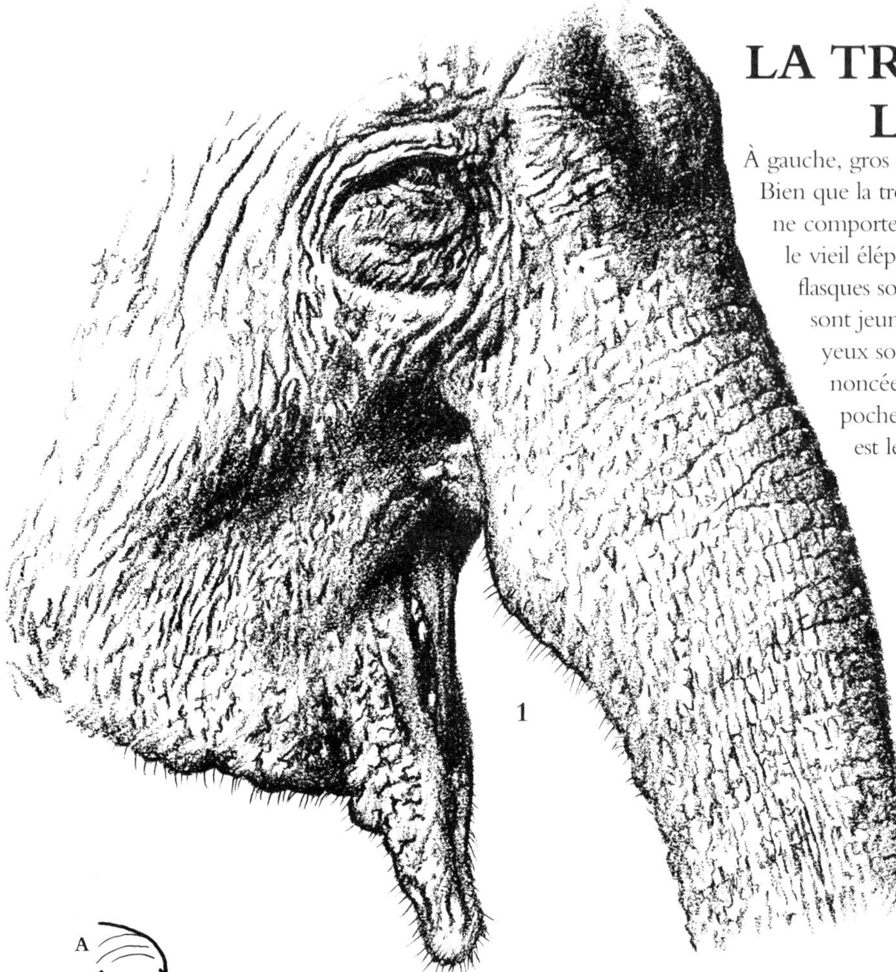

1

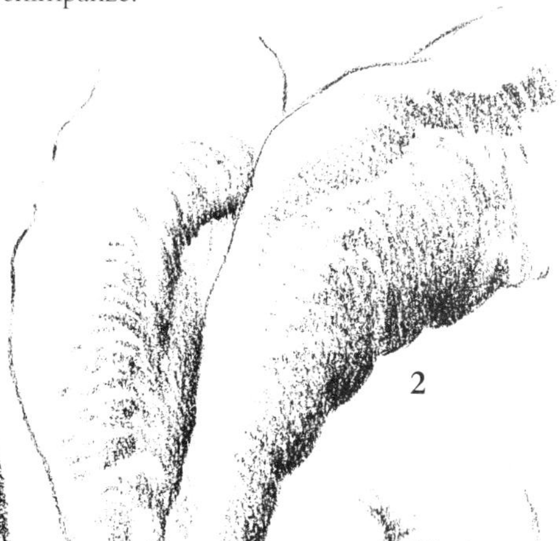

2

3 D'Afrique

A

D'ASIE

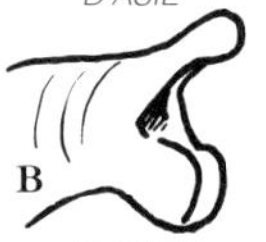

B

D'ASIE

C

D'AFRIQUE

Des descriptions erronées laissent souvent l'artiste dans le flou quant au bout de la trompe. L'éléphant d'Asie a un « doigt » et celui d'Afrique en a 2. Celui du premier s'imbrique dans une rainure située en dessous; il peut être aplati (fig. **A** et **4**) ou renflé (**B** et **7**). Ceux de l'éléphant d'Afrique ne sont pas en haut, mais l'un au-dessus de l'autre, et assez semblables (voir **C** à gauche et fig. **8** ci-dessous). La fig. **3** représente aussi un éléphant d'Afrique, agrandi, et de face. Ces extensions sont très préhensiles : elles peuvent se tendre, s'amincir, se gonfler, se tordre, s'enrouler et pratiquement tout faire (arracher une herbe ou aider, comme une main puissante, à soulever un poids énorme). Les narines se voient souvent distinctement, surtout de face (fig. **3**), à moins qu'elles ne soient dans l'ombre comme dans le gros plan **4**. L'odorat de l'éléphant est meilleur que celui de tout autre animal.

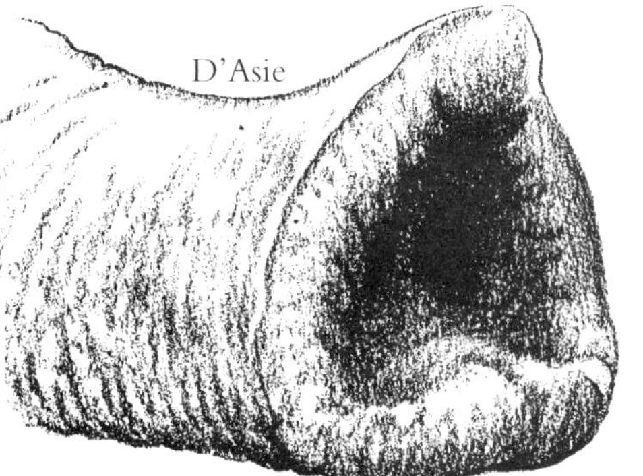

D'Asie

4

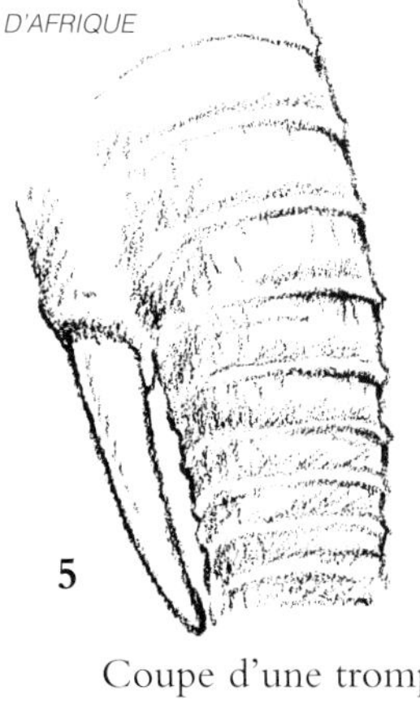

5

Coupe d'une trompe (Jeune éléphant d'Afrique)

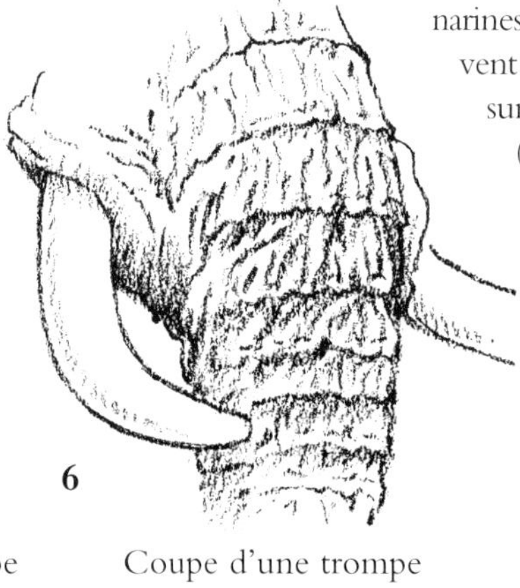

6

Coupe d'une trompe (Vieil éléphant d'Afrique)

7

Trompe d'éléphant d'Asie

8

Trompe d'éléphant d'Afrique

# DANS LA BOUCHE

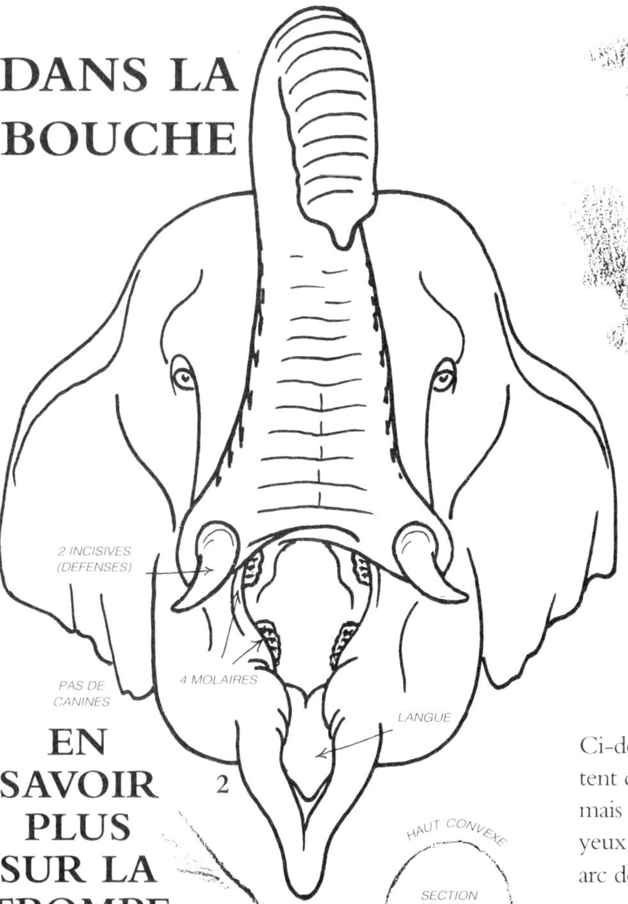

2

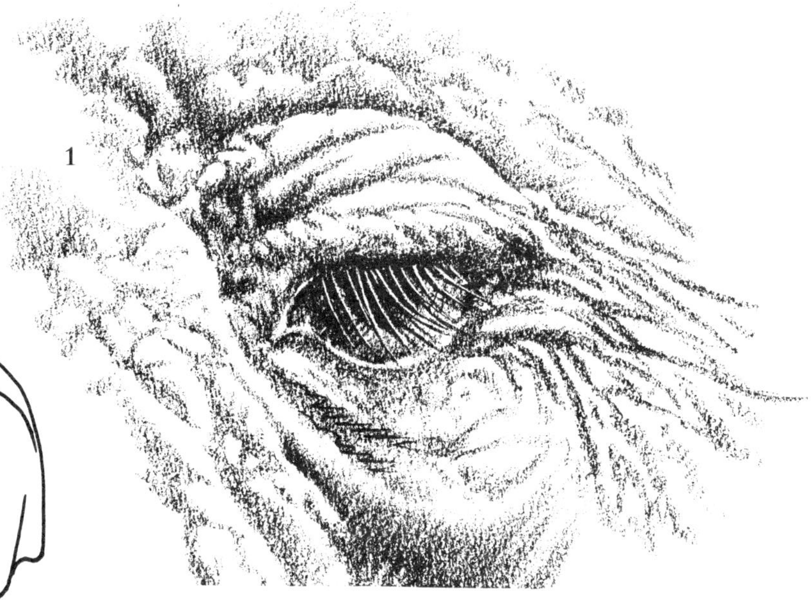
1

# EN SAVOIR PLUS SUR LA TROMPE

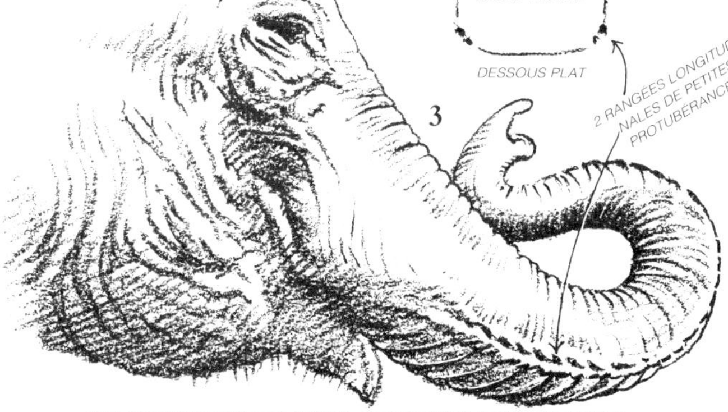

3

LE DESSOUS PLAT CHEZ L'ÉLÉPHANT D'ASIE EST PLUS RÉGULIER

4

LE DESSOUS PLAT CHEZ L'ÉLÉPHANT D'AFRIQUE EST PLUS GROSSIER

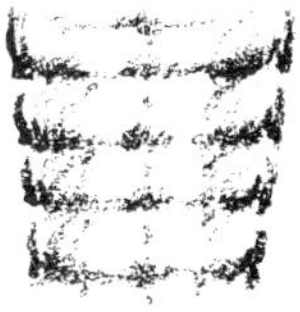
5

ÉLÉPHANT DE BROUSSE D'AFRIQUE
6

ÉLÉPHANT DE FORÊT D'AFRIQUE
7

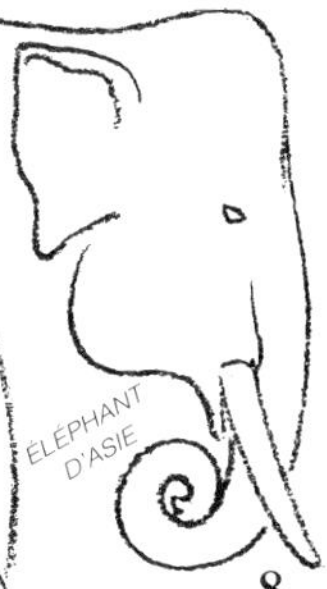
ÉLÉPHANT D'ASIE
8

## L'ŒIL

Ci-dessus, l'œil de l'éléphant d'Asie a de longs cils presque droits qui pointent de la paupière supérieure. L'éléphant d'Afrique a de plus grands yeux, mais aucune des espèces n'a une très bonne acuité visuelle, et comme les yeux sont sur le côté de la tête, lorsqu'un animal furieux charge, il décrit un arc de cercle au lieu d'aller tout droit. Les 2 espèces ont une 3e paupière qui parcourt le globe oculaire par le côté. L'éléphant d'Afrique s'allonge rarement pour dormir, alors que son cousin d'Asie, peut s'étendre plusieurs heures par jour, mais tous deux font souvent de petits sommes sur leurs pattes. La fig. **2** est une vue de face d'un éléphant d'Asie, la trompe relevée et la bouche ouverte. Les éléphants n'ont qu'une longue molaire de chaque côté des mâchoires, qui servent à broyer et qui sont remplacées par le fond au fur et à mesure qu'elles s'usent. La fig. **3** représente un éléphant d'Asie dont la trompe extrêmement mobile se tortille, ce qui laisse voir une partie du dessous. Étudiez la coupe (au-dessus de la trompe) et les schémas de la surface inférieure (**4** et **5**). La trompe de l'éléphant est certainement la partie de l'anatomie animale dont la dextérité est la plus étonnante.

## PORT DE LA TÊTE

L'éléphant de brousse **6** se déplace en tenant ses défenses plus parallèles au sol que les autres espèces, et lorsqu'il charge, il les relève. Il n'enroule pas la trompe dessous quand il fonce, comme l'éléphant d'Asie. Tous les pachydermes arrachent les végétaux avec les défenses et utilisent la trompe comme arme, et ils se frappent avec la tête lorsqu'ils se combattent entre eux. On raconte que les éléphantes se sectionnent parfois réciproquement la queue, mais elles se battent rarement.

# L'ÉLÉPHANT VU DE DOS

1

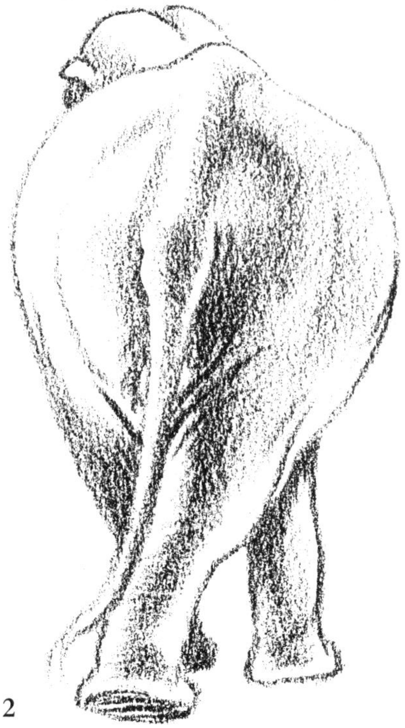

2

Lorsque l'on dessine un éléphant de dos, la colonne vertébrale est très saillante. Chez les éléphants sauvages (surtout ceux d'Afrique), plus efflanqués et plus actifs, elle est encore plus anguleuse. Remarquez sur cette page que l'épine dorsale d'un éléphant d'Asie descend jusqu'à la queue. La peau est plus lâche qu'ailleurs sur l'arrière-train. Remarquez le grand pli cutané à droite de la queue **4**. On voit souvent à la racine de celle-ci une grande poche de graisse et de peau. Le bout de la queue peut être aplati comme une petite rame, avec de longs crins (**4**), ou ne porter seulement que quelques crins épars. La queue est rarement plus longue que celles de cette page, mais elle peut être plus courte, si elle a été coupée à la suite d'un combat ou d'un accident. Il est toujours intéressant d'observer ces géants déplacer leurs corps massifs.

3

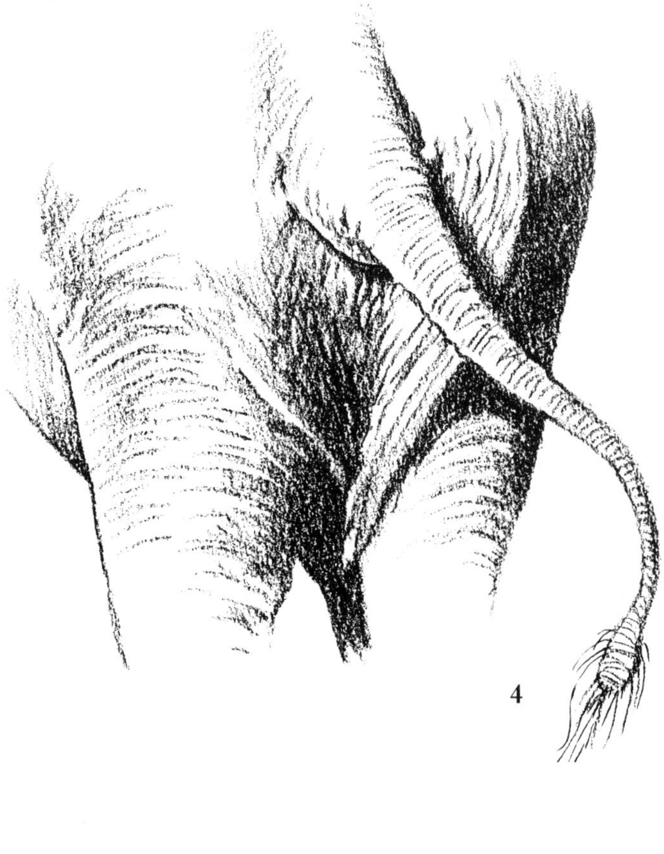

4

# BOUFFONNERIES

N'oubliez pas qu'une ligne descend des yeux à la trompe. Si l'animal a des défenses (en pointillé) le museau est considérablement ——→ élargi.

1

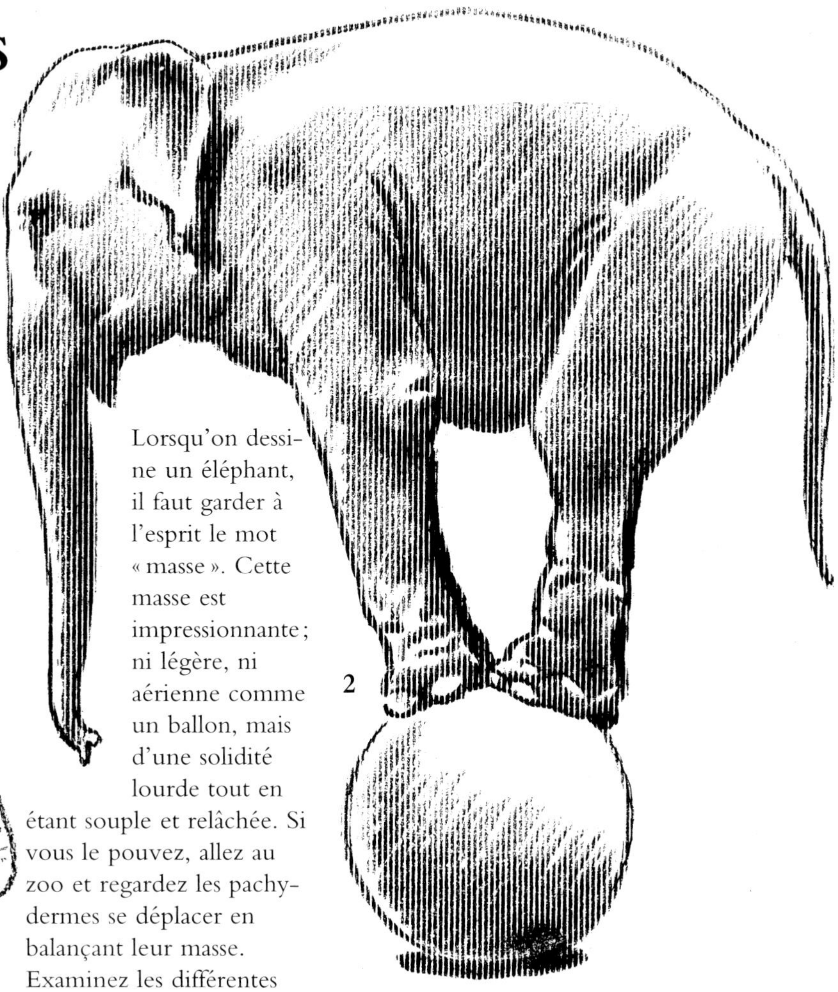

2

Lorsqu'on dessine un éléphant, il faut garder à l'esprit le mot « masse ». Cette masse est impressionnante ; ni légère, ni aérienne comme un ballon, mais d'une solidité lourde tout en étant souple et relâchée. Si vous le pouvez, allez au zoo et regardez les pachydermes se déplacer en balançant leur masse. Examinez les différentes sections corporelles, et repérez le point où les pattes cylindriques se joignent au corps en tonneau.

Pour le peintre, la couleur typique de la peau est noir grisâtre, mais il faut savoir que souvent c'est celle du sol de la région, car l'énorme créature adore les bains de boue et de poussière.

3

4

L'éléphant d'Asie est plus clair que les éléphants d'Afrique, dont l'espèce de forêt est généralement plus foncée que celle de brousse, et il a plus de crins, surtout au menton, sur la trompe et la queue.

# L'ÉLÉPHANT ALLONGÉ ET SUR DEUX PATTES

Ci-dessous, un éléphant d'Asie en train de s'asseoir ou de se lever. La tête étant plus proche, elle est énorme. Le crâne et les os de la patte sont en évidence. La trompe tous usages ne comporte aucun os.

1

2

Dans la fig. **2** l'éléphant se met sur les pattes postérieures; les genoux sont assez bien situés sous le centre de gravité de l'immense torse.

3

La fig. **4** montre l'éléphant allongé. Remarquez l'épaisseur de la section médiane; l'olécrane saillant au coude et la peau qui pend sous le cou.

Si vous vous mettez sur les genoux et les coudes, vous serez dans la même position que l'éléphant de la fig. **3**. Par certains côtés il ressemble à l'homme, surtout l'arrière-train.

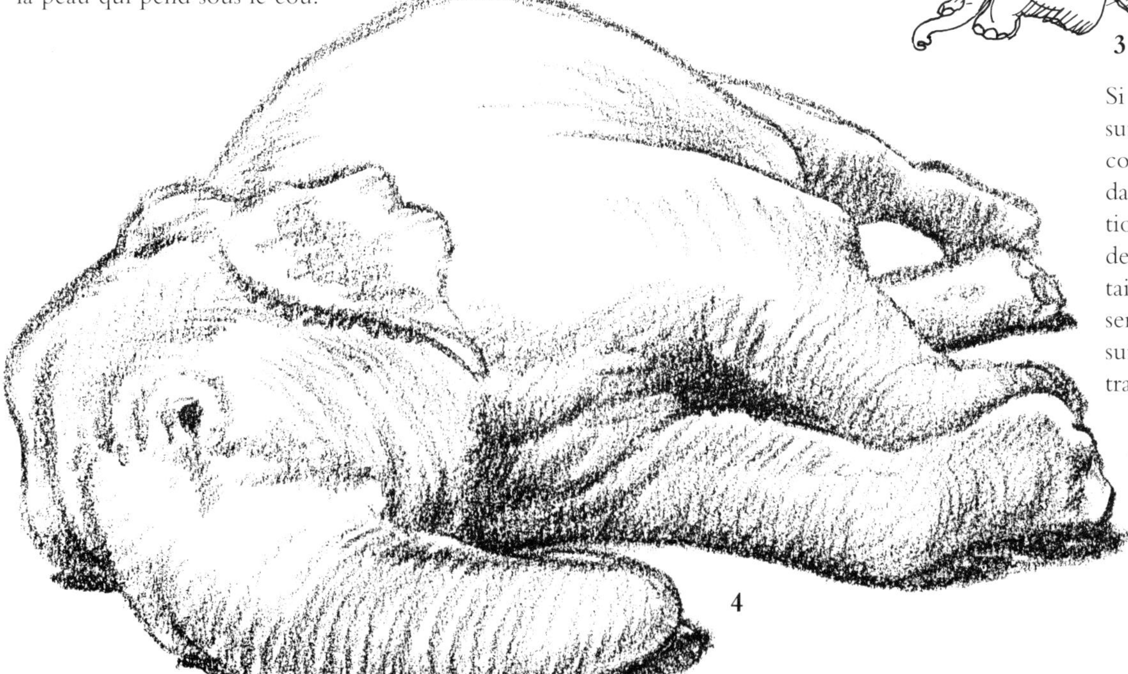

4

# MARCHE DE L'ÉLÉPHANT

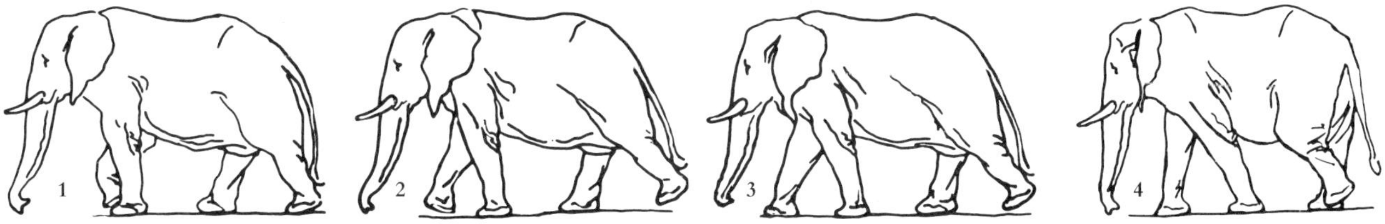


Un éléphant ne peut se déplacer qu'en marchant. Il ne peut en effet ni trotter ni galoper. Son allure accélérée est assez rapide : c'est l'amble, grand pas glissant et traînant, qui, pour quelques centaines de mètres peut égaler la vitesse d'un sprinter humain. Lorsqu'il charge l'animal peut atteindre 50 km/h; son allure normale étant plus proche des 6,5 km/h. Sur cette page un éléphant d'Afrique, au cou court et à la trompe épaisse, marchant rapidement. Des fig. **1** à **20** il marche à grandes enjambées.

Notez à nouveau la loi importante qui s'applique à la marche de la plupart des animaux : si les pieds le plus en avant et le plus en arrière sont en suspension (fig. **2**), les 2 pieds de support sont toujours des côtés opposés du corps, mais, si les 2 pieds les plus à l'intérieur ont quitté le sol (fig. **6**), les 2 pieds de support sont toujours du <u>même</u> côté du corps. À Vérifier dans les fig. **12** et **18**.

Lors de leurs allures les plus rapides, la plupart des animaux ont 3 ou même les 4 pieds brièvement en suspension à un certain moment de la foulée. L'éléphant, qui ne peut sauter, n'a jamais plus de 2 pieds à la fois hors du sol, et lors de sa locomotion naturelle, ils sont rarement levés très haut. Vérifiez de près les faits suivants :

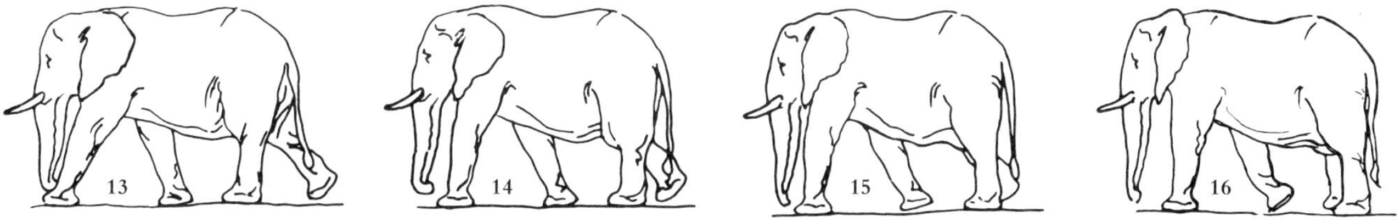


Pendant une grande partie du processus de marche, les pieds d'un côté se déplacent simultanément en avant, en alternance avec ceux du côté opposé, mais la cheville du pied de la patte arrière ne peut être placée dessous comme le fait le «poignet» de la patte antérieure. Ainsi, les pattes raides, le genou postérieur amène la partie inférieure de la patte un peu en avant, puis, lorsque le pied avant est poussé au «poignet» et amené en avant, les deux membres sont à nouveau alignés. C'est ainsi que l'éléphant progresse.

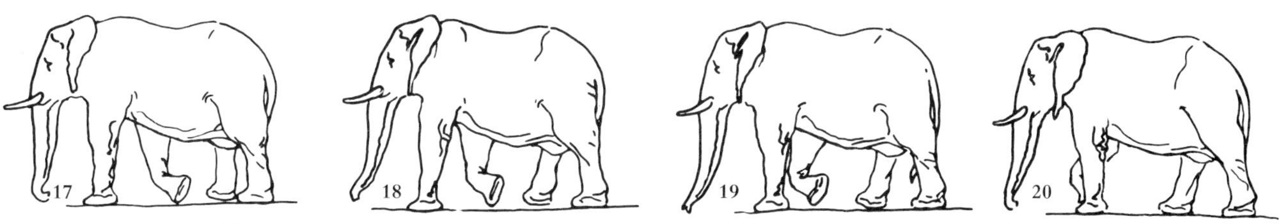


Remarquez que quand les 2 pieds les plus à l'intérieur ont quitté le sol (fig. **6** et **18**), les 2 pattes de support restantes sont presque perpendiculaires à celui-ci. Lorsque les pieds les plus à l'extérieur sont en suspension (fig. **2** et **12**), toutes les pattes sont de biais par rapport au sol, mais le support est toujours largement sous l'énorme corps. En dépit de son poids, cette montagne vivante peut poser son grand pied avec une délicatesse délibérée lorsqu'il en a envie.

# TÊTES DE LOUP, DE COYOTE ET DE RENARD - PAS À PAS

**A**

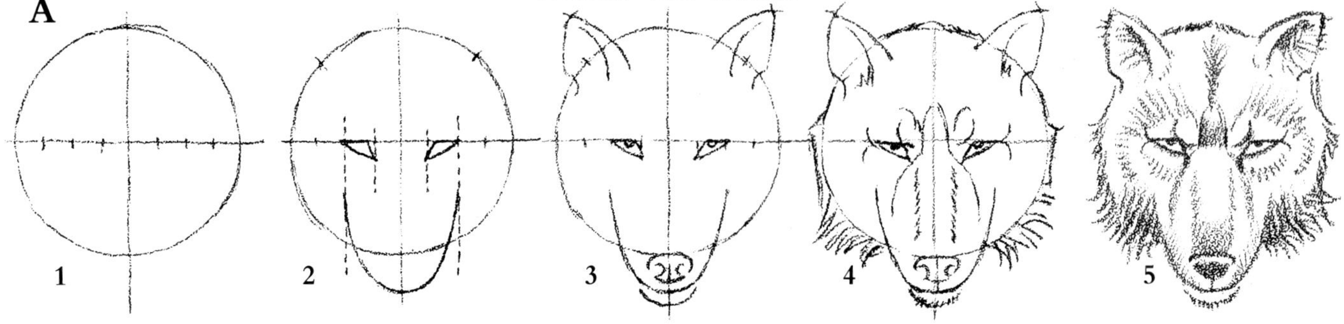


La tête du LOUP ci-dessus est plus grande que celle du coyote ci-dessous ; les oreilles sont plus arrondies et le museau est plus lourd. Un mâle adulte a les mâchoires plus puissantes que les autres canidés ; sa truffe fait plus de 2,5 cm de diamètre ; celle du coyote est plus petite.

On peut lui donner une expression plus féroce en concentrant la ligne des sourcils juste au-dessus des yeux. Parfois l'art requiert une créature sauvage, ce qui est sûrement injuste. Il est de couleur grise avec une teinte brune ou jaune, mais il peut aussi être blanc ou noir.

**B**

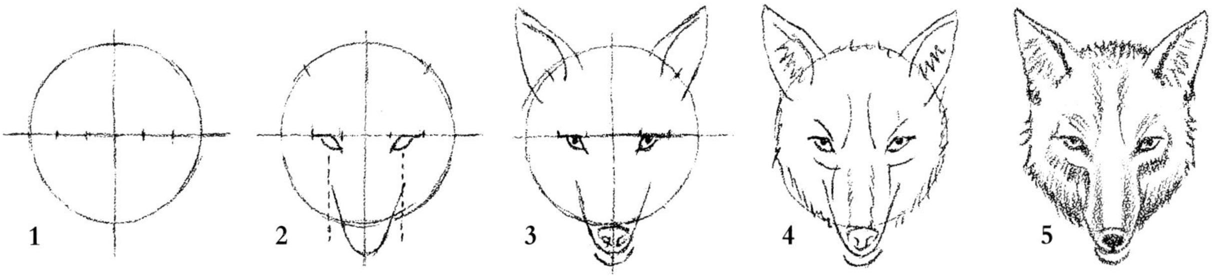


La tête du coyote est plus pointue que celle du loup. Par rapport à la taille de sa tête, ses oreilles sont grandes et très droites ; son museau est plus élancé. La position normale des oreilles, de face, est à l'extérieur de la largeur de la tête ; dans le cas du loup elle est à l'intérieur.

En général, la face du coyote est plus unie que celle du loup ; elle ne comporte pas les longues mèches de la collerette. Ordinairement on ne lui donne pas une expression aussi sinistre que celle du loup. Le coyote est brun pâle avec un peu de gris ou de noir mélangé à du blanc, avec le dessous blanc ou presque.

**C**

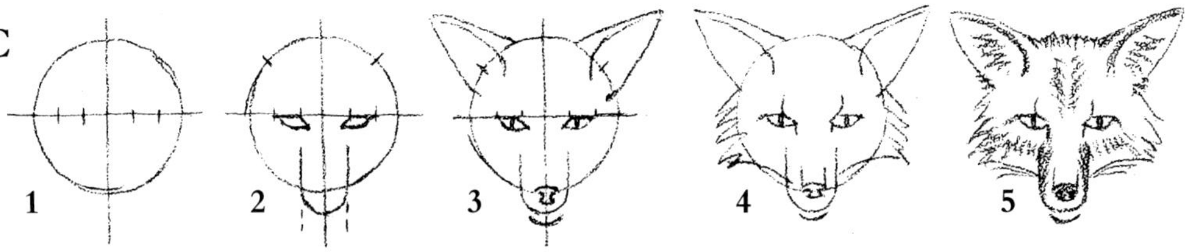


La tête du RENARD a de très grandes oreilles par rapport à sa taille ; le museau est encore plus étroit que celui du coyote. Bien que la truffe semble pointue, les côtés du museau sont plus parallèles (fig. **2**). Il a des favoris sur les joues. Trait très inhabituel : les pupilles du renard se contractent verticalement. Dans une lumière vive elles se réduisent à des fentes verticales. Celles du coyote et du loup sont rondes. Le coyote n'a pas l'air aussi négligé que le loup. Les oreilles du renard roux sont bordées de noir, et blanches à l'intérieur. Sa face est brun roux en haut et blanche en bas des joues, au menton et sur la gorge. Il peut cependant avoir la face et le corps noirs.

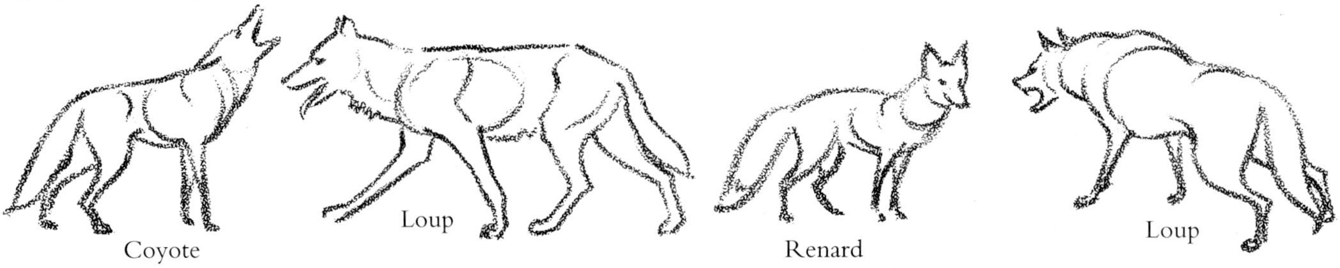

# CONSTRUISONS UN LOUP

Avant d'entreprendre le dessin d'un animal on doit se demander quelles seront la forme principale (a) et les formes secondaires (**b**, **c** et **d**).

Fig. **2**. Lorsqu'un loup ou qu'un chien s'installe confortablement, l'artiste prend conscience de certains triangles simples qui vont l'aider à placer les pattes. Remarquez que la fourrure du poitrail forme aussi un triangle. Tous les individus apparentés ne tiendront pas la tête de la même façon. Même si certains ont la ligne du devant du cou plus perpendiculaire au sol, le simple triangle s'applique malgré tout.

Fig. **3**. Apprenez à capturer les ombres principales avec seulement quelques traits. Dans la nature lorsque l'on n'a qu'un petit carnet de croquis, cette méthode est un atout important.

Fig. **4**. Un animal au repos est merveilleusement équilibré : son poids est également réparti. Observez les pointes des triangles et les 4 points de support du dessous.

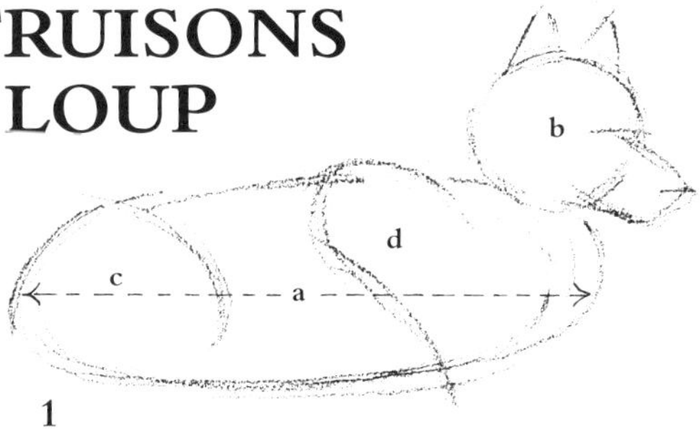


1

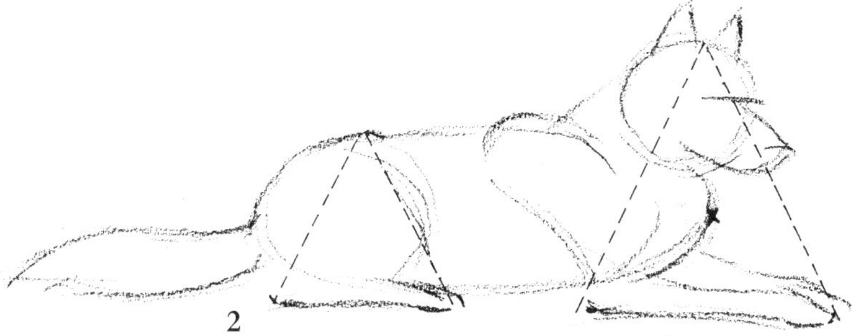

2

3

# LA FOURRURE

4

Les loups, comme les chiens, ou même tous les canidés, dont les coyotes et les renards, puisqu'ils sont si proches parents, ont le même système pileux, ce qui se remarque particulièrement chez les animaux dont les poils sont de même longueur. La fourrure plus douce qui préserve la chaleur est blottie sous les longs poils qui laissent glisser la pluie, et qui sont plus nombreux sur la partie supérieure du corps. Certains bergers allemands ont une fourrure semblable à celle des loups, avec des zones distinctes, comme schématisé sur le loup anguleux ci-dessous.

5

# COMPARONS LES TÊTES ET LES CORPS

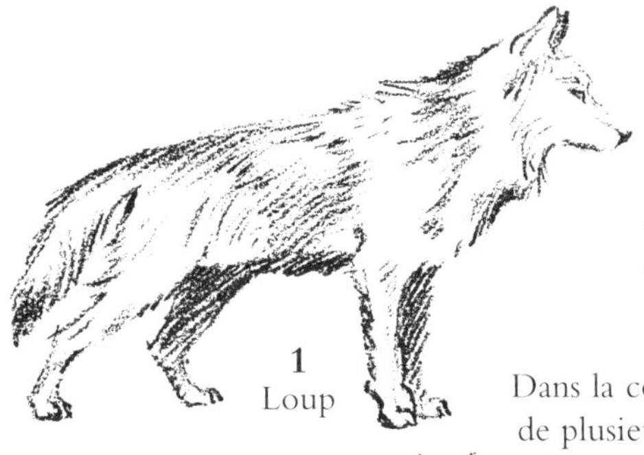

**1**
Loup

**1a**
Loup

Dans la colonne de gauche, des croquis comparatifs de plusieurs espèces apparentées de canidés. La plupart des loups (**1**) sont plus grands que les chiens moyens. On a signalé quelques mâles de plus de 80 kg, mais la plupart font moins de 50 kg, comme la plupart des bergers allemands, et un loup de 75 cm au garrot est une belle bête.

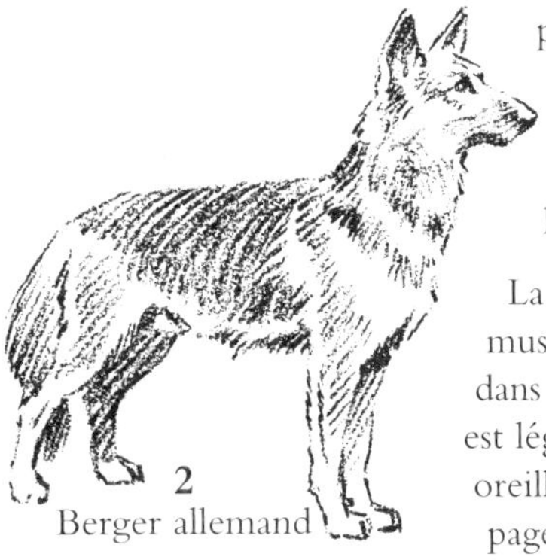

**2**
Berger allemand

**1b**
Loup

La tête des loups peut prendre différentes formes, surtout au museau. Le loup de gauche (**1**) a le museau étroit, tandis que dans les têtes **1a** et **1b** à droite, il est plus épais. Le nez du berger est légèrement arqué, (**2**) trait particulier à cette race, et ses oreilles sont plus grandes que celles des autres canidés de cette page. La face du loup peut être assez unie (**1a**), ou comporter des marques, et ressembler à celle d'un chien eskimo (**3** à droite). Examinez de près les yeux de ces 2 pages : ceux des chiens sont moins « bridés » que ceux des loups, des huskys, des coyotes et des renards.

**3**
Husky de Sibérie

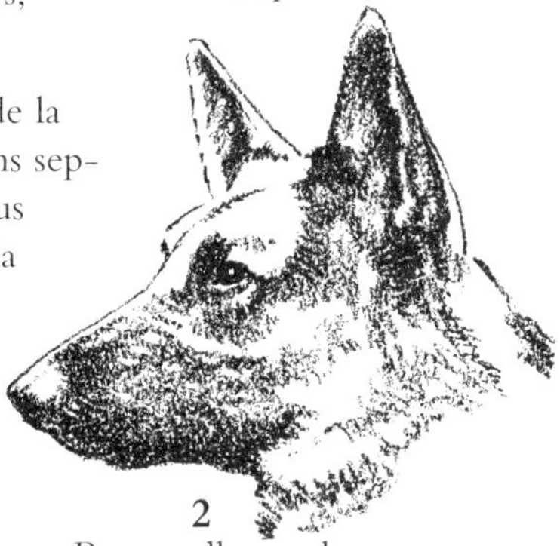

**2**
Berger allemand

Le loup gris du nord peut sembler plus corpulent à cause de la fourrure dense qui le protège du froid. Les loups des régions septentrionales sont plus clairs, et ceux du sud, plus petits et plus légers. Un loup qui court lève la queue au niveau du dos, et la laisse retomber lorsqu'il ralentit. Le husky (**3** à gauche) porte la queue recourbée sur le dos. On ne peut différencier certains loups et huskies que par la queue. Un trait commun à tous les canidés : ils ont la queue dressée lorsqu'ils jouent.

**4**
Coyote

**3**
Husky

Les pieds antérieurs de tous ces animaux comportent 5 orteils, le 5e étant plus haut et à l'intérieur (il ne touche pas le sol). Sur les pieds postérieurs il n'y en a que 4. Le loup a des poils entre les orteils, mais pas le chien. On a vu des renards grimper aux arbres, mais pas les autres canidés. Les griffes des canidés ne sont pas rétractiles, à la différence de celles des chats qui peuvent être sorties.

**5**
Renard roux

La principale différence entre le loup et le coyote **4** est leur taille, le dernier étant beaucoup plus petit, ne pesant qu'environ 12 kg. P. 86 vous trouverez les différences dans les têtes. Les chiens peuvent s'accoupler avec les loups et les coyotes, ce qui affectera l'apparence des rejetons, mais l'accouplement avec le renard est impossible.

**4**
Coyote

Par rapport à la taille, le renard a la plus grande queue et sa face a l'air quelque peu tirée, ce qui est partiellement dû a ses grandes oreilles à un bout et à sa queue touffue à l'autre. Ses pattes sont plus sveltes et ses pieds assez petits. Il y a des renards de toutes sortes et de toutes couleurs : bruns, argentés, blonds, gris, noirs, blancs, roux, bleus et saumon.

**5**
Renard argenté

# DESSINER DES CHIENS

1 Cocker

La masse centrale d'un chien ou de n'importe quel mammifère est la poitrine (**A1** à droite), mais sur un chien (ou un loup, p. 87) allongé, elle n'est pas si importante. Certains artistes commencent par localiser le poitrail (**A1**), puis la tête (**A2**), tandis que d'autres commencent par la forme générale du torse. Dans tous les cas, le torse et la tête doivent être reliés, et aucun artiste confirmé ne dessine d'un trait continu le contour de l'animal. Nous vous avons proposé antérieurement d'autres informations et d'autres méthodes (pp. 1, 5, 12 et 13). Lorsqu'on place les différentes parties, il faut garder la totalité à l'esprit. Cherchez à avoir une vue d'ensemble. L'objectif de cette séquence est la fig. **D**. Suivez les différentes étapes.

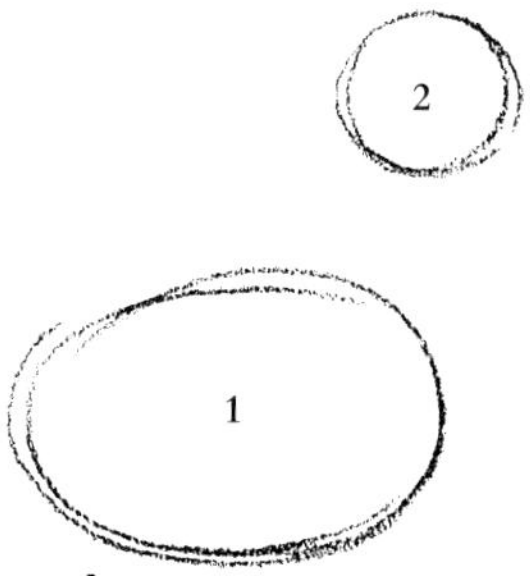


**A**

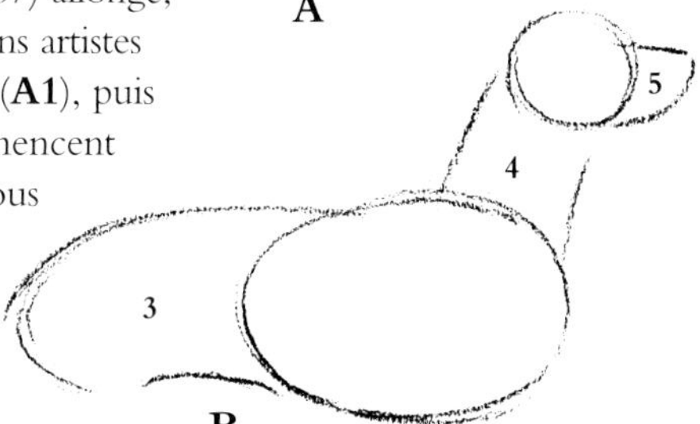


**B**

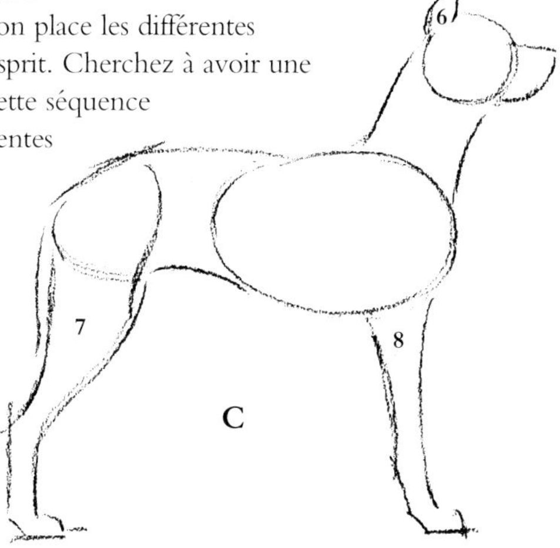


**C**

À gauche, 3 races de chiens. Observez les différences dans la construction de la tête : les oreilles, le nez, la mâchoire et la gueule.

**2** Bouledogue

Dans la fig. **2** un dessin angulaire rend la force dégagée par le bouledogue.

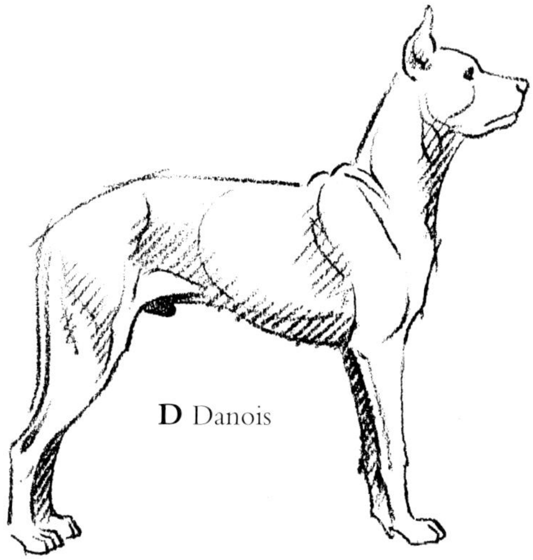

**D** Danois

La fig. **D** représente l'une des races les plus fortes, les plus fières et les plus belles.

**3** Boxer

La fig. **3** est un exemple de l'un des chiens les plus robustes, sujet stimulant.

# CHIENS ET APPARENTÉS

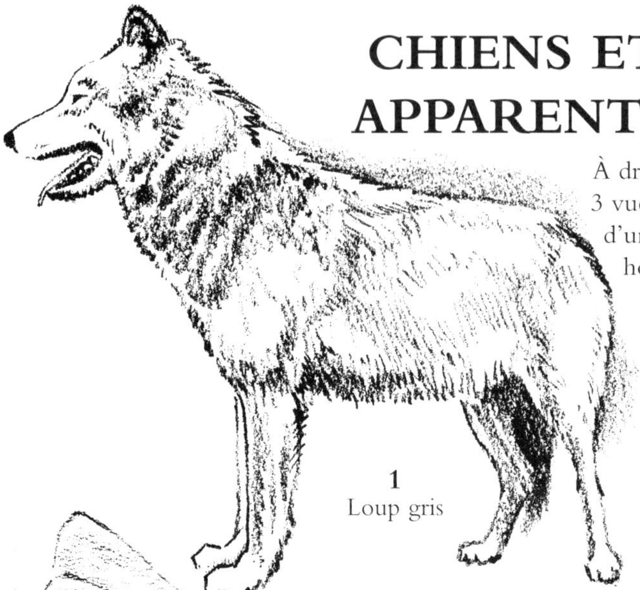

1
Loup gris

À droite, 3 vues d'un fox-hound (chien courant) poursuivant une proie.

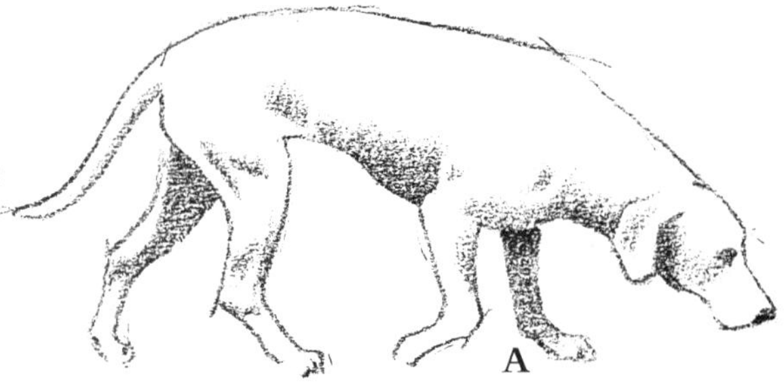

A
Chien courant
(fox-hound)

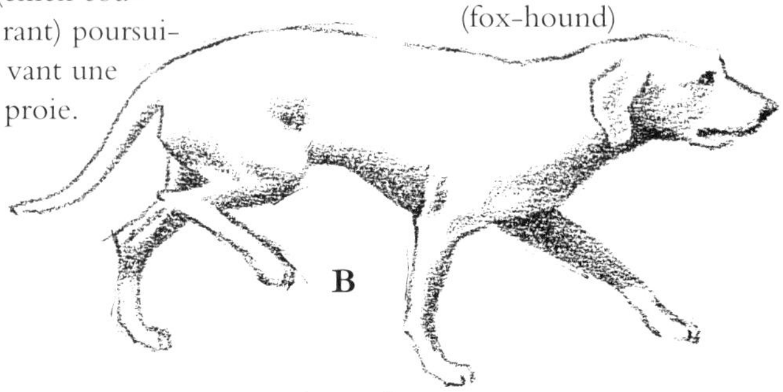

B

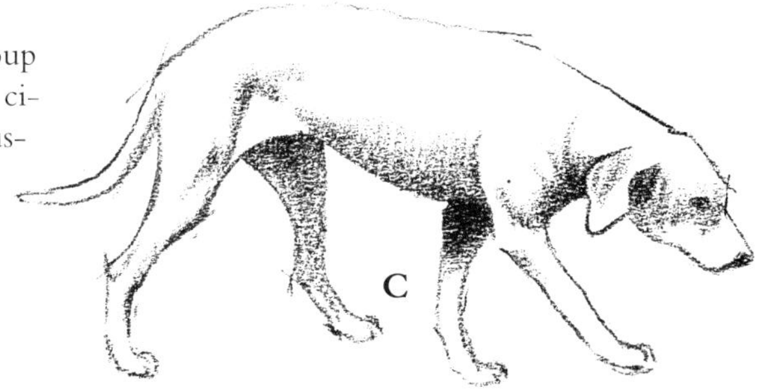

C

On peut rendre la robe du loup gris ci-dessus et du coyote ci-dessous par des « éclaboussures » au crayon.

2
Coyote

4
Chien courant
(fox-hound)

Le museau de ce coyote est plus mince que celui de l'animal hurlant ci-dessous.

3
Coyote

6
Loup à crinière

5
Protèle

# ANIMAUX RESSEMBLANT AU CHIEN

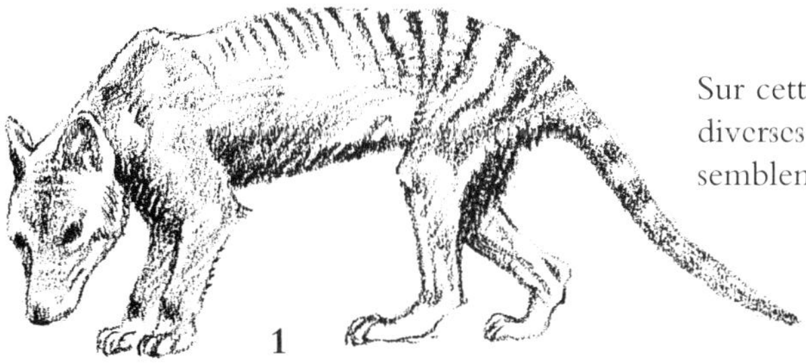

**1**
Loup de Tasmanie
ou thylacine

Sur cette page voici diverses créatures qui ressemblent au chien.

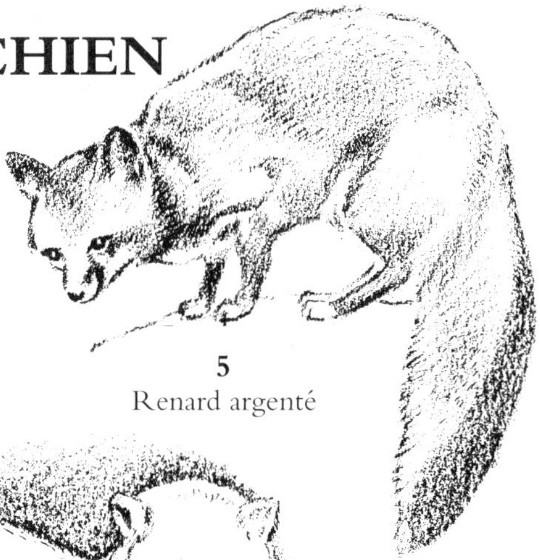

**5**
Renard argenté

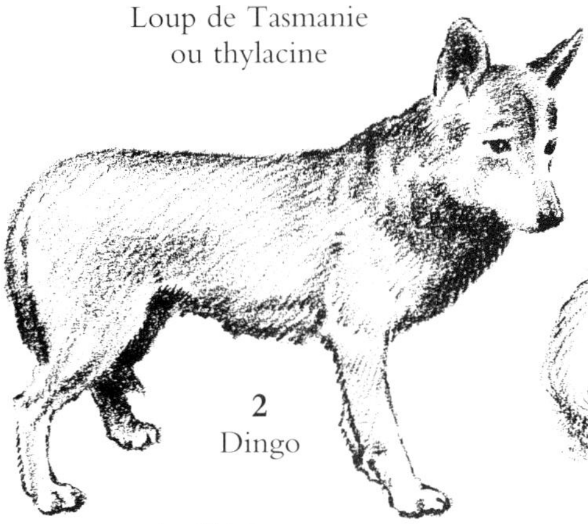

**2**
Dingo

**6**
Renard polaire
ou bleu (en hiver)

**3**
Hyène
tachetée

**7**
Renard à dos argenté

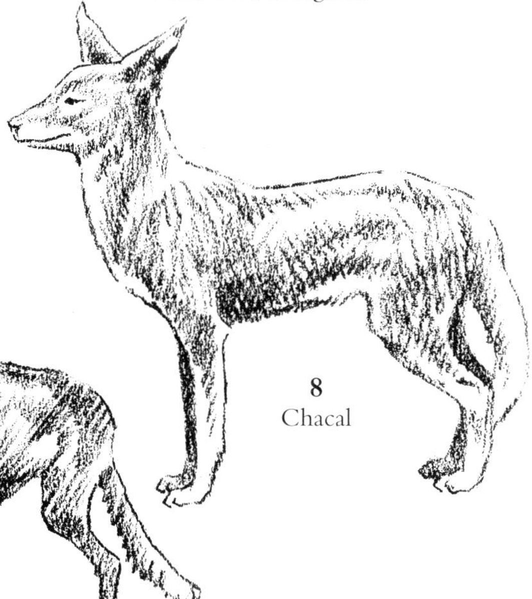

**8**
Chacal

**4**
Hyène rayée

**9**
Chien courant du Cap

# LE CHAMEAU BACTRIEN

1

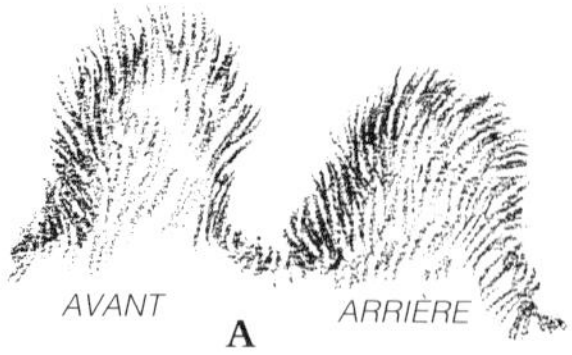


A

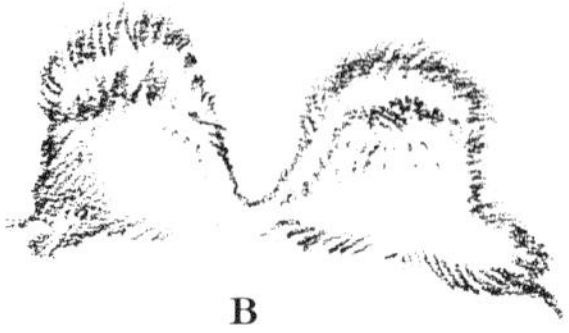

B

C

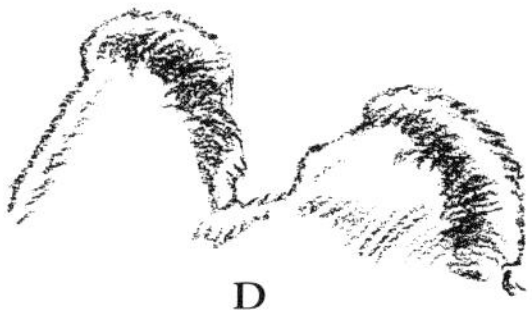

D

E

**Types de doubles bosses**

Il y a deux espèces principales de chameaux. Sur cette page, le chameau bactrien à deux bosses, typique de l'Asie centrale, de l'Afghanistan à la Chine; et page suivante, le dromadaire du sud de l'Asie et du nord de l'Afrique. La fig. **1** est un gros plan d'un chameau, qui a généralement plus de laine sur la tête que son cousin aux poils plus doux. Les chameaux ont les sourcils en auvent et deux rangées de longs cils qui les protègent du soleil et de la poussière. Leurs naseaux peuvent se fermer complètement pendant une tempête de sable. Les bosses ne sont pas des réserves d'eau comme on le croit souvent, mais un stock de nourriture sous la forme d'un amas de cellules graisseuses. La fonction de réservoir à eau est tenue par l'estomac. Les bosses d'un chameau bactrien en bonne santé sont bulbeuses et tremblotantes, tandis que celles d'un dromadaire sont fermes et rigides. Les chameaux peuvent varier considérablement, surtout leurs bosses et leurs poils (selon la saison : les chameaux muent). Les fig. **A** à **E** montrent les différentes possibilités en ce qui concerne les bosses par rapport aux fig. **2** et **3** ci-dessous. Une abondance de poils sur les bosses demande généralement la même quantité sur la tête, le cou et les avant-bras. Les individus bien nourris ont des bosses énormes, qui après un long voyage dans le désert, peuvent pratiquement disparaître. Une bosse molle et écroulée (**E**) peut être due à l'âge. La laine est souvent longue et elle peut former des lambeaux comme dans la fig. **2** ou être soyeuse et serrée comme dans la fig. **3**. Proportionnellement le chameau est plus trapu et ses pattes sont plus courtes que celles du dromadaire dégingandé.

2

3

# LE DROMADAIRE

L'entraînement au dessin peut commencer par les phases **1** à **3**. Dans un sens, l'arrière-train d'un dromadaire semble plutôt avoir été collé au squelette bizarre (fig. **1** et **2**). Une autre bonne façon consiste à façonner d'abord les sections arrondies **a**-**b**-**c**, comme dans la fig. **4**. Remarquez la hauteur des pattes **a**-**c**. Commencez par **b** et faites-le chevaucher sur **c** plus que sur **a**.

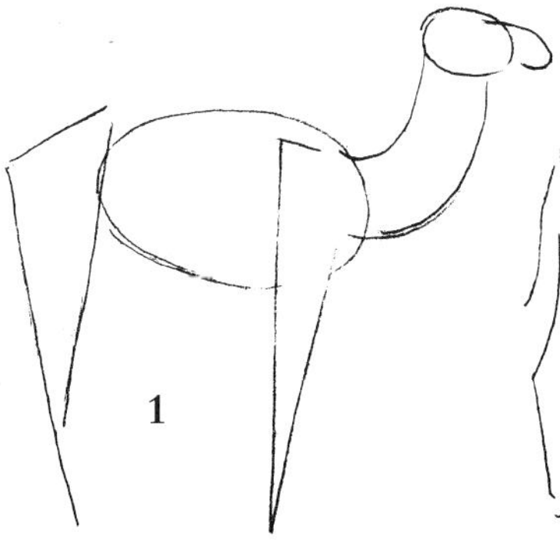

**1**

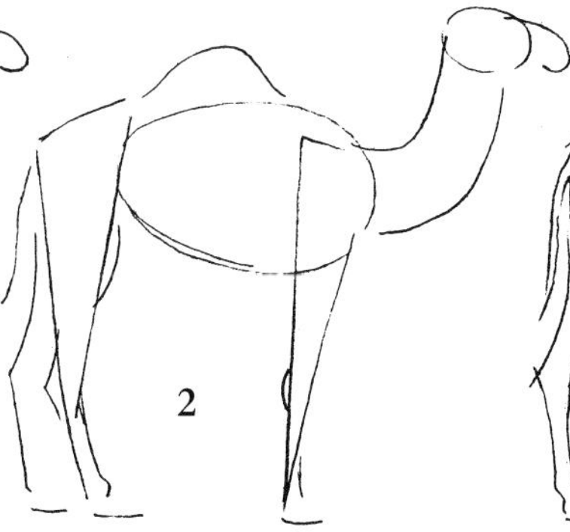

**2**

**3**

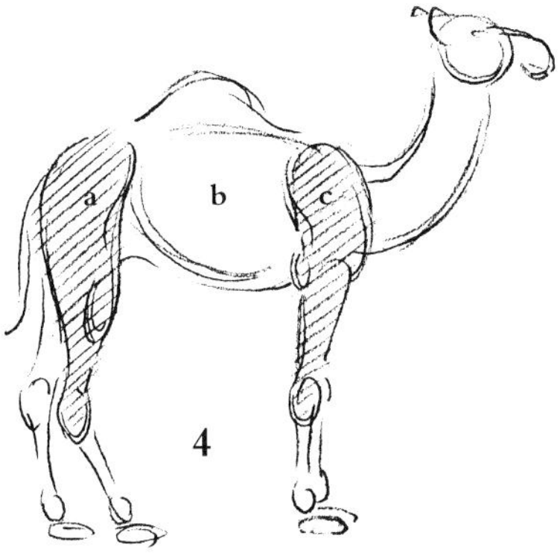


**4**

Les fig. **5** et **6** sont des croquis de face et de dos, de trois-quarts. Observez les 3 sections corporelles derrière le cou. Le dromadaire de la fig. **6** a une petite bosse, et celui de la fig. **7** en a une de taille moyenne. Un animal sédentaire de zoo peut avoir une grosse bosse atteignant la ligne pointillée au-dessus de la fig. **7**.

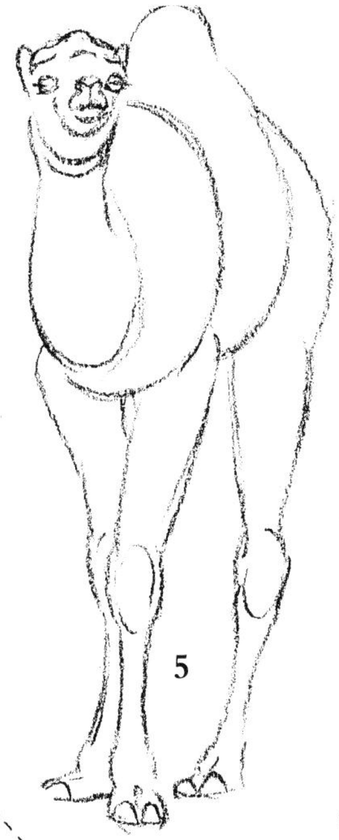

**5**

**6**

Les pieds à larges coussinets ont 2 orteils avec un ongle en sabot. Le dromadaire se déplace en marchant, au pas (souvent contre son gré) et au galop. Son allure est plus proche du « pas à 100 % » - les 2 pattes du même côté avancent simultanément - que la plupart des autres animaux. Il est donc plus sûr de le dessiner de cette façon. Le squelette fig. **8** montre que les épines vertébrales ne rentrent absolument pas dans la bosse.

**7**

Le dromadaire naît avec des callosités aux endroits marqués par une flèche. Étant donné qu'il doit s'agenouiller pour être chargé, ces endroits deviennent coriaces et noueux à cause du sable dur.

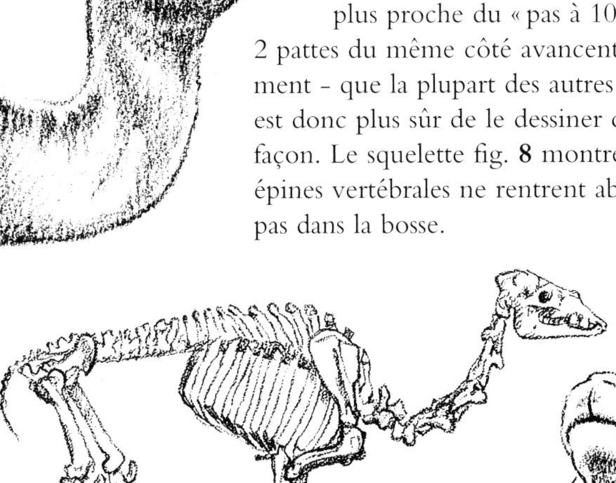

**8**

Vue de la tête du dessous.

**9**

# LA TÊTE D'UNE GIRAFE

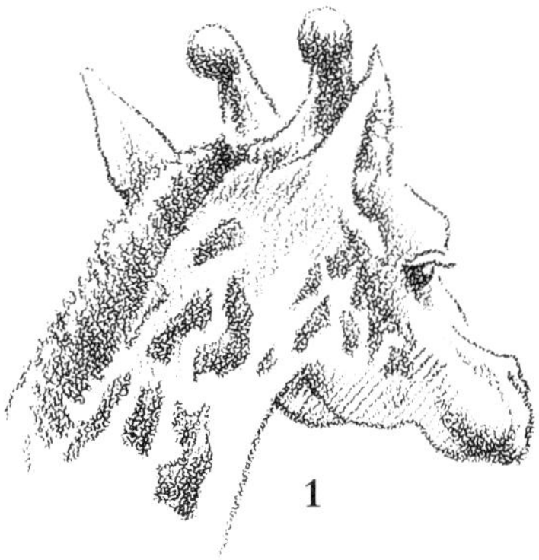

1

2

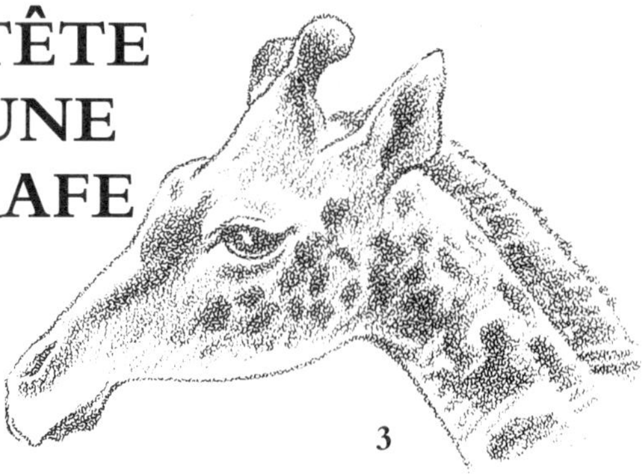

3

La girafe a le museau fuselé terminé par des lèvres très flexibles. Les yeux sont grands avec de lourdes paupières à l'air tranquille et même tendrement expressif. Mâles et femelles ont 2 cornes recouvertes d'un fin duvet, certaines avec un pommeau, d'autres huppées. Certains individus ont une bosse nette au milieu du front, juste sous les cornes. Le cou exceptionnellement long n'a malgré tout que 7 vertèbres, comme tous les autres mammifères, et on peut parfois voir le bol alimentaire qui remonte étrangement de l'estomac vers la bouche (voir aussi fig. **5**, p. 7; **1**, p. 15 et **5**, p. 17).

# LA COURSE

La créature dégingandée ne trotte jamais : elle passe directement de la marche à un galop ébranlé. L'allure a un tempo si lent qu'elle ressemble à un film au ralenti. Certains experts nomment « pas » cette méthode de locomotion, car une bonne partie de la progression se fait en déplaçant simultanément les 2 pattes d'un même côté. Lorsque la girafe monte une patte antérieure, la tête et le cou « tâtonnent », le cou assistant ainsi le processus de balancement. Bien que ses mouvements aient l'air maladroit, elle peut aller exceptionnellement vite : 48 à 50 km/h.

5

4

7

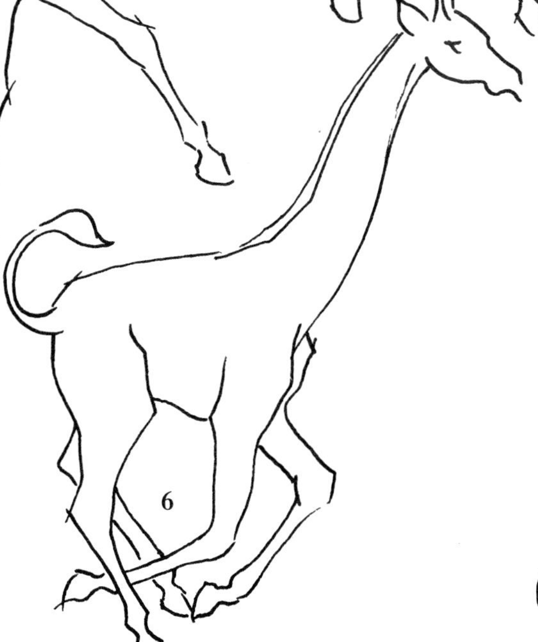

6

Les fig. **4** et **5** représentent l'étirement limite des pattes tendues lorsque la girafe court. Les fig. **6** et **7** les montent rassemblées sous le corps pendant la brève suspension durant laquelle aucun pied ne touche le sol.

# NOTES SUR LA GIRAFE

1

La girafe est le plus grand animal au monde : elle peut mesurer jusqu'à 5,70 m de haut. La fig. **1** représente un sujet au cou le plus court qui soit, et beaucoup en ont un beaucoup plus long (fig. **2** et **6**). Le schéma **1a** représente à la fois un cou court et un long. Pour un long, élargissez la base et élevez les garrots (flèche **1**). Le corps peut se construire dans un triangle équilatéral avec la pente de l'épaule et la croupe qui correspondent. La pointe avant des épaules (flèche **2**) fait nettement saillie.

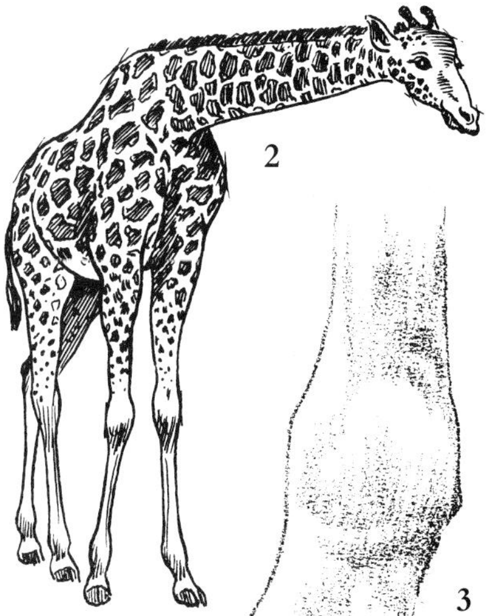

2

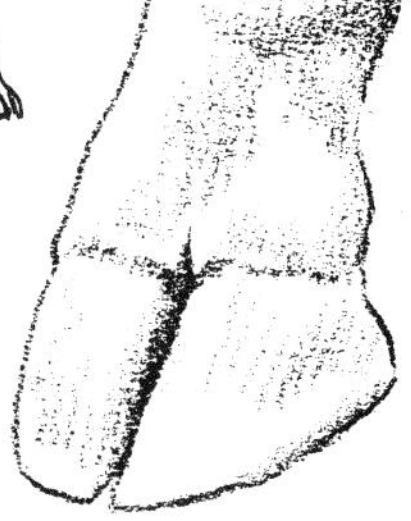

3

1a

Les sabots nettement fendus (fig. **3**) peuvent mesurer jusqu'à 30 cm de large ; ce sont des instruments mortels. En plus du coup de pied, l'animal utilise le côté de la tête comme gourdin.

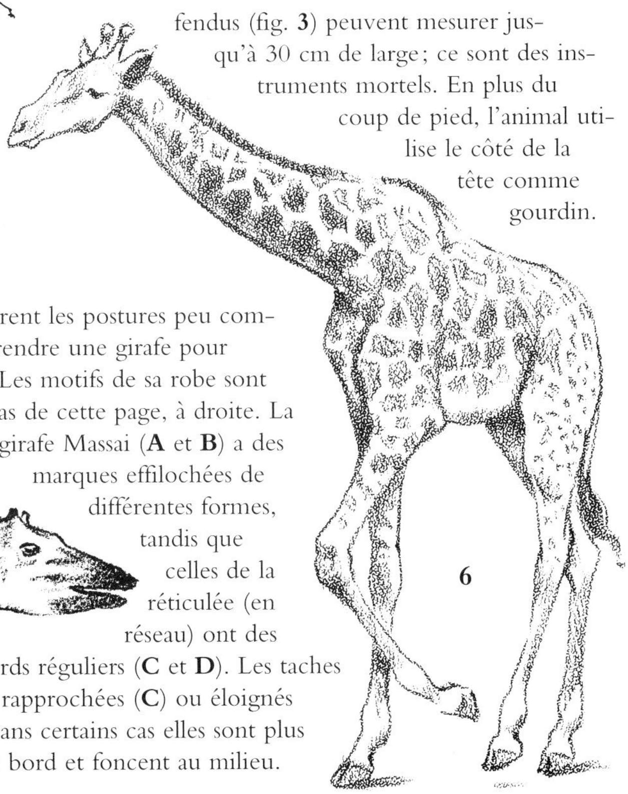

6

Les fig. **4** et **5** montrent les postures peu commodes que doit prendre une girafe pour boire ou paître. Les motifs de sa robe sont comparés en bas de cette page, à droite. La girafe Massai (**A** et **B**) a des marques effilochées de différentes formes, tandis que celles de la réticulée (en réseau) ont des bords réguliers (**C** et **D**). Les taches sont rapprochées (**C**) ou éloignés (**D**). Dans certains cas elles sont plus claires au bord et foncent au milieu.

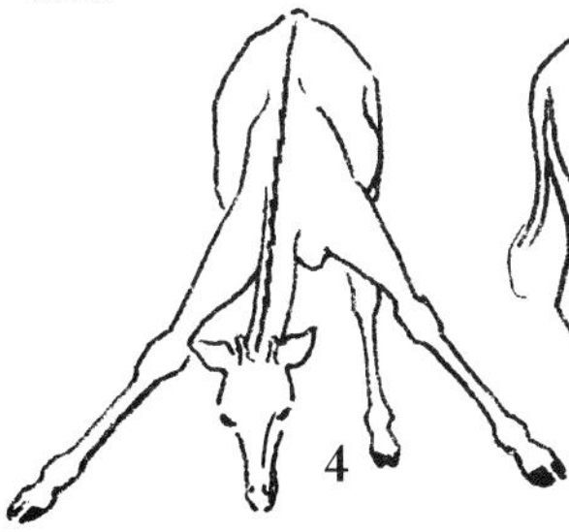

4

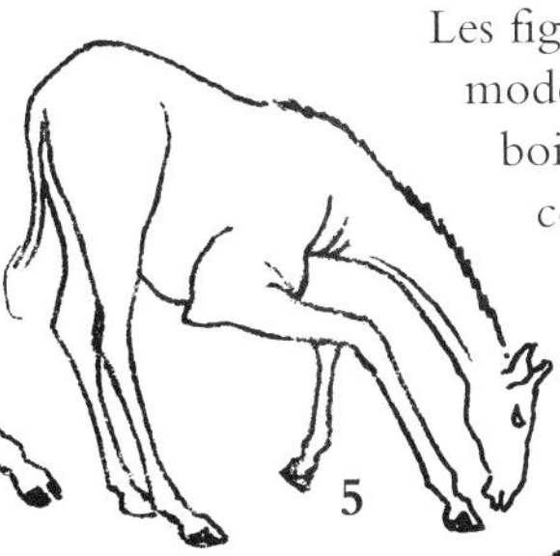

5

# L'OKAPI

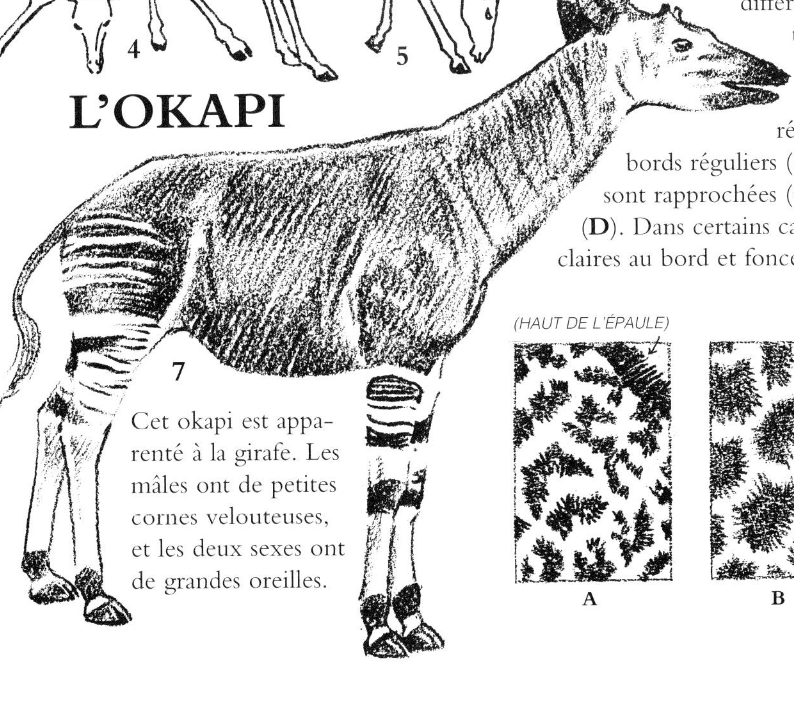

7

Cet okapi est apparenté à la girafe. Les mâles ont de petites cornes velouteuses, et les deux sexes ont de grandes oreilles.

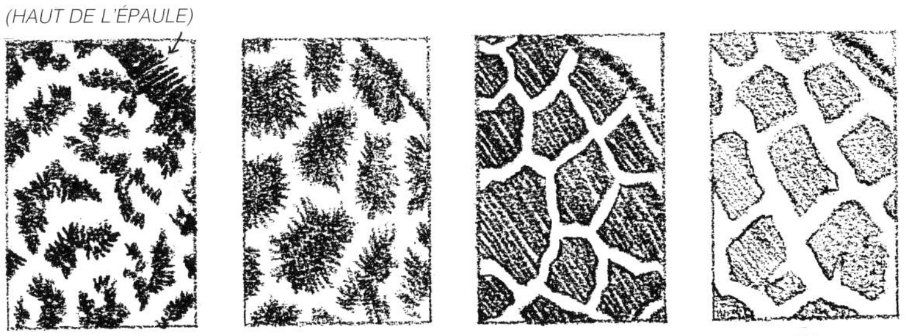


A B C D

# COMMENT DESSINER UN HIPPOPOTAME

Bien que l'hippopotame soit supposé être apparenté au cochon, et le rhinocéros, au cheval, nous allons les traiter ensemble, car si la différence artistique se fait par comparaison, on sera mieux qualifié si l'on dessine les 2 ensemble. Le monstrueux hippopotame est incroyable. Son corps immense en citerne est supporté par des pattes courtes et inadaptées, aux pieds munis de 4 orteils. Les narines, sur le museau bulbeux en pelle, tout comme les yeux de cochon et les minuscules oreilles, sortent de l'eau, et ainsi les organes sensoriels peuvent faire leur travail pendant que l'énorme masse reste immergée. Les fig. **1** à **3** sont construites sur une série d'anneaux car l'hippopotame est très rond.

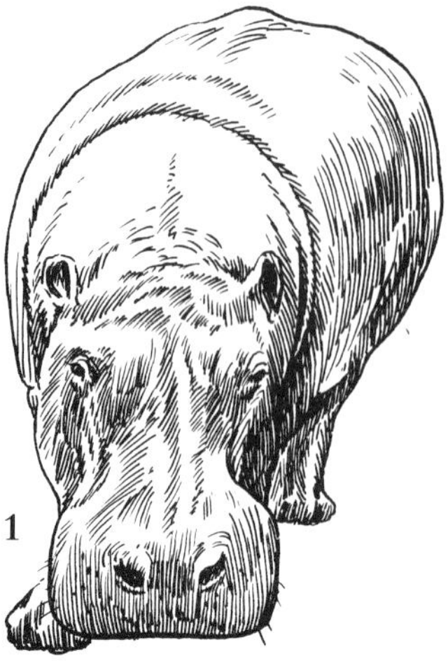

1

Remarquez les cercles du petit croquis **3a**, base du **3b**. Lorsqu'on dessine le corps, il faut penser en termes de cercles. Pour une vue de profil, voir fig. **1** page suivante.

2

3a

3b

Les rhinocéros sont plus variés que les hippopotames. Il y en a trois espèces principales : le grand rhinocéros d'Asie (fig. **4**) ; les fig. **5** à droite et **2**, page suivante sont des croquis du rhinocéros noir, espèce à longues lèvres, et la fig. **3**, page suivante représente le rhinocéros blanc, à la gueule carrée. Le noir et le blanc ne sont pas très bien nommés, car ils sont pratiquement du même gris brunâtre, le second étant toutefois un peu plus pâle. Ils sont africains et ont 2 cornes ; celui représenté fig. **4** n'en a toutefois qu'une. Ces cornes ne font pas vraiment partie du crâne ; elles sont constituées de crins « coagulés » qui traversent la peau, et tout comme nos ongles, elles peuvent prendre différentes formes. Celles des fig. **6** et **7** proviennent d'une tête de rhinocéros noir. Les espèces noires et blanches n'ont pas la division en bouclier de la peau que l'on peut voir sur le rhinocéros d'Asie à droite.

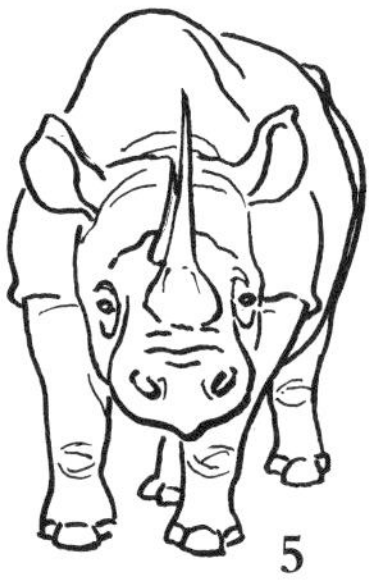

5

4

La gueule ouverte du rhinocéros n'a rien à voir avec le gouffre de l'hippopotame (fig. **2**). Il a 3 orteils utilisables à chaque pied.

6

7

# CONSTRUCTION DE LA FORME SIMPLIFIÉE

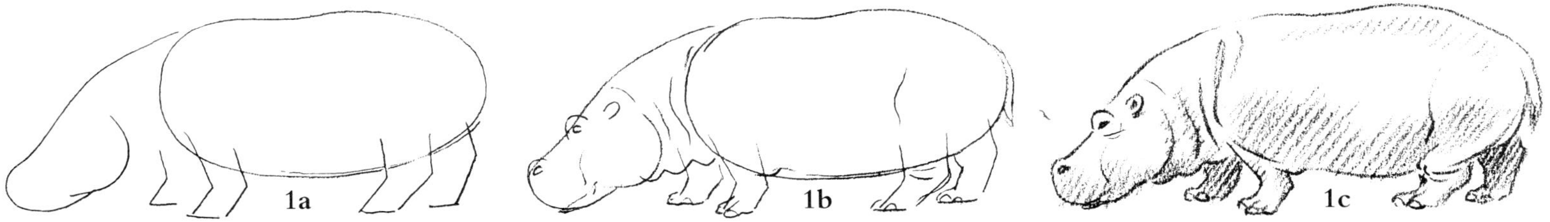

1a 1b 1c

**Hippopotame**. On peut commencer les 3 énormes créatures de cette page avec un plan de base très similaire, mais l'hippopotame a les pattes beaucoup plus courtes que le rhinocéros. Son corps compact peut mesurer jusqu'à 4,20 m de long et peser jusqu'à 4 tonnes. Peu d'animaux ont la tête aussi lourde — à tel point que même son propriétaire essaie de l'appuyer à l'occasion pour se soulager le cou. Comparez ses yeux saillants avec ceux, baissés, du rhinocéros, et ses petites oreilles avec celles du rhinocéros. Il est d'un noir grisâtre et rosâtre sur la face et le ventre. Remarquez les plis aux articulations.

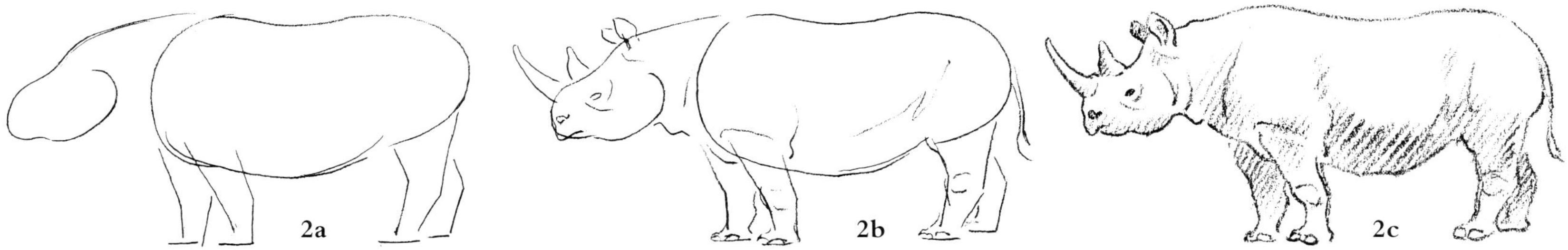

2a 2b 2c

**Rhinocéros noir**. Son épaisse peau est plus lâche que celle de l'hippopotame, sans toutefois avoir les lourds plis en plaques d'armure de celui d'Asie. La tête est relativement plus petite qu'en **1c** ou **3c**, elle est tenue plus haut et la lèvre supérieure est préhensile (elle fait office de doigt pour collecter les feuilles et les brindilles). Il est légèrement ensellé (moins dans la fig. **3** ci-dessous). Sa tête est plus concave, avec la seconde corne émergeant du creux. Il peut atteindre 3,30 m de long et faire plus d'1,50 m au garrot.

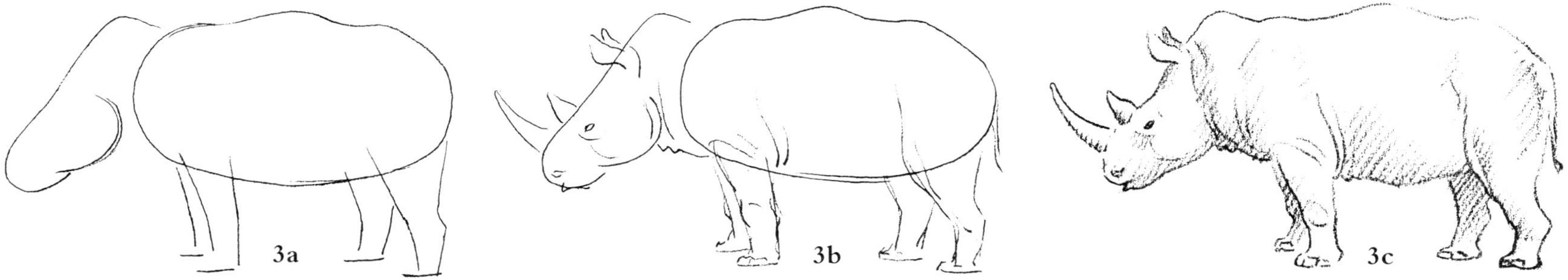

3a 3b 3c

**Rhinocéros blanc**. Parmi les mammifères terrestres ce mastodonte est le second par la taille après l'éléphant. Il a une bosse à l'avant des épaules, d'où part un long front pentu. Il porte souvent ses cornes menaçantes très bas près du sol lorsqu'il marche ou qu'il court. Sa gueule large est faite pour des heures de pâture dans les plaines herbeuses d'Afrique. L'arche supplémentaire sur l'épine dorsale constitue une différence. Tous les rhinocéros peuvent courir à une vitesse surprenante sur de courtes distances et seul un bon cheval peut les dépasser. Ils avancent en marchant, en trottant et en galopant.

# UN CERF EN TROIS ÉTAPES

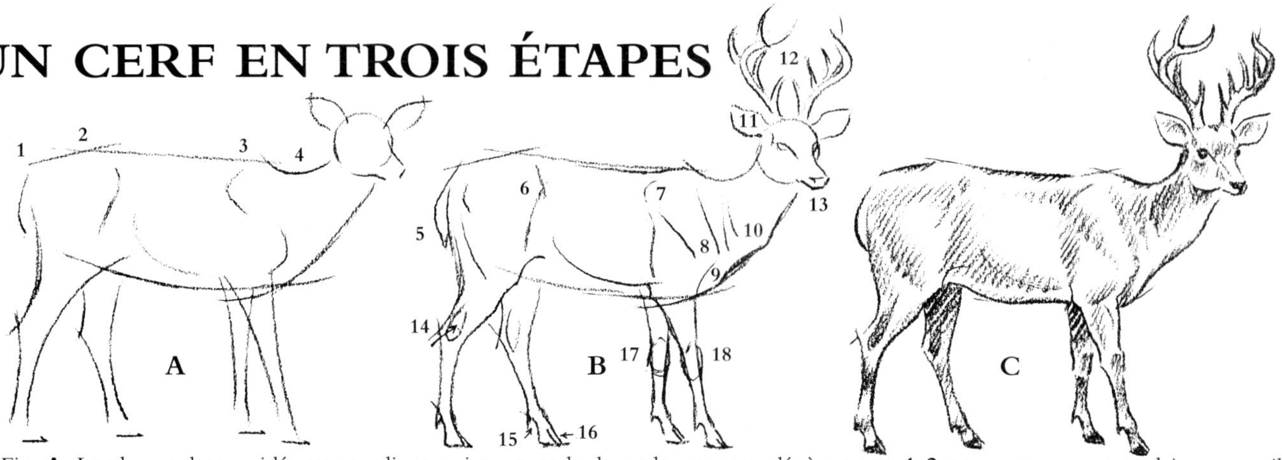


Fig. **A**. La plupart des cervidés ont une ligne unique pour le dos et le cou : une légère pente **1-2** sur un corps rectangulaire; une saillie en **3** et un creux en **4**. Fig. **B** : Les autres points dont il faut se souvenir sont les n° **5** à **16**, et particulièrement **5**, la courte queue; **8** et **9**, les saillies de l'épaule et de la poitrine; **10**, l'arche de la gorge; **11**, les oreilles plutôt grandes; **12**, les bois saisonniers (surtout les mâles); **13**, le bout nu d'un museau fuselé; **14**, le creux net; **15**, le paturon découpé; **16**, les sabots en deux parties; **17**, les articulations bien définies; **18**, les pattes sveltes (voir fig. **3**, p. 5).

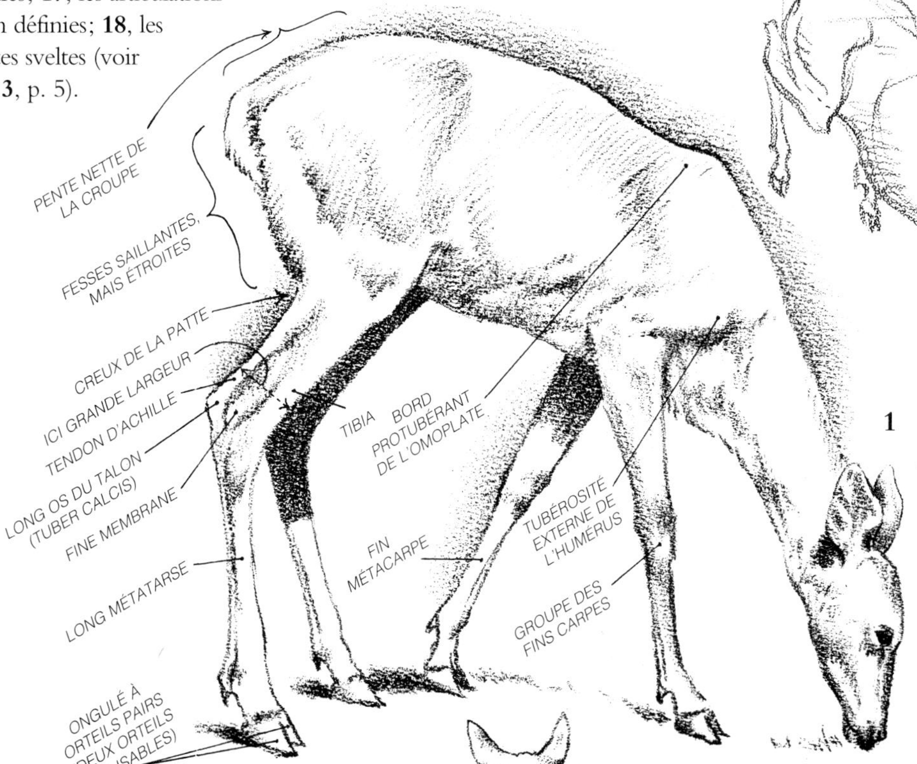


1

Vérifiez les annotations ci-dessus

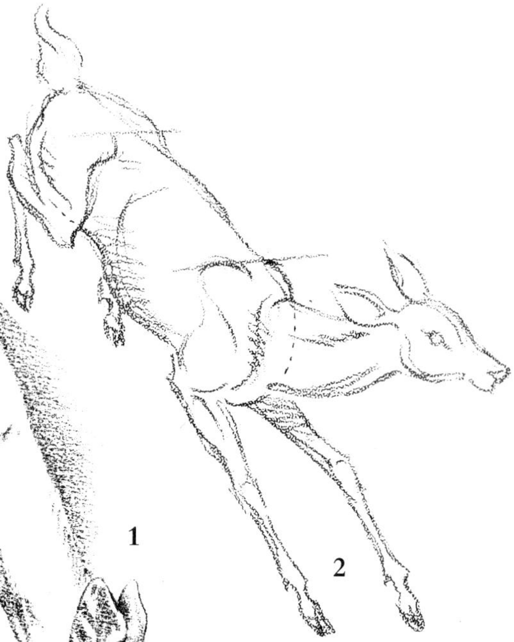

2

Fig. **2** Les cerfs sont des sauteurs gracieux (voir fig. **7**, p. 18 et **3** p. 19).

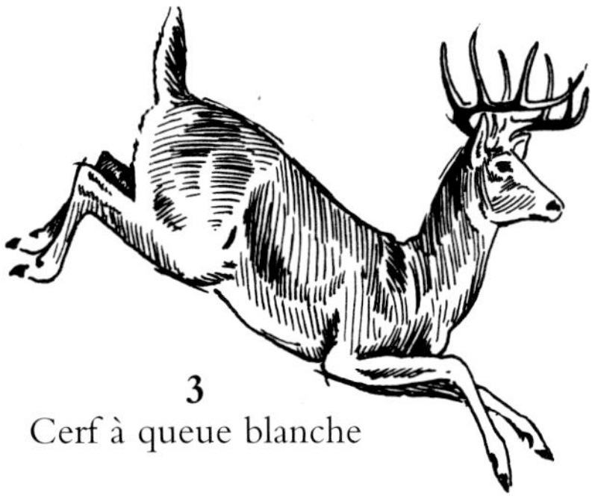

**3**
Cerf à queue blanche

**4**
Faon

Fig. **4** Les faons sont tout en jambes et la plupart sont temporairement tachetés.

**5**
Orignal

Cou court à crinière; museau arqué; bois en plaques (voir fig. **5** p. 16)

# CONSTRUISONS UNE TÊTE DE CERF

**1**
Mâle (en velours)

**A**

**B**

Fig. **1** ci-dessus : Lorsque les andouillers se développent, ils sont enveloppés par une couverture protectrice velouteuse, qui se dessèche et qui tombe ultérieurement.

Fig. **A** et **B** : Le cerf à queue noire a une tache noire en forme de fer à cheval sur le front et des oreilles d'âne, assez longues.

## UNE ANTILOCAPRE (PRONGHORN) EN MARCHE

**2a**

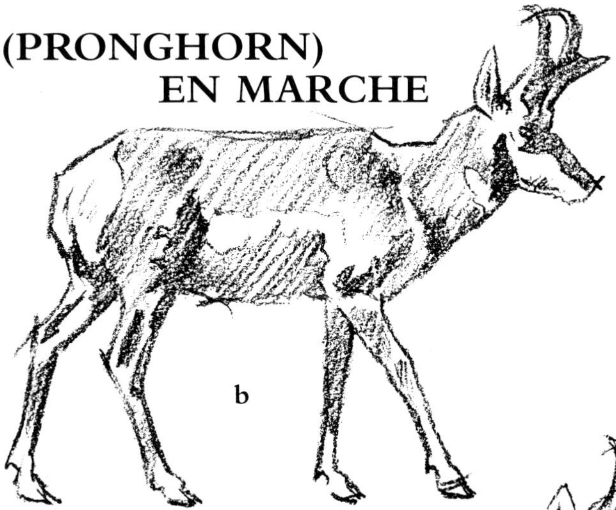

**b**

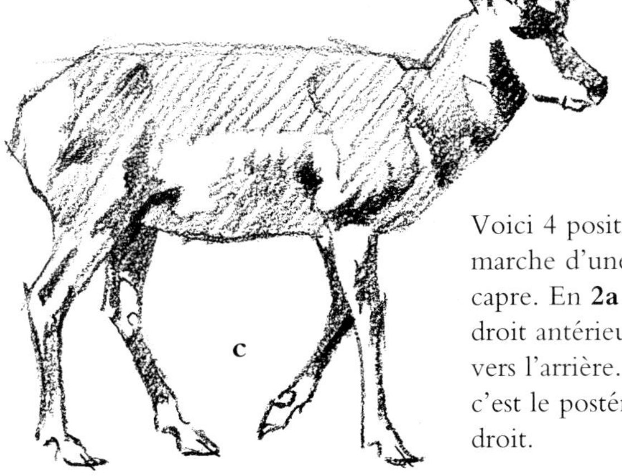

**c**

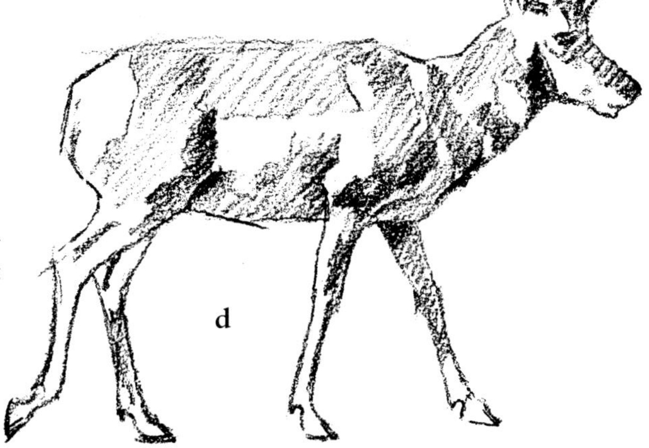

**d**

Voici 4 positions de marche d'une antilocapre. En **2a** le sabot droit antérieur part vers l'arrière. En **2d** c'est le postérieur droit.

# MOUTONS, CHÈVRES, ANTILOPES, LAMAS, ETC.

Sur cette page des animaux divers dont le point commun est leur nombre pair d'orteils. En dépit de leurs longs poils ou de leur laine (fig. **3**, **4** et **8**) les trois parties du corps dont nous avons parlé p. 3 sont en évidence. Les connaissez-vous maintenant?

**1**
Mouflon à manchettes

**2**
Antilope noire géante

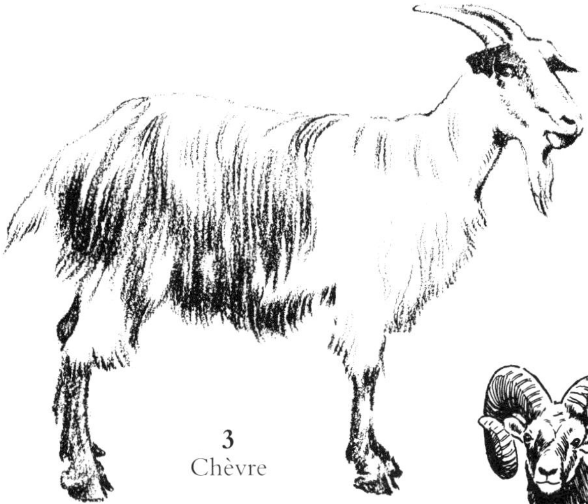

**3**
Chèvre

**4**
Mouton

**5**
Gazelle

**7**
Mouflon des rocheuses

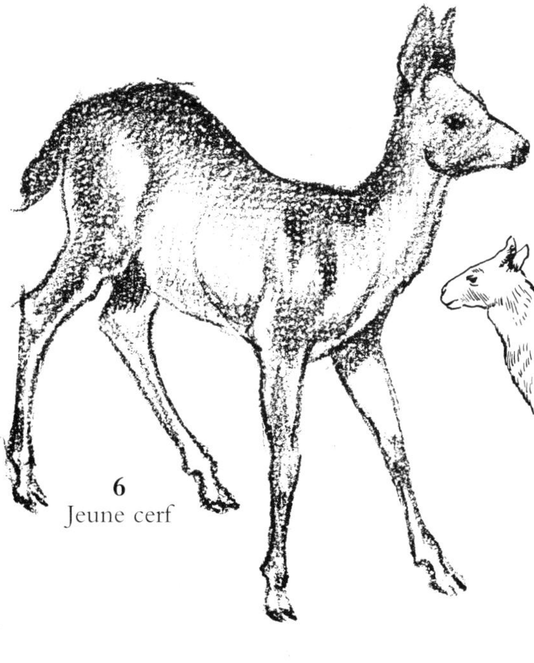

**6**
Jeune cerf

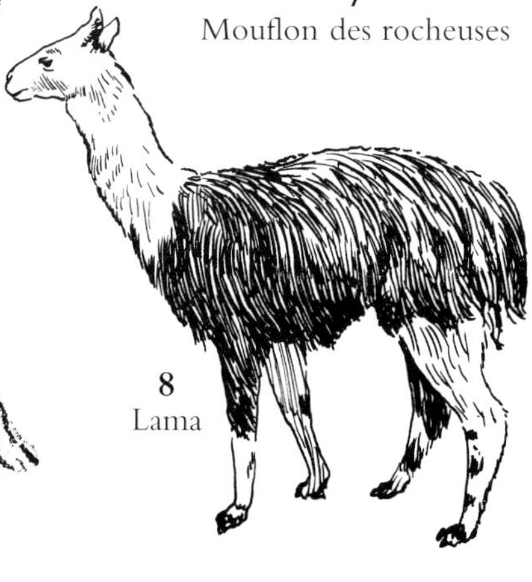

**8**
Lama

Le lama (fig. **8** et **9**) est plus proche du chameau pp. 92-93.

**9**
Tête de lama

# ABC DE LA CONSTRUCTION D'UN BISON

Les proportions du bison d'Europe, le plus gros bovin d'Europe (p. 6) sont quelque peu différentes de celles du bison d'Amérique. La version européenne est plus longue, la tête et la bosse sont plus petites et le dos est moins en pente. Autrement, ces brutes vigoureuses sont plutôt similaires. **A**, **B** et **C** sont les étapes suggérées pour leur construction.

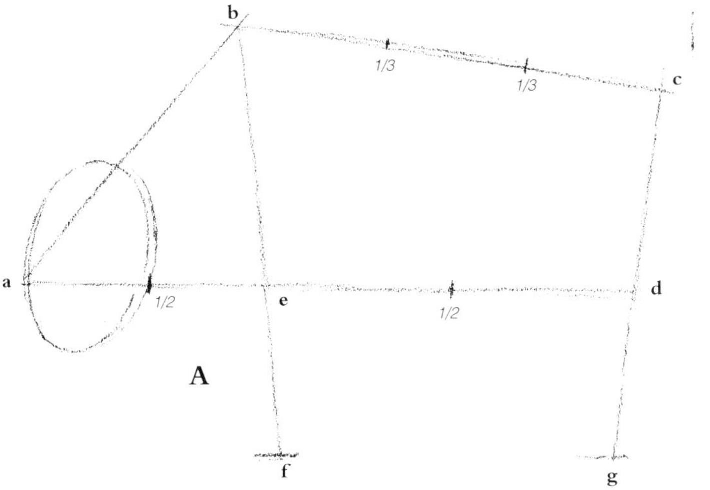


A

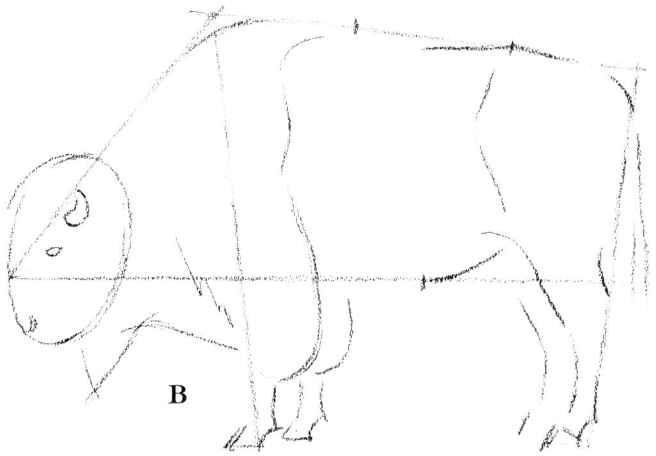

B

C

1

Ci-dessus, vue de trois-quarts d'un bison et ci-dessous un gros plan de sa tête hirsute, incroyablement massive. De petits coups de crayon, avec des pressions différentes produiront la fourrure qui lui couvre une grande partie de la tête.

2

# DESSINER UNE VACHE

Aucun autre animal ne laisse mieux voir sa structure interne. L'artiste consciencieux se doit de visiter une ferme ou de s'arrêter le long d'un pré où paissent des bovins satisfaits. À chaque pas leurs os saillants semblent dire : « regardenous; nous allons t'enseigner l'anatomie ». On a l'impression qu'une couverture de peau à poils courts a été jetée sur un échafaudage osseux, puis remplie par une substance lourde qui tombe dans les parties inférieures du corps. Regardez la fig. **1** puis, avec les fig. **6** et **7** de la page suivante, identifiez autant de parties anatomiques que possible. La fig. **1** n'est pas exagérée. Pour la construction d'une tête de vache, il est conseillé de faire le museau en forme de boîte, les grands yeux, les énormes oreilles sur une base crânienne d'assez grande taille. (voir fig. **2** et **2a**).

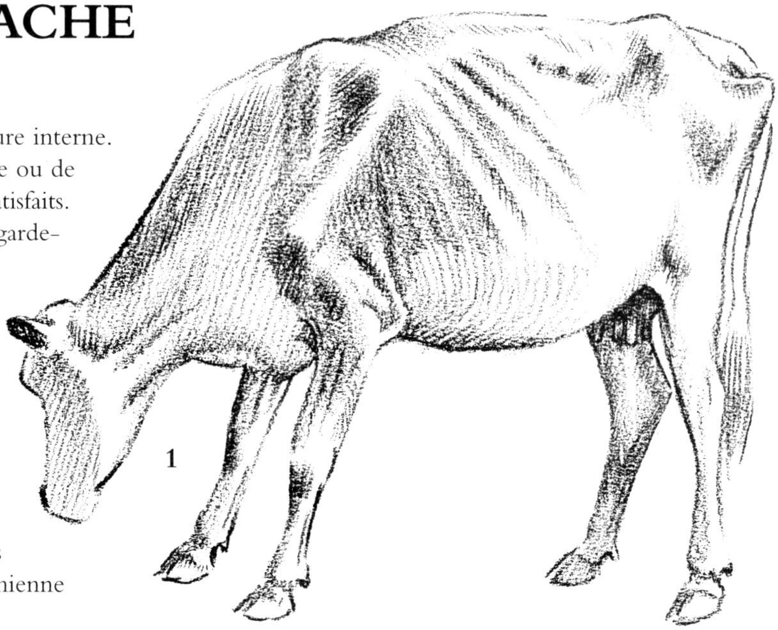

**1**

**2**

Les fig. **3** et **4** sont présentées pour vous aider dans les positions de face et de dos dont l'artiste a souvent besoin.

**4**

**3**

Tout d'abord on doit tracer la section médiane en ballon, puis construire devant et derrière. Elle est autant carrée à l'arrière qu'elle est ronde au milieu.

**2a**

**5**

Dans la fig. **6** on se souvient du psaume (50 : 10) où il est dit « le bétail sur mille collines » Lui appartient vraiment, tout comme le monde (vs 12).

**6**

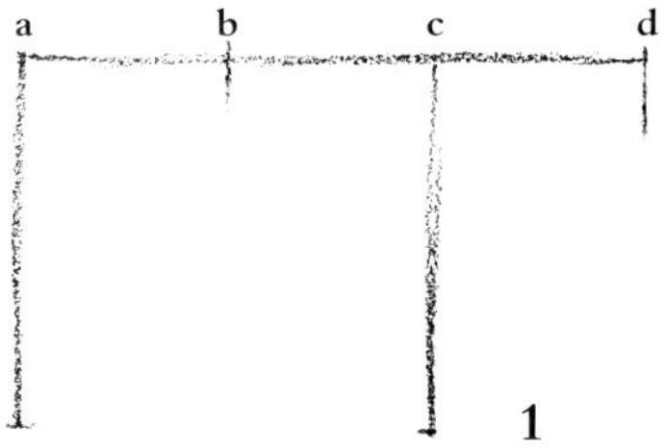


1

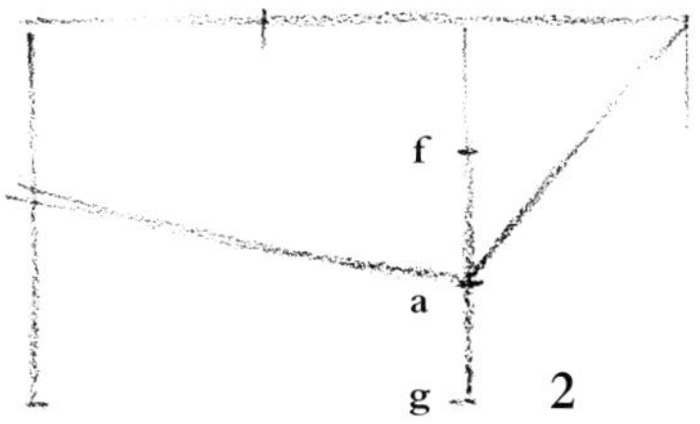


2

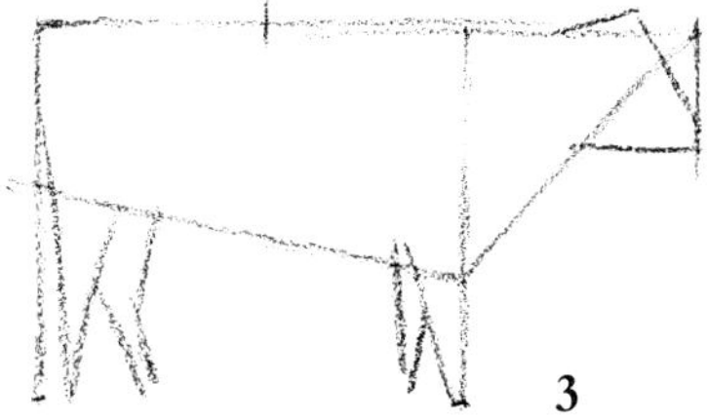

3

4

5

# UNE FAÇON SIMPLE DE DESSINER UN BOVIN

À gauche, une façon simplifiée de dessiner un bovin. Divisez la ligne du haut en tiers. Faites descendre la ligne de la queue et des pattes antérieures à partir de **a** et **c**. Divisez ensuite la verticale de l'avant en tiers **e**, **f** et **g** comme sur la fig. **2**. Faites les connexions comme illustré aux autres étapes.

## LES OS

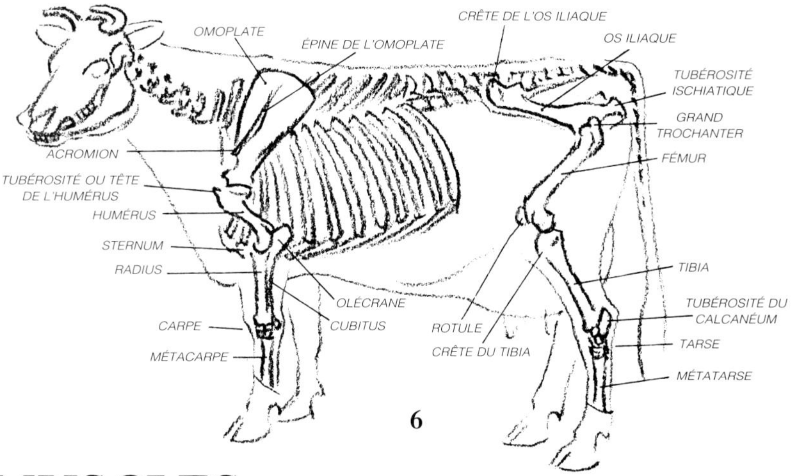


6

## LES MUSCLES

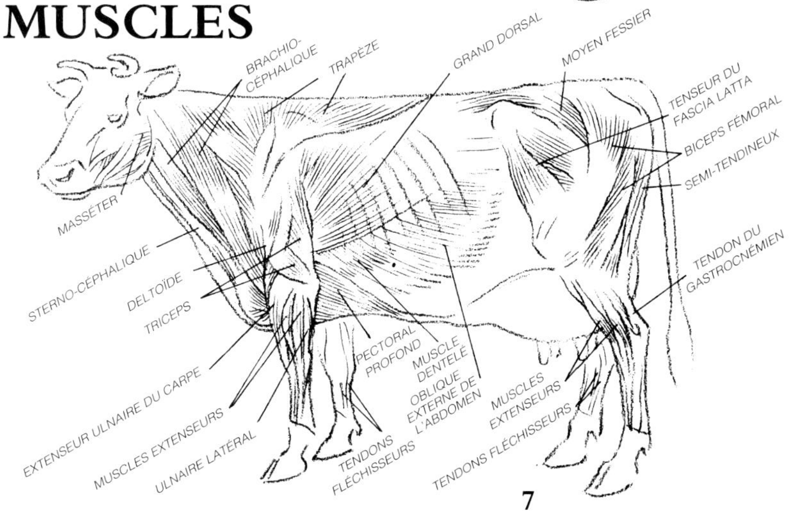


7

9

La fig. **6** ci-dessus est le croquis de la lourde structure osseuse d'une vache. La fig. **7** est la structure musculaire. La fig. **8** représente l'anatomie externe qui laisse voir les os et les muscles. Même si cet animal à l'allure lente est l'opposé du lévrier rapide des pp. 12-13, les comparer est un bon exercice. Quelles sont les différences?

Des mois à manger « comme une grosse vache » vont changer ce sémillant veau (fig. **9**) en une créature posée et tranquille comme sa patiente mère.

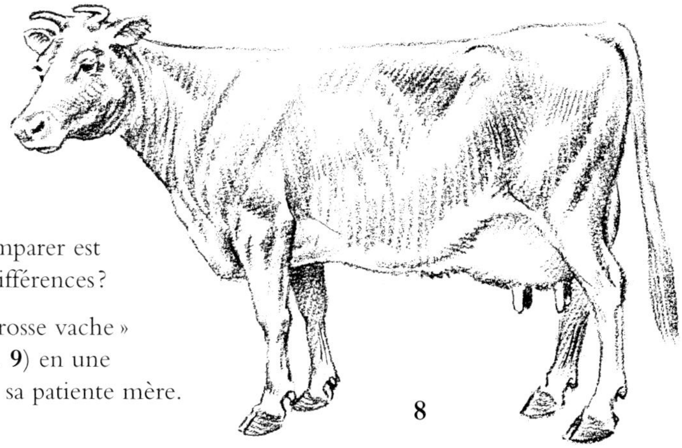

8

# DIVERS ONGULÉS

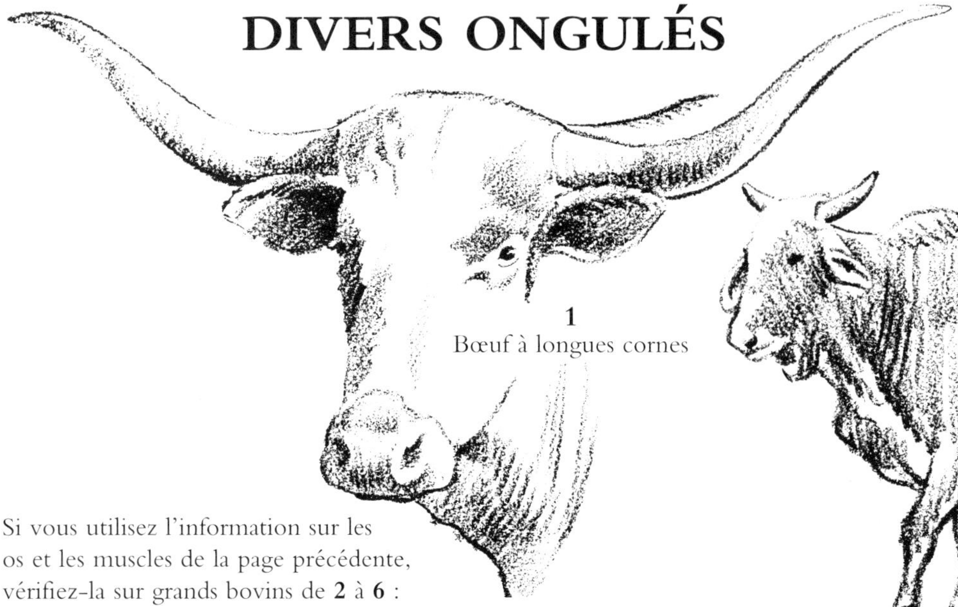

**1**
Bœuf à longues cornes

Si vous utilisez l'information sur les os et les muscles de la page précédente, vérifiez-la sur grands bovins de **2** à **6** : sélectionnez une partie, puis essayez de la retrouver à la surface de l'animal.

**2**
Taureau sauvage d'Asie

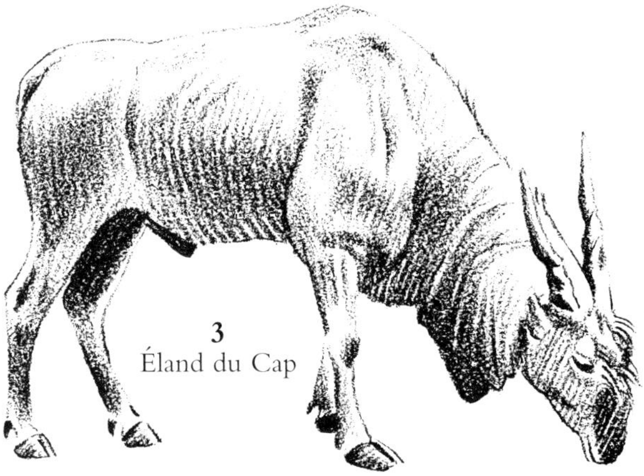

**3**
Éland du Cap

Les fig. **3** et **5** sont souvent classées parmi les antilopes, selon la méthode de classement utilisée.

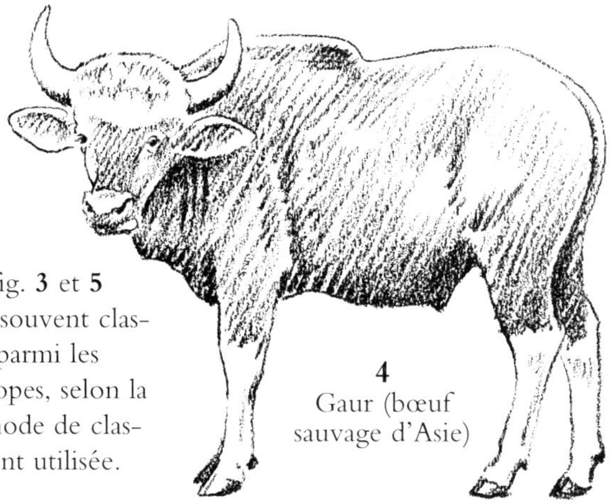

**4**
Gaur (bœuf sauvage d'Asie)

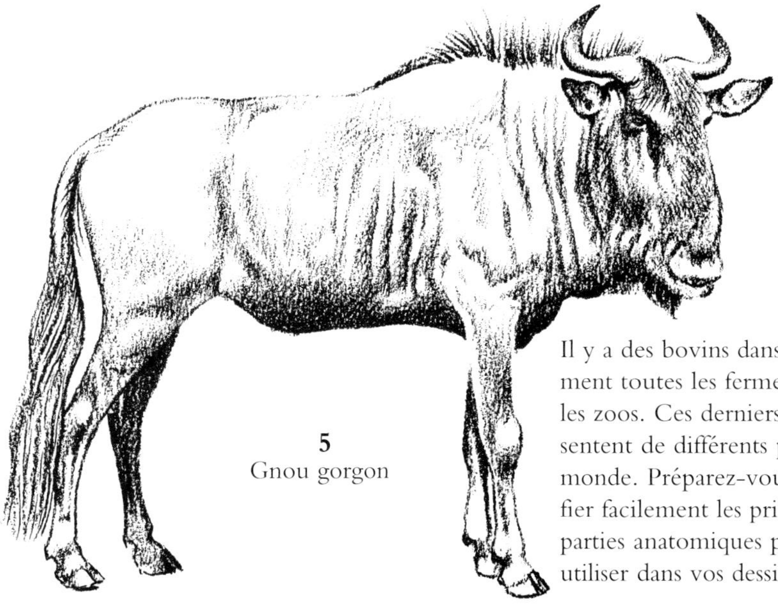

**5**
Gnou gorgon

Il y a des bovins dans pratiquement toutes les fermes ou tous les zoos. Ces derniers en présentent de différents pays du monde. Préparez-vous à identifier facilement les principales parties anatomiques pour les utiliser dans vos dessins.

**6**
Buffle du Cap

# UNE SIMPLE ESQUISSE POUR UN COCHON

A

La fig. **A** montre la forme de base, toute simple, d'un cochon.

1

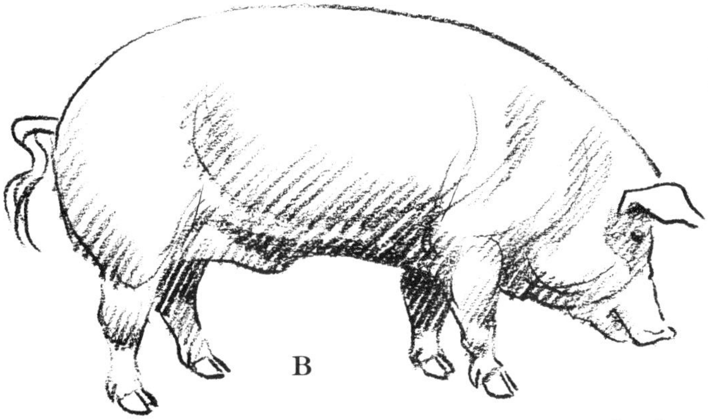
B

La fig. **B** est bâtie sur l'esquisse **A**.

Bien qu'au premier abord il semble que les parties corporelles du cochon domestique soient arrondies aux coutures, sous cette graisse on retrouve les sections de tous les mammifères. Seul l'artiste averti voit l'évidence la plus légère des sections en coupes (très accentuées dans ce livre), qu'il intensifie au crayon, à la plume, ou avec tout autre médium. Bien sûr il faut les faire correctement, et pour cela il faut bien observer et bien étudier.

2

# LES PORCS SAUVAGES

La fig. **4** représente l'un des animaux les plus hideux qui soient. Parfois on dit de lui que c'est une « erreur de la nature » : tête disproportionnée, groin en pare-chocs, énormes défenses et verrues disgracieuses. Tous les sangliers sont assez ridicules (fig. **5**), mais ça leur est complètement égal.

**3**
Porcelet

**4**
Phacochère

**5**
Sanglier

1

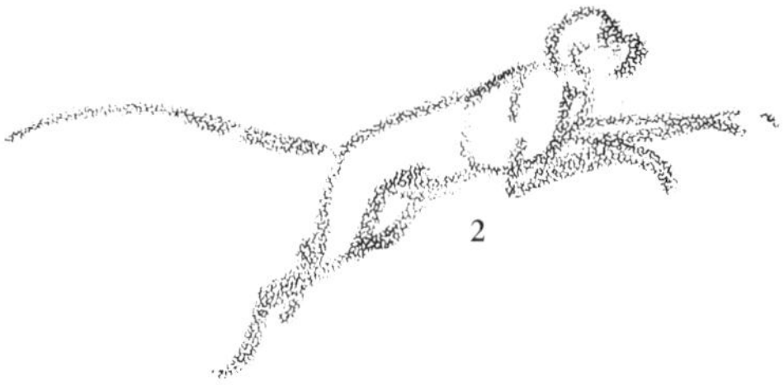

2

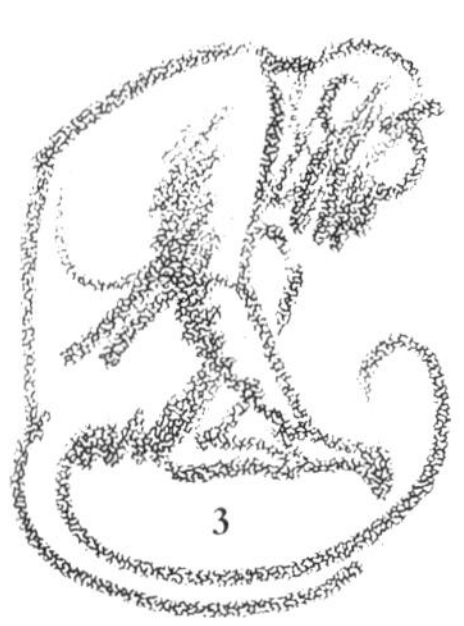

3

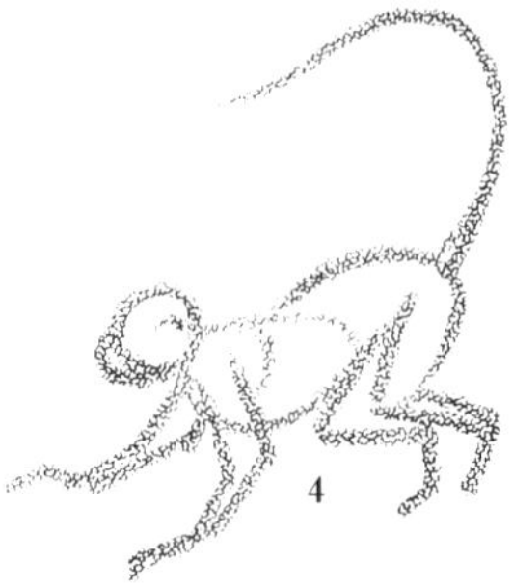

4

5

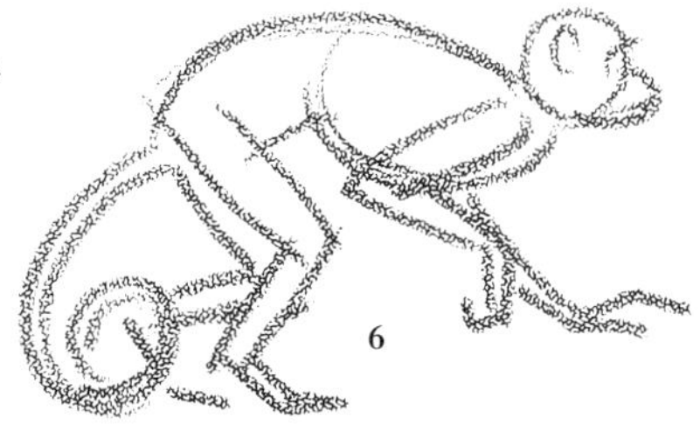

6

7

# UN SINGE SIMPLIFIÉ

Dans un zoo, aucun endroit n'est plus irrésistiblement fascinant que les cages où sont les singes, avec leurs bavardages et leurs disputes. Les simiens sont des modèles de bonne volonté et il est probable que vous les intéresserez autant qu'ils vous intéressent. Afin de rendre ces créatures vives au crayon, il est bon de les observer batifoler un moment. Aucun être vivant au monde n'est aussi chapardeur et aérien que les singes. Prenez par exemple, le macaque rhésus, à droite, qui trouve tout à fait injuste de ne pas avoir un papier et un crayon pour vous dessiner.

1. Tout d'abord, il est bon de déterminer grossièrement la tête (et le museau), la poitrine et le bas du torse. Remarquez que la tête est généralement placée un peu sous la ligne de l'épaule; elle n'est pas « boulonnée » comme celle des humains.

2. Croquez ensuite les 4 membres. Donnez quelques indications des traits faciaux, des mains et des pieds, mais sans aucun détail. Il sera tout à fait possible de dessiner par-dessus. Votre dessin doit être léger et flexible.

3. Il est maintenant temps de penser aux traits particuliers de la tête, des mains et des pieds. On s'aperçoit vite que ceux-ci ressemblent à des mains.

4. En suggérant les différentes valeurs au crayon, ne vous impliquez pas dans les poils. Vous le ferez plus tard. Sur la face, séparez les parties nues de celles qui sont poilues. Les parties corporelles proches de vous doivent être plus claires, celles qui sont éloignées, plus foncées.

1

2

3

4

# TÊTES DE PRIMATES EN SÉQUENCES FACILES

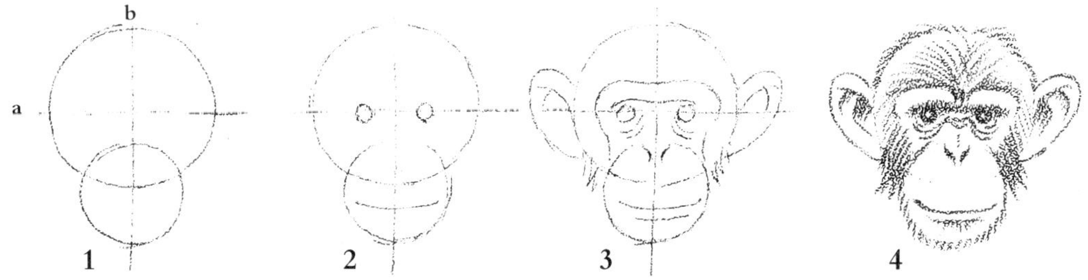


A

**Chimpanzé**. La tête de presque tous les singes est constituée d'une boîte crânienne arrondie et d'une face plutôt plate au museau en moitié de balle. Nous nous occuperons du chimpanzé plus tard, et pour l'instant nous comparerons les débuts tout simples des faces des 4 primates **A**, **B**, **C** et **D**. Divisez le cercle principal en 4, puis ajoutez la forme arrondie du museau. Les orbites oculaires sont sur la division horizontale **a** fig. **2**. Le chimpanzé a le front bas et fuyant, une arcade sourcilière prononcée, les yeux très enfoncés sous lesquels les rides sont très nombreuses, le nez plat aux narines sans ailes charnues, le septum fin entre les narines, une longue lèvre supérieure, une grande bouche, un menton tout petit, des poils sur le front, les joues et le menton, et de grandes oreilles molles.

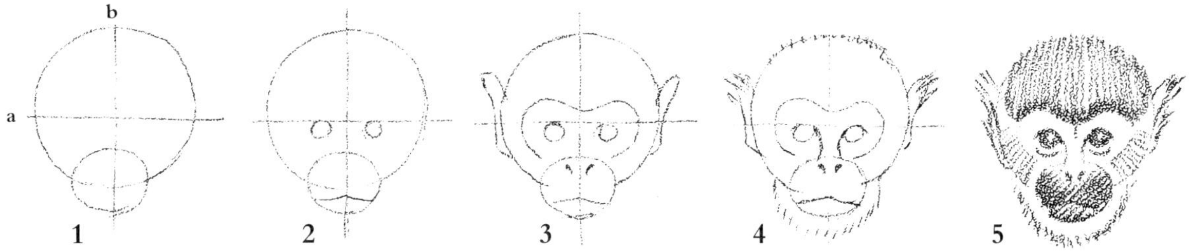


B

**Sagouin**. Tout d'abord, remarquez la différence avec le museau du chimpanzé (**A1**). En fait la tête de cette créature est beaucoup plus petite; elle est très arrondie et en forme de chignon à l'arrière. Les yeux de cette courte face, sont sous la division **a**. Remarquez les marques des contours autour des yeux des fig. **3**, **A**, **B** et **C**. La fourrure faciale du sagouin est contrastée et il a des aigrettes aux oreilles.

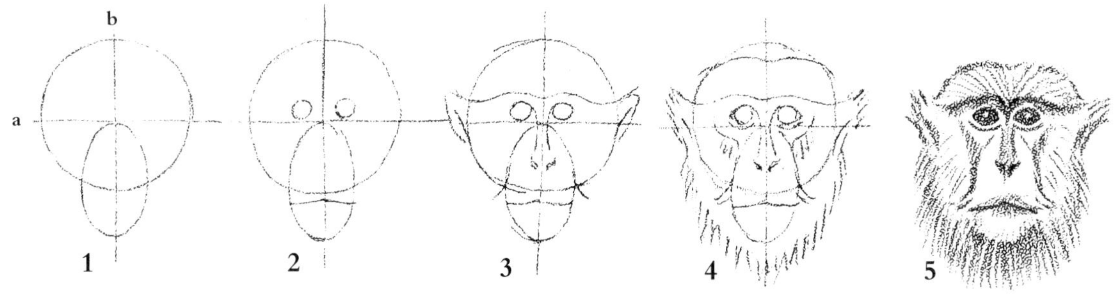


C

**Single pleureur**. Son museau est long et fin comparé à **A1** et **B1.** Une grande partie de son nez est sur la forme du museau. Ses orbites oculaires sont au-dessus de la ligne **a**. Le sommet du crâne est aplati (le cercle principal est coupé dans les fig. **4** et **5**). C'est un singe assez grand à la moustache digne avec des favoris au menton.

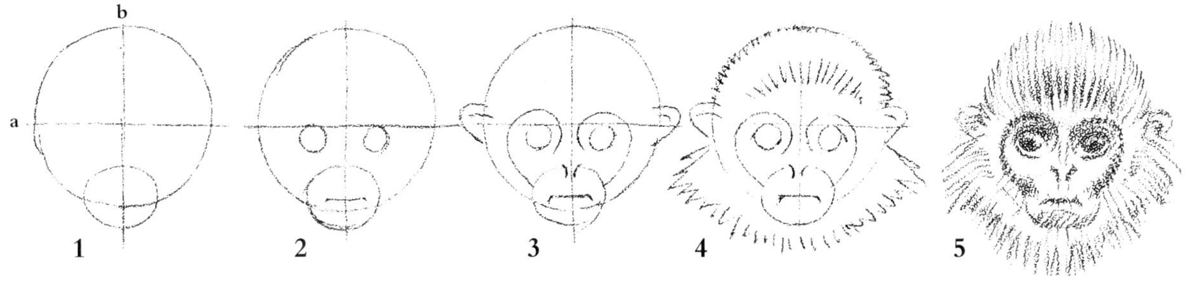


D

**Antelle**. Comparé au cercle plus grand de la fig.**1**, son museau est proportionnellement plus petit. Remarquez que la ligne de sa bouche est dessinée à l'intérieur du cercle principal. Ses grands yeux sont sous la ligne **a**. Les poches des joues de ce singe svelte sont pratiquement inexistantes. Il a une drôle de collerette au menton et sur la joue et une mèche au-dessus des yeux.

# LES SINGES DE PROFIL

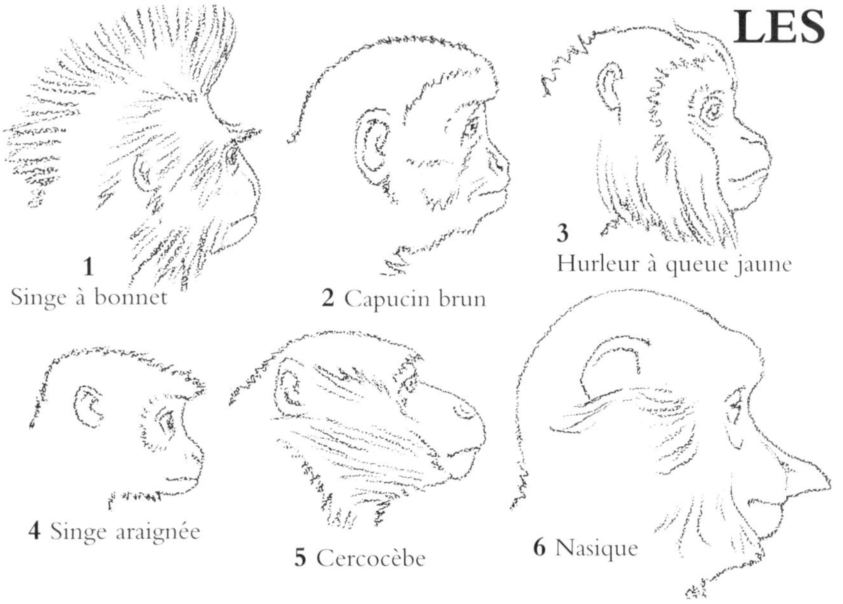

**1** Singe à bonnet
**2** Capucin brun
**3** Hurleur à queue jaune
**4** Singe araignée
**5** Cercocèbe
**6** Nasique

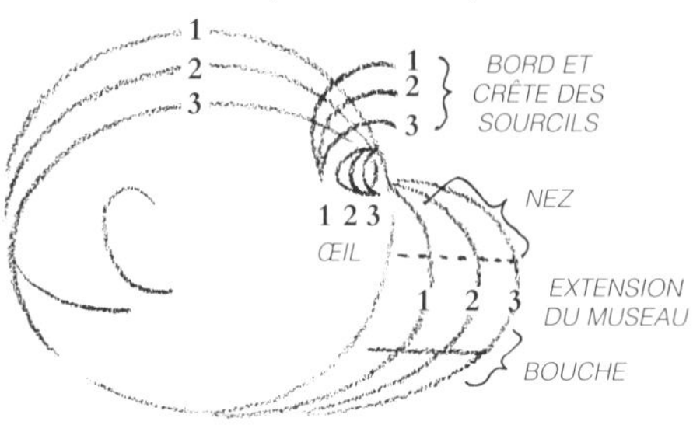


Que doit-on rechercher lorsqu'on dessine une tête de singe de profil? Le schéma ci-dessus vous propose quelques suggestions. Le contour ou une extrémité d'un singe donné ne s'arrêtera pas forcément aux n° **1**, **2** ou **3**, mais en sera proche. Comme les chiens, les singes varient beaucoup. Ci-dessus, 6 profils de singes qui représentent certaines des nombreuses espèces. Encore une fois, il est conseillé de commencer par un cercle général. Faites des altérations si le sujet le demande, puis ajoutez un museau de la bonne taille. L'œil sera en général plus en avant dans le profil qu'on ne penserait. De même, le menton sera probablement plus petit. Sur la plupart des singes, le nez est plutôt aplati, la fig. **6** étant l'exception.

**7** Gibbon
**8** Chimpanzé
**9** Orang-outang
**10** Gorille

Ci-dessus les singes anthropoïdes. Puisque nous parlons de leurs profils, vérifiez les différents points avec les vues de face de la page suivante. Le gibbon a l'air d'un petit Eskimo emmitouflé dans sa capuche de fourrure. Il continuera à marcher debout longtemps après que les 3 grands modèles ci-dessus se seront remis à 4 pattes. Il est immédiatement évident que le chimpanzé a les plus grandes oreilles de tous, ce qui rend l'identification facile. Parfois l'oreille du gorille ressemble à un nœud collé sur la tête. L'orang-outang a l'oreille la plus petite par rapport à la taille de sa tête. Le gorille a également le plus grand nez de tous les primates : il est très épaté avec des narines baillantes : on dirait qu'elles ont été écrasées avec un pavé. L'orang-outang a le nez le plus mignon et le plus plat des 3. Il a aussi le front le plus haut et pratiquement pas d'arcade sourcilière. Celle du chimpanzé et du gorille est par contre immense; et le gorille a les orbites oculaires plutôt enfoncées, alors que celles de l'orang-outang sont à fleur de tête. Ses yeux sont l'un de ses traits particuliers exceptionnels : ils sont généralement entourés de peau claire et ils ont un aspect légèrement oriental (voir aussi les gros plans des yeux p. 112). Le museau de l'orang-outang est le plus bulbeux, bien que, tout comme le chimpanzé, il soit très flexible (voir le jeune orang-outang à droite). Le museau du gorille est plus ferme et moins mobile. Les 3 grands simiens ont beaucoup de rides, mais c'est le chimpanzé qui bat le record. Seul un ordinateur pourrait les compter.

# DIFFÉRENTES ESPÈCES DE CHIMPANZÉS

1

2

3

4

Ci-dessus 4 croquis de différentes espèces de chimpanzés. Tout comme les humains, on part d'un dessin statique similaire, et pourtant tous ont des traits particuliers, comme les humains. Chacun a de grandes oreilles, une arcade sourcilière lourde, et les autres caractéristiques individuelles mentionnées ici.

5

6

7

8

9

Les fig. **5** à **9** illustrent les diverses expressions qu'ils peuvent prendre, et ceci n'est qu'un début, car ils peuvent faire les grimaces les plus incroyables. Ci-dessous : fig. **10** à **13** montrent des vues de face.

# SINGES - DE FACE

**10** Gibbon

**11** Chimpanzé

**12** Orang-outang

**13** Gorille

A

B

C

Jeune orang-outang :
**A** museau contracté
**B** museau partiellement contracté
**C** museau bulbeux

# CROQUIS DE SINGES

Macaque rhésus

**A**

**B**

Au zoo il est recommandé de faire ses croquis aussi simplement que **A**-**B** à gauche ou sur les figs **1** et **2**.

**1**
Singe Diana

**2** Singe pleureur

Des dessins plus finis peuvent être développés à partir de notes préparatoires, combinant des croquis hâtifs et du matériel supplémentaire de référence.
Ne vous essayez pas à une technique minutieuse devant une cage au zoo.

**3**
Gibbon

**4**
Macaque noir

**5**
Babouin gelada

**6**
Singe pleureur

**7**
Sagouin

Essayez de rendre la fourrure au mieux avec le crayon. Remarquez que la robe du gibbon (**3**) est épaisse et laineuse, tandis que celle du babouin gelada (**5**) porte une crinière lâche qui lui flotte sur les épaules, ainsi qu'une touffe au bout de la queue. Pendant que vous dessinez des singes, prêtez une attention particulière à leur manque flagrant de cou, ce qui est généralement dû à leurs dos ronds, à leurs bras et jambes qui sont comparativement longs, et à l'élasticité générale de leur corps.

# DES SINGES QUI MARCHENT DE PROFIL

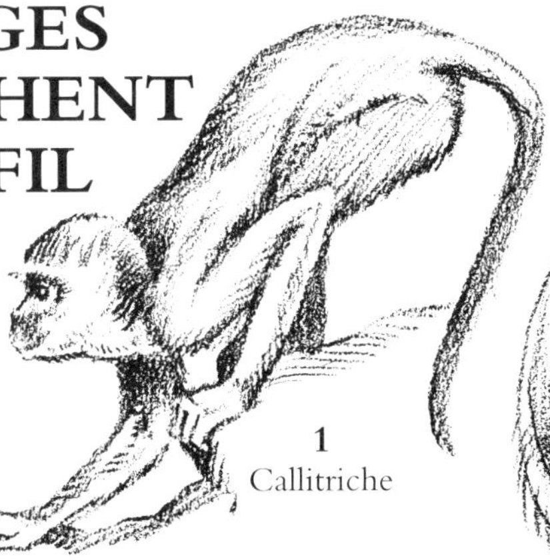

**1**
Callitriche

**2**
Mandrill

**3**
Babouin

Le mandrill ci-dessus est étonnant. Sa couleur tout comme ses dessins corporels sont grotesques et étranges, mais le plus bizarre de tous les singes est probablement l'orang-outang : en captivité ces animaux peuvent développer sur les joues de grands coussinets mous constitués de graisse et de tissus fibreux. Les mâles ont parfois à la gorge d'énormes poches gonflables qui pendent sous le menton. Leurs poils orangeâtres deviennent souvent long et s'emmêlent.

**4**
Singe
cochon

Sur une branche les pattes postérieures d'un singe sont utilisées comme les mains antérieures (voir ci-dessus ainsi que le pied gauche arrière du macaque noir fig. **4** p. 110). Tous les singes utilisent constamment la locomotion à 4 pattes (ex. **1** à **5**).

**5**
Singe
hurleur

**6**
Orang-outang

# LES YEUX DES SINGES

1

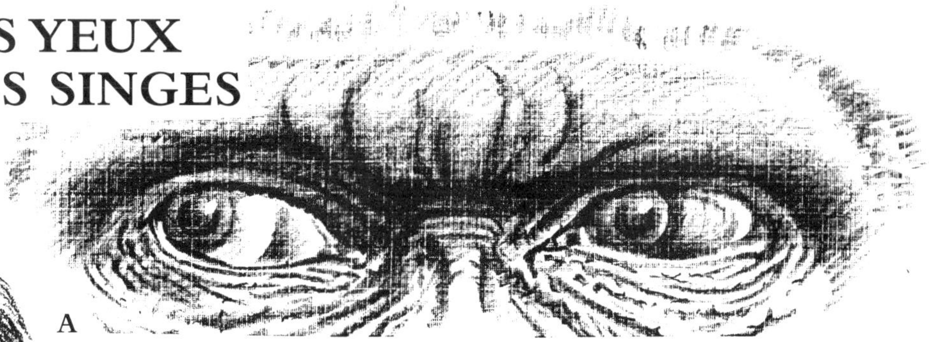

A

Les yeux des **gorilles** sont situés au fond d'orbites caverneuses ; arcade sourcilière basse ; épaisses rides verticales ; yeux sombres entourés de peau noire de jais ; expression souvent furtive.

# CHIMPANZÉS

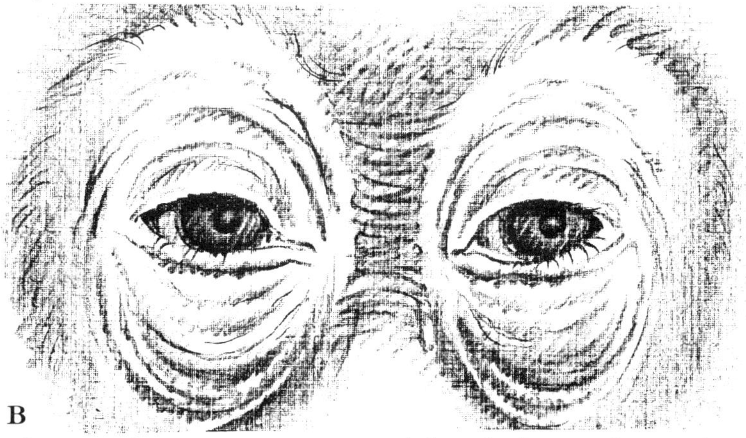

B

Les yeux des **orangs-outangs** sont à fleur de tête ; arcade sourcilière pratiquement absente ; yeux petits par rapport à la taille de la face ; cercle de peau claire autour de chacun ; rides moins profondes que **A** et **C**.

2

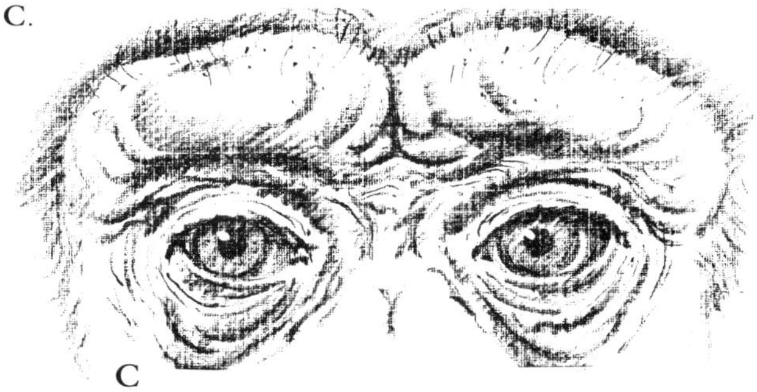

C

Les yeux des **chimpanzés** sont sous une arcade sourcilière quelque peu arquée et prononcée ; pas de sourcils ; peau particulièrement ridée ; yeux très expressifs.

3

Les fig. **1**, **2** et **3** sont des études de chimpanzés au crayon. La fig. **4** montre un chimpanzé se déplaçant à 4 pattes. Il marche et court sur les articulations des mains. Lorsqu'il est vraiment pressé il saute.

4

# NOTES SUR LE GORILLE

1

La fig. **1** est un gorille qui charge. Les articulations noueuses de ses larges et courtes mains supportent une grande partie du poids. Ses bras d'une puissance terrible arrivent sous les genoux comme dans la fig. **2**. Poitrail massif, épaules énormes et dos large. Ses mouvements de tête sont limités par un cou très court.

2

Le gorille debout garde toujours les genoux pliés. Enfermées, ces créatures deviennent ridiculement grasses et ventrues. La bosse au sommet du crâne est à la fois une crête osseuse et une excroissance sous-cutanée. Ces grandes brutes sont intéressantes à dessiner.

3

4

# DESSINER UN KANGOUROU

1

2

3

Ce grand sauteur fait un bon sujet artistique. Pour la plupart des animaux le croquis est centré autour de la poitrine, mais chez le kangourou et le wallaby, c'est la zone sous la taille qui devrait être tracée en premier (fig. **A**). L'immense queue et les puissantes pattes postérieures donnent à ces créatures une individualité distincte. La fig. **4** (sous **C**) est un lapin-marsupial, cousin du kangourou.

A

B

C

# DESSINER UN LAPIN

1

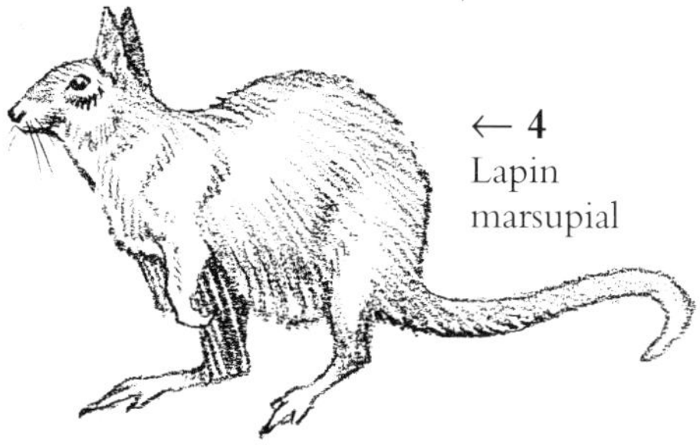

← **4** Lapin marsupial

Autre sauteur accompli et champion du sprint, le prolifique lapin de droite. Sa queue est aussi inutile que celle du kangourou est utile. Le lapin de garenne qui détale à la fig. **2** a de plus courtes oreilles que son grand cousin le lièvre montré dans la séquence **A**-**B**-**C**. Ses oreilles en cornets sont son signe particulier.

2

A B C

# ANIMAUX BIZARRES AUTANT QU'ÉTRANGES

Le monde animal ne cesse jamais d'offrir un challenge stimulant à l'artiste. Des formes diverses, des marques multiples et les textures dissemblables de leurs robes le rendent perpétuellement intéressant.

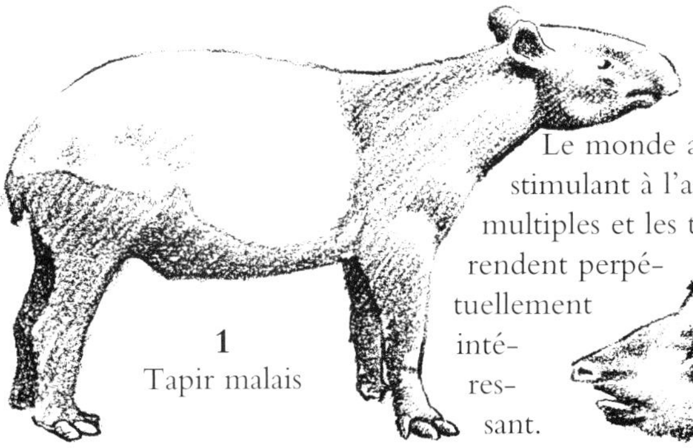

1
Tapir malais

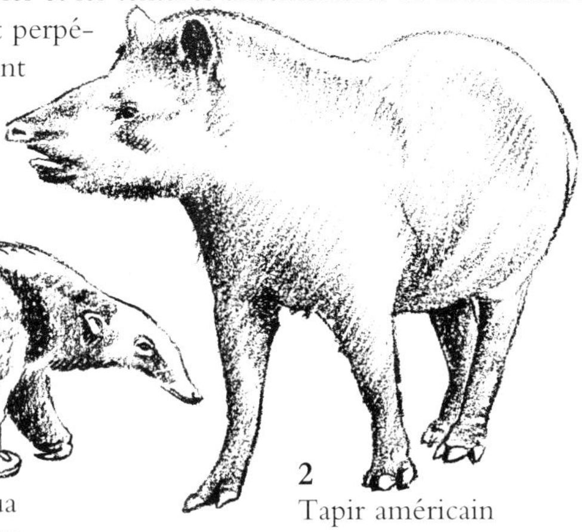

2
Tapir américain

3
Koala

4
Fourmilier tamandua

5
Grand fourmilier

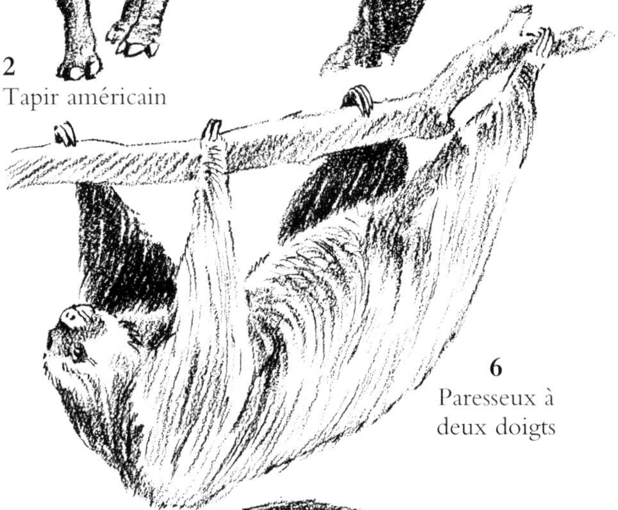

6
Paresseux à deux doigts

7
Tatou

8
Ornithorynque

9
Antilope saïga

10
Morse

11
Panda

12 Lion de mer

13
Phoque

# DIVERS PETITS ANIMAUX

Il ne faut pas comparer les animaux de ces pages en ce qui concerne leur taille. Vous aurez peut-être besoin d'une partie agrandie d'un petit animal ou d'une réduction d'un plus grand. Gardez toujours à l'esprit, les bases discutées au début de cet ouvrage.

1
Marmotte d'Amérique

2
Cochon d'Inde

3
Mouffette

4
Blaireau

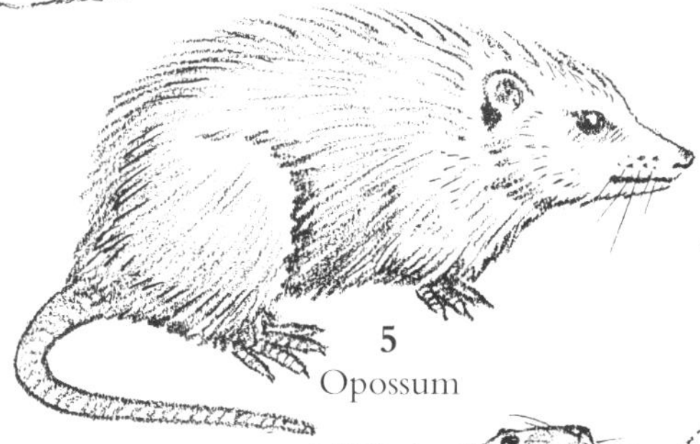

5
Opossum

6
Spermophile

7
Chien de prairie

8
Glouton

9
Raton laveur

10
Putois

11
Chien de prairie

12
Raton laveur

# PETITS ANIMAUX SUITE

# INTERPRÉTATION ET ABSTRACTION

Après que vous serez devenu familier avec les bases du dessin animalier, vous voudrez peut-être ajouter votre touche personnelle à votre savoir faire. C'est vous qui choisirez de combien vous vous éloignerez des sentiers battus. On s'amuse plus à créer quelque chose de complètement différent lorsqu'on a un stock d'informations animalières à l'esprit. Il faut au moins connaître certains points essentiels, pour les identifier. Le réalisme, cependant n'est pas nécessaire pour une interprétation, surtout pour une abstraction. Nous suggérons qu'une grande variété de papiers et de médiums entrent dans l'expérimentation. La tête du chat **3** est une portion assez réaliste d'un dessin. Le berger allemand **4** a été fait avec un traitement différent au crayon sur du papier toilé. Les cerfs **1** et **5** ont déjà quitté les limites du réalisme, cela s'applique aussi au cheval de trait **2**, au teckel **6** et au félin **7**. Essayez quelques innovations bien à vous : c'est excitant et très enrichissant.

1

2

3

4

5

6

7

# INDEX

Les animaux figurant sur cette page sont inclus dans cet ouvrage. Pour les méthodes de dessin, consultez le sommaire.